21世纪采购与供应规划系列教材

采购运作管理实务

尤建新　蔡三发　李　龑　主编

中国物资出版社

图书在版编目（CIP）数据

采购运作管理实务/尤建新，蔡三发，李龑主编．—北京：中国物资出版社，2011.10
（21 世纪采购与供应规划系列教材）
ISBN 978－7－5047－3901－8

Ⅰ．①采…　Ⅱ．①尤…②蔡…③李…　Ⅲ．①采购管理—教材　Ⅳ．①F253.2

中国版本图书馆 CIP 数据核字（2011）第 149833 号

策划编辑　钱　瑛　　　**责任印制**　何崇杭
责任编辑　钱　瑛　　　**责任校对**　孙会香　梁　凡

出版发行　中国物资出版社
社　　址　北京市丰台区南四环西路 188 号 5 区 20 楼　　**邮政编码**　100070
电　　话　010－52227568（发行部）　　010－52227588 转 307（总编室）
　　　　　　010－68589540（读者服务部）　　010－52227588 转 305（质检部）
网　　址　http：//www.clph.cn
经　　销　新华书店
印　　刷　中国农业出版社印刷厂
书　　号　ISBN 978－7－5047－3901－8/F・1578
开　　本　787mm×1092mm　1/16
印　　张　17.75　　**版　　次**　2011 年 10 月第 1 版
字　　数　390 千字　　**印　　次**　2011 年 10 月第 1 次印刷
印　　数　0001—3000 册　　**定　　价**　32.00 元

前　言

采购是企业的基本活动，不仅决定了企业生产活动的成本，还涉及质量和交货期等，是影响企业竞争力的重要因素。在企业供应链管理中，采购活动扮演着关键角色，是不可或缺的管理重点。

本书历经了三年时间才得以完成。一方面是参与本书的作者较多，协调和整合困难较大；另一方面是对于企业采购，似乎人人都明白，但编写好这本书却很困难。本书虽然已经完稿，仍有许多不足之处，希望在广大读者的积极支持下使本书得以不断斧正。

本书分为三篇，共十六章。第一篇采购管理基础。分别介绍了采购的基本概念、采购战略管理以及采购组织与管理。第二篇采购运作管理，分别陈述了采购计划与预算管理、采购价格策略、供应商选择与管理、采购谈判与合同管理、采购质量管理、采购成本控制、采购结算管理、采购管理信息系统和全球采购等。第三篇采购运作实例，分别介绍了沃尔玛、西门子、惠普等公司全球采购的实例，以便于读者加深对企业采购运作的认识。

本书由尤建新团队集体完成。在前期编写的工作中，尤建新和李龑负责本书编写大纲，由尤建新、李龑、周燚、黄荣光、叶凌志、陈江宁、彭琳等共同完成初期的编写任务，并由李龑进行了初步整理。最后，由尤建新和蔡三发对全书进行梳理、统稿和修改。

非常感谢上述各位作者对本书的贡献！同时，也要感谢浙江工商大学胡进博士给予本书的支持！正是因为有胡进博士的不断推动，本书才有了写作的动力。本书编写过程中还参考和引用了许多学者的成果文献，在此也一并表示感谢！感谢各位的厚爱，并敬请批评指正！

尤建新

2011 年 4 月 22 日于同济园

目 录

第一篇 采购管理基础

第二篇 采购运作管理

第三篇　采购运作实例

第一篇　采购管理基础

1 采购概述

就企业而言，采购是最常见的企业活动之一。在企业间的交易过程中，卖方（供应商）的商业活动是销售，而买方（顾客）的商业活动是采购。随着市场经济的发展，采购已经成为企业商业活动过程的基本环节，是企业生产经营活动的重要基础，对企业经济活动的成效起着至关重要的作用。

1.1 采购与采购管理

1.1.1 采购

什么是采购？一般来讲，采购是指单位或个人基于生产、销售、消费等目的购买商品或服务的交易行为。根据人们取得商品的方式与途径不同，采购可以从狭义和广义两方面来理解。

狭义的采购（Purchase），是指企业根据需求提出采购计划、审核计划，寻找、选择合适的供应商，经过商务谈判确定价格、交货条件，最终签订合同并按照要求收货付款，以确保需求得到满足的全过程。这种以货币换取物品的方式，就是“购买”（Buying），可以说是最普遍的采购途径。不论是个人还是企业单位，满足消费或者生产需求都是以“购买”的方式来进行。

广义的采购（Procurement），是指除了以购买的方式获取物品之外，还可以通过下列途径取得物品的使用权，以达到满足需求的目的：

1. 租赁

租赁是指一方以支付租金的方式取得物品的使用权，使用完毕或租期满后将物品归还给物主的一种非永久性的行为。企业在生产经营中经常租赁的物品有：厂房、车辆、生产设备、仪器、办公用品等。

2. 交换

所谓交换，就是通过以物易物的方式取得商品的所有权及使用权，但是并没有直接支付商品的全部价款。换言之，当双方交换的货物价值相等时，不需要以金钱补偿对方；当双方交换的货物价值不相等时，仅由一方补贴差额给对方。例如：生产物料的交换、机器设备的交换等。这种交换方式不仅可以取得自己想要的东西，亦可盘活自己闲置或多余的东西，可谓一举两得。

3. 外包

外包是指企业将一些与自身核心业务关联性不强的业务外包给专业公司，以取得专业优势，从而降低成本的一种新型采购方式。

外包的优势：①能有效地减少资金的占用率，降低投入大量资金建设生产线所引起的高额投资风险；②可以大大缩短产品获利周期；③有利于提高企业的核心竞争力。外包形式在20世纪末开始兴起，目前已经成为许多企业降低成本、提高竞争力和快速发展的重要路径，如TCL、创维公司都是这方面的先行者。在电子行业中，把这种外包方式称为CEM，即合同制造商。CEM促成了电子制造业由传统的垂直集成模式转向水平集成模式，并促成了全球性的发展趋势。

综上所述，采购就是指单位或个人为了满足某种特定的需求，以购买、租赁、交换、外包等途径，取得商品及服务的使用权及所有权的活动过程。本书讨论的采购主要是以购买方式为主的企业采购活动，陈述的领域局限于狭义的采购活动。

1.1.2 采购管理

1. 采购管理的要点

采购管理是企业为了达成生产或销售计划，从恰当的供应厂商，在确保适合的质量的前提下，于适当的时间，以适当的价格，购入必需数量的物品或服务所采取的一切管理活动。这就是所谓的“5R”要点。

（1）恰当的供应商（Right Vendor）

企业采购最怕的是选错供应商。因此，采购管理的工作原则之一，即是慎选合适恰当的供应商，以建立平等互惠的买卖机会，维持长期合作的交易关系。

（2）适合的质量（Right Quality）

质量是以适合可用为原则。适合就是恰到好处，匹配。如果采购的选择质量标准过高，不但采购成本会偏高，甚至会造成使用上的浪费。反之，质量标准过低，将无法达到使用的目的，并增加使用上的困难与损失。

（3）适当的时间（Right Time）

采购时间（包括交货期）不宜太早或太晚。太早容易造成流动资金的占用和库存成本上升，太晚则导致生产经营的风险增大和交货期延误，从而引发重大损失。在“零库存”（Just in Time，JIT）的观念下，适时采购、及时交货是企业必须遵循的管理原则。

（4）适当的价格（Right Price）

价格应该以公平合理为原则。若采购价格太高，将导致企业成本上升，丧失竞争能力。反之，若采购价格太低，将会导致供应商亏损而失去供应商，甚至导致市场扭曲。所谓“一分价钱一分货”，过低的价格可能会导致供应商被迫偷工减料，从而扰乱市场秩序。

(5) 适当的数量（Right Quantity）

数量以满足需求为原则。采购过量，不仅是一种资源浪费，还会占用库存，导致企业生产经营成本的上升；采购数量不足，将会影响企业生产经营的正常运行，影响交货期的完成。恰到好处的数量同样也是JIT的原则。

2. 采购管理的过程

采购管理是企业在取得物品与服务的过程中，统筹兼顾事前的规划（Planning）、事中的执行（Doing）以及事后的控制（Controlling），以达到维持正常的企业生产经营活动、降低企业生产经营成本、提高企业竞争力的目的。

采购的事前规划，包括设定采购目标、建立采购制度与组织、划分职责与权限、人员的选用，设计采购作业流程与表单以及拟订采购计划和预算。

采购的事中执行，首先应选定达成采购目标的策略，包括竞争策略（Competitive Strategy）、一般策略（Generic Strategy），然后采取各种采购行动方案，包括供应商的评选、议价技巧、交货、跟催及质量检验等。

采购的事后控制，其工作重点是确立采购人员的行为规范，拟订采购工作绩效评估的指标以及企业内部、外部关系的协调等。

综上所述，企业采购管理的目的是为了保证供应，满足企业生产经营的需要，既包括对采购活动的管理，也包括对采购人员和采购资金的管理等。一般情况下，有采购就必然有采购管理。但是，不同的采购活动，由于其采购环境、采购的数量、品种、规格的不同，管理过程的复杂程度也不同。在企业的采购中，工业制造和商贸流通企业的采购目标、方式等虽然存在差异，但因为有着共同的规律，所以本书中不再进行过细的划分。

1.1.3 采购的地位和作用

采购已经成为企业生产经营的一个核心过程，是企业获取利润的一个重要源泉。

1. 采购的地位

从全球企业的产品成本构成来看，采购成本占总成本的比重随行业的不同而有所差别，在30%~90%，平均水平在60%以上，工资和福利占20%，管理费用占15%，利润占5%。从这些数字可以清楚地看出，采购成本是企业成本控制中的主体和核心部分，采购成本控制是企业成本控制中最有价值的部分。

在商品生产和交换的整体供应链中，每个企业既是顾客，又是供应商。为了满足最终顾客的需求，企业都力求以最低的成本将高质量的产品以最快的速度供应到市场，以获取最大利润。在制造业中，利润是同制造及供应过程中的物流和信息流的流动速度成正比例的。从整体供应链的角度来看，企业为了获取尽可能多的利润，都想方设法加快物料和信息的流动，这样就必须依靠采购的力量，充分发挥供应商的作用，因为占成本60%的物料以及相关的信息都发生或来自供应商。

随着经济一体化及信息全球化的发展，市场竞争日益激烈，顾客需求的提升驱使企业按库存生产，而竞争的要求又迫使企业趋向于争取按订单设计生产的环境，企业要解决这一矛盾只有将供应商纳入自身的生产经营过程，将采购及供应商的活动看做是自身供应链的一个有机组成，才能加快物料及信息在整体供应链中的流动，从而将顾客所希望的库存成品向前推移为半成品，进而推移为原材料，这样既可减少整个供应链的物料及资金负担（降低成本、加快资金周转等），又可及时将原材料、半成品转换成最终产品以满足顾客的需要。在整体供应链管理中，“即时生产”是缩短生产周期、降低成本和库存，同时又能以最快的交货速度满足顾客需求的有效做法，而供应商的“即时供应”则是开展“即时生产”的主要内容。因此，采购从供应的角度来说，是整体供应链管理中“上游控制”的主导力量。

2. 采购的质量价值

质量是企业的生命，具体落实于管理体系和产品。就产品质量控制而言，一般企业都根据时序将其划分为进货质量控制、过程质量控制及出厂质量控制。由于产品中产品价值的60%是经采购由供应商提供，毫无疑问，产品“生命”的60%是由进货质量控制（Incoming Quality Control，IQC）前得到确保，也就是说企业产品“质量”不仅要在企业内部控制，更多的应控制在供应商的质量过程中，这也是“上游质量控制”的体现。供应商上游质量控制得好，不仅可以为下游质量控制打好基础，同时可以降低质量成本，减少企业进货检验费（降低IQC检验频次甚至免检）等。可见，通过采购将质量管理延伸到供应商，是提高企业自身质量水平的基本保证。

3. 采购的渗透作用

随着时代的变化和技术的进步，产品的开发周期在极大地缩短，产品开发“并行工程”（Concurrent Engineering）应运而生。在采购活动中，让供应商参与到企业的产品开发过程中来，不仅可以利用供应商的专业技术优势缩短产品开发周期，降低产品开发费用及产品制造成本，还可更好地满足产品功能性的需要，提高产品在整个市场上的竞争力。

现代企业已经将供应商看做自身产品开发与生产的延伸，与供应商建立“伙伴关系”，充分利用供应商的技术力量为企业开发生产产品，这是一种新型的“采购”。一方面可为企业节省资金、降低投资风险，另一方面还可以最快的速度形成生产能力、扩大产品生产规模。目前，许多企业不再将采购局限于供应商的原材料和零部件领域，而是随之扩大到半成品甚至于成品，这里最具典型的就是OEM产品。

采购是企业经营管理的重要环节。实行准时采购制度（JIT），看板方式将推动企业的生产流程、搬运方式的变革，并促进供应链采购方式的进步。所以，采购不是简单意义上的买东西，而是企业经营的一个核心环节，是获取利润的重要资源，它在企业的产品开发、质量保证、整体供应链以及经营管理中起着极其重要的作用。走出传统的采购认识误区，正确确定采购的地位，是当今每个企业在全球化、信息化市场经济竞争中赖以生存的基本保障，更是现代企业谋求发展壮大的必然要求。

1.2 采购的基本任务、原则和分类

1.2.1 采购的基本任务

随着现代企业内外环境竞争的日趋激烈，采购在企业中所起到的作用也日益加强。根据采购的基本概念和功能，采购须承担的任务有以下几项：

（1）保证本企业生产经营活动顺利运作所需产品与服务的正常供应。采购的材料、零部件或服务必须满足内部顾客（相关部门）在质量、数量及时间等方面的要求。

（2）不断改进采购过程及供应商管理过程，以提高原材料质量。

（3）控制采购相关的成本，包括直接采购成本和间接采购成本。直接采购成本，即原材料、零部件的采购价格的控制与降低，可采取提高采购工作效率、定期谈判、优化供应商、实施本地化、与供应商共同开展改进项目等多种途径。间接采购成本控制与降低包括缩短供应周期、增加送货频次、减少原材料库存、实施来料免检、循环使用原材料包装、合理利用相关的政府有利政策、避免汇率风险、供应商参与产品开发或过程开发等。

（4）优化供应体系。一方面要尽量减少供应商的数量，使采购活动尽量集中；另一方面要避免依赖独家供应商、防止垄断供应的风险。

（5）发挥供应商的专业优势，在产品或过程开发中拓宽采购领域。这是将供应商纳入企业整体经营的有效措施。20 世纪 80 年代初期美国的 IBM 公司在其供应商 Intel（英特尔）的合作支持下开发的 256K RAM 处理器就是一个典型的例子。

（6）维护本企业良好形象。采购是企业的对外工作，公正、良好的态度有助于发展同供应商的合作关系，树立公司的良好形象。

（7）管理、控制好与采购相关的文件及信息。如程序性文件、作业指导书、供应商调研报告、供应商考核及认可报告、图纸及样品、合同与订单、供应商发票等。

除以上几项基本任务外，从采购管理的角度讲，其职责应包括：制订并实施采购方针、策略、目标及改进计划，进行采购及供应商绩效衡量，建立供应商审核及认可、考核与评估体系，开展采购系统自我评估，同其他单位的采购进行行业水平比较（Bench－marking），不断提高整体采购水平，建立培养稳定有创造性的专业采购队伍，与企业内其他部门共享采购资源、开展“杠杆采购”（Leverage Buying）等。

1.2.2 采购的原则

人们在长期实践中，总结并提出了“5 适”原则用以指导采购活动，即“适价”、“适质”、“适量”、“适时”、“适地”，企业在适当的时候以适当的价格从供应商处购买所需数量商品的活动。

1. 适价

价格永远是采购活动中关注的焦点。现在的企业老板们对采购最关心的一点就是采购部门能节省多少采购资金，并保证及时供货。所以，采购人员不得不把相当多的时间和精力放在跟供应商的“砍价”和“斡旋”上。物料的价格与该物料的种类是否为长期购买，是否为大量购买，与市场供求关系有关，同时也与采购者对该物料的市场情况是否熟悉有关。这就要求采购人员应具备掌握该行业最新动态和获取相关信息的能力。

一个满意的价格往往要经过以下几个环节的努力才能获得：

（1）询价。不仅要求现有供应商报价，还应该要求一些新供应商报价。与某些现有供应商的合作可能已达数年之久，但他们的报价未必优惠。获得多渠道的报价后，就会对物料的市价有一个大体的了解，并可与企业内部事先做出的估价进行比较。

（2）比价。俗话说“货比三家”，就是说采购时需要对多家供应商的价格进行比较，一般的家庭主妇在日常购物时都懂得这招。但是作为一个专业采购人员所要考虑的东西远比家庭主妇在这点上想得要多，因为专业采购所购买的东西可能是一台价值300万元的设备或年采购金额达到千万元的电子零件，这就要求采购人员必须谨慎行事。由于供应商的报价单中所包括的条件往往不同，因此采购人员必须将不同供应商报价中的条件转化一致后才能比较，只有这样才能得到真实可信的比较成果。

（3）议价。经过比价环节后，筛选出最适当的2～3个报价，然后进入议价环节。随着沟通的不断深入，不仅可以将详细的采购要求传达给供应商，而且还可以进一步“杀价”。供应商的第一次报价往往含有“水分”。但是，如果物料为卖方市场，即使是面对面地与供应商议价，最后所取得的实际价格可能要比预期的低。

（4）定价。经过上述三个环节后，双方均可接受的价格便作为日后的正式采购价。一般需要保持2～3个供应商的报价。这2～3个供应商的报价可能相同，也可能不同。

2. 适质

一个不重视质量的企业在现在的市场竞争中根本无法立足。一个优秀的采购人员不仅要做一个精明的商人，同时也要在一定程度上扮演质量管理人员的角色。在日常的采购作业中要安排部分时间去推动供应商完善质量体系及改善、稳定物料质量。

来料质量不良导致的严重后果是：

（1）导致企业内部相关人员花费大量的时间与精力去处理相关问题，加大管理费用；

（2）在商检、挑选上需要花费额外的时间与精力，造成检验费用增加；

（3）导致生产线返工增加，降低生产效率；

（4）导致生产计划推迟进行，有可能引发不能按承诺的时间向客户交货，会降低客户对企业的信任度；

（5）可能会引起退货，令企业蒙受严重损失，如从市场上召回产品、报废库存等，严重的还会丢失客户。

3. 适时

企业已经安排的生产计划，若因为原材料未按时到达，往往会引起企业内部混乱，即

会产生“停工待料”，产品不能按计划出货，引起客户强烈不满；若原材料提前太多时间买回放在仓库里等待生产使用，又会造成库存过多，大量占用采购资金。这是企业老板们很忌讳的事情，故采购人员要扮演协调者与监督者的角色，促使供应商按照约定时间交货。若企业实行 JIT 采购，交货时机就会更显重要。

4. 适量

采购量多，价格就会便宜些，但不是采购越多越好，应按照资金周转率、仓库储存成本、物品需求计划等，综合计算出最佳经济采购量。采购量的大小决定生产与销售的顺畅与资金的调度。物料采购量过大，会造成过高的存货储备成本与资金积压；物料采购过小，则会增加采购次数及运输次数等，从而造成采购成本提高。因此，适当的采购量（即适量）是非常必要的。

5. 适地

天时不如地利。企业往往容易在与距离较近的供应商的合作中取得主动权，在选择 JIT 试点时，必须选择近距离供应商来试点。供应商企业越近，运输费用就越低，机动性就越高，协调沟通就越方便，成本自然就越低。同时也有助于紧急订货时的时间安排。

越来越多的企业在选择供应商甚至在建厂之初就考虑到“群聚效应”，即在周边地区能否找到企业所需的大部分供应商，对企业长期的发展有着不可估量的作用。纵览全国，至少有两个地区已形成明显的“群聚”优势。一个是珠江三角洲地区，包括广州、东莞、深圳、中山、惠州、顺德等市；另一个是长江三角洲地区。特别是后者在进入 21 世纪后更显出了勃勃生机。

在实际的采购作业中，很难将上述“5 适”面面俱到，往往只能侧重其中最为关心的一两个方面。上述的几个方面有时还会存在“效益背反”的情况，就是过分强调“5 适”中的一个方面时，就要以牺牲其他方面作为补偿。例如，若过分强调质量，供应商就不能以市场最低价供货，因为供应商在质量控制上投入了很多精力，它必然会把部分成本转嫁到客户身上。这就要求采购人员必须纵观全局，准确地把握企业对所采购物料的各方面的要求，以便在与供应商谈判时提出合理要求，从而争取有更多机会获得供应商的合理报价。总之，只有综合考虑才能实现最佳采购，这需要采购者在长期的实际操作中积累经验。

1.2.3 采购的分类

依据不同的划分标准可以对采购进行不同的分类。针对不同的类别，实施不同的采购策略。

1. 按采购的主体分类

按采购的主体分为个人采购、集团采购及其他采购，如图 1－1 所示。

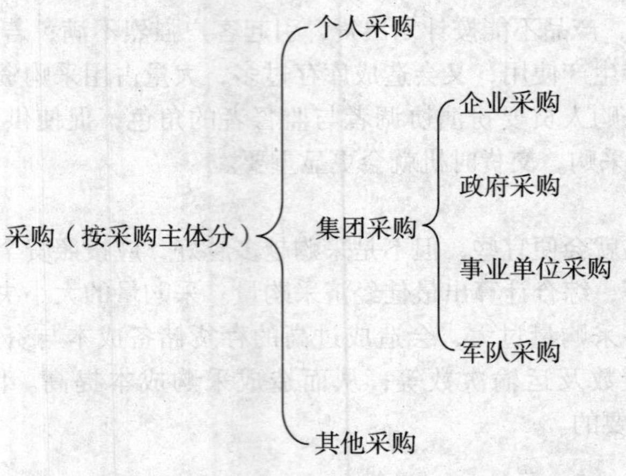

图 1－1　采购主体类型

（1）个人采购

个人采购是指个人生活用品的采购。一般是单一品种、单个决策、随机发生的，有很大的主观性和随意性的采购活动。即使采购失误，也只影响到采购个人，造成的损失不会太大。

（2）集团采购

集团采购是指两人或两人以上公用物品的采购。一般是多品种、大批量、大金额、多批次甚至持续进行的，由集体决策，直接关系到多个人利益的采购活动。如果采购决策失误，将对集团造成较大的损失。所以，集团采购一般要慎重、科学、严格。家庭采购也可以算是集团采购，但典型的集团采购主要是指企业采购、政府采购、事业单位采购、军队采购等。这些不同类型的采购有一些共同点，但也有各自的特点。

在这些采购主体类型中，需要进行深入研究的是企业采购和政府采购，这两类采购占了全社会采购总额的绝大部分，对社会经济生活影响巨大。其中，又以企业采购尤为广泛和重要，这也是大多数人关注的。

2. 按采购的方法分类

按采购的方法可以分为传统采购和科学采购。如图 1－2 所示。

（1）传统采购

企业传统采购的一般模式是：每个月的月底，企业各个单位报下个月的采购申请单及下个月需要采购货物的品种、数量，交采购部门汇总，由采购部门制订出统一的采购计划，并于下个月实施采购。采购回来的货物存储于企业的仓库中，满足一个月对各个单位的货物供应。这种采购以各个单位的采购申请单为依据，以填充库存为目的，管理比较简单、粗糙，市场响应不灵敏，库存量大，资金积压多，库存风险大。

传统采购的主要方式有：

①询价采购。询价采购是采购人员询问信用可靠的厂商，将采购条件讲明，通过电话

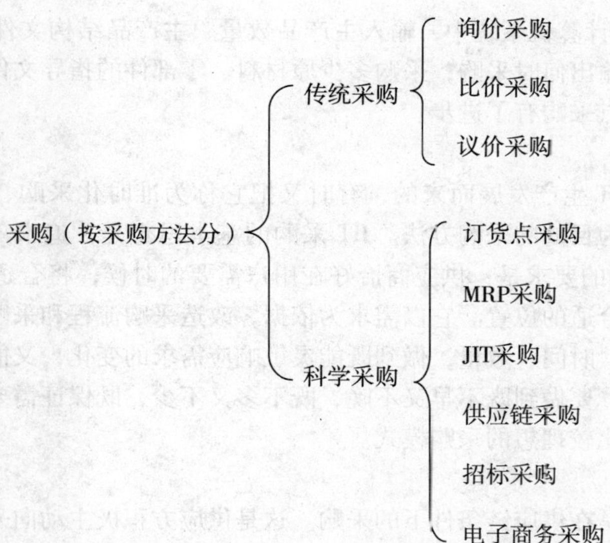

图1－2 采购方法类型

或寄发询价单的方式，询问价格，经过比较后，现价采购。

②比价采购。采购人员请数家厂商报价，经过比较后，决定向哪家采购。

③议价采购。采购人员与厂家谈判，讨价还价，谈定价格后决定购货。

实际采购中，很少以一种方式单独进行，通常是几种方式结合起来进行采购。

（2）科学采购

所谓科学采购，就是在科学理论的指导下，采用科学的方法和现代科技手段实施的采购。科学采购根据指导理论和采取的方式方法的不同，可划分为订货点采购、MRP 采购、JIT 采购、供应链采购、招标采购和电子商务采购。

①订货点采购

订货点采购已有半个世纪的历史，无论从理论上还是实践上都比较成熟。订货点采购是严格根据需求的变化和订货提前期的长短，精确确定订货点、订货批量（定量订货法）或订货周期、最高库存量（定期订货法）等，建立起连续的订货机制和库存控制机制，达到既满足需求又使得库存总成本最小的目的。这种采购模式以需求分析为依据，以填充库存为目的，采用计量方法，兼顾满足需求和库存控制，原理比较科学，操作比较简单。但是由于市场的随机因素较多，使得该方法同样具有库存量大、市场响应不灵敏的缺陷。

②MRP 采购

MRP 采购是一种解决相关需求的采购方式，主要应用于生产企业的物料采购。它是生产企业根据主生产计划和主产品的结构以及库存情况，逐步推导出生产主产品所需要的零部件、原材料等的生产计划和采购计划的过程。这个采购计划规定了采购品种、数量、采购时间和采购提前期，计划比较精确、严格。MRP 采购以需求分析为依据，以满足库存为目的。在 MRP 计算机系统中，输入主产品数量、主产品结构文件和载明库存量的库存文件，系统就可输出何时采购，采购多少原材料、零部件的指导文件。它的市场灵敏度及库存水平比订货点采购有了进步。

③JIT 采购

JIT 采购是由 JIT 生产发展而来的，有时又把它称为准时化采购、零库存供应，是一种完全以满足需求为目的的采购方法。JIT 采购的基本思想是：追求零库存，“彻底杜绝一切浪费”。对采购的要求是：供应商恰好在用户需要的时候，将合适的品种、合适的数量送到用户要求的合适的位置。它以需求为依据，改造采购流程和采购方式，使它们完全适合于需求的品种、时间、数量，做到既能灵敏响应需求的变化，又能使库存向零库存趋近。这种即时送达，要做到既不早又不晚，既不多又不少，既保证需要又不增加库存。这是一种比较科学、比较理想的采购模式。

④供应链采购

供应链采购就是在供应链条件下的采购。这是供应方积极主动向采购方提供其所需物料的采购。在供应链的条件下，供应方遵循供应链的宗旨，在利益共享原则的基础上，依据采购方提供的信息，及时满足采购方对原材料和产成品的需求。

⑤招标采购

招标采购一般是大宗物品和工程的采购。采购方为了寻求最好的供应商，将物料采购的所有条件（如物料名称、规格、质量、数量、交货期、付款条件、处罚规则、投标押金、投标资格等）详细列明，通过发布标书或刊登公告的形式进行招标。由于众多的供应商参与竞标，采购方可以在更广泛的范围内寻求最优合作伙伴，达到价格最低、服务最优。

⑥电子商务采购

电子商务采购即网上采购，是在计算机技术、通信技术和网络技术高度发展的环境下的科学采购模式。它的基本特点是：在网上寻找商品、寻找供应商、网上交易洽谈、网上下单和网上付款结算，货物通过物流系统进行配送。这种模式的好处是：扩大了采购市场的范围，缩短了供需距离，简化了采购手续，减少了采购时间和采购成本，提高了工作效率，是一种发展前景良好的采购模式。但是它要依赖于电子商务的大力发展，物流水平的不断提高，而这两者取决于整个国民经济发展的水平和科技发展的水平。我国现在已经有不少企业以及政府采购采用了网上采购的方式，但是要把网上采购真正搞好，还需要有一个相当长的过程。

3. 依据采购的范围分类

按照采购的范围可以分为国内采购和国外采购。

（1）国内采购

所谓国内采购，是指企业以本币向国内供应商采购所需物资的活动。例如，国内机械制造企业向国内钢铁企业采购钢材；服装厂向纺织厂采购布料等。国内采购主要指在国内市场采购，但采购的物资并不一定是本国生产的。例如，外资企业在中国境内生产的产

品，国外生产的、在中国市场上销售的产品。这些产品的采购都是以本币支付货款。当国内材料价格、质量、性能与国外材料相差无几时，选择国内采购。国内采购的优点：机动性强，手续简单方便。

国内市场采购又可分为本地市场和外地市场两种。通常情况下，首先考虑本地市场，这样可以节约采购成本，减少运输时间，保障供应。在本地市场不能满足供应时，再考虑外地市场。

（2）国外采购

所谓国外采购，是指国内企业直接向国外厂商采购。当国外材料价格低，质量高，性能好，综合成本低时，可考虑国外采购。这种采购一般直接向国外厂商咨询，同国外厂商谈判采购，或者向国外生产厂设在本地的代理商咨询采购。这种采购的范围很广，包括高新技术产品、成套技术设备、必须进口的原材料等。

国外采购的优点：第一，可以弥补国内资源的不足，解决我国不能生产的高新技术产品和原材料问题；第二，某些产品我们虽然能够生产，但质量上还存在一定不足，而进口产品在性能、质量上更有保证；第三，进口一些物资，利用“汇率”的变动，可以获利。

国外采购的不足：一是交易过程复杂，影响交易效率；二是需要较高库存，增加了储存费用；三是路途遥远，无法满足急需；四是发生纠纷时，追索困难。

我国准许货物的自由进出口，但是这自由不是绝对的，属于下列情形之一的，国家禁止进口：

①危害国家安全和公共利益的；

②为保护人民的生命或者健康禁止进口的；

③破坏生态环境的；

④根据中华人民共和国所缔结或参加的国际条约、协定的规定，禁止进口的。

4. 按采购的权限分类

按采购的权限可以分为集中采购和分散采购。

（1）集中采购

所谓集中采购，是指由企业的采购部门全权负责企业的采购工作。即企业生产所需的物资，都由一个部门负责，其他部门，包括分厂、分公司均无采购职权。

①集中采购的优点

（a）降低订货费用。集中采购可以减少订货次数，从而减少订货费用；

（b）可以获得供应商的批量价格优惠；

（c）可统一组织供应，合理配置资源，最大限度地降低库存。

②集中采购的不足

（a）采购过程复杂，时效性差。要将下属各单位的需求集中起来，到实地采购，再将采购到的物资发送到需求单位，不仅要增加多道手续，往往还要增加多道运输环节，费时、费力，增加采购成本。

（b）非共用性的物资，实行集中采购，难以获得价格优惠。对于一个大的企业，通常生产多种产品，需要许多不同的原材料和零部件，勉强实行集中采购，往往不能达到批量优惠的目的。

（c）采购与使用分离，缺乏激励因素，采购绩效差。由于实行集中采购，采购者与使用者分离，采购成本的高低、质量的好坏对未来生产经营带来何种影响等，不与采购者产生直接的经济利害关系，导致采购者对采购绩效的关心度下降。从采购的实践看，集中采购更容易出现品种规格不对路、价格偏高、供货不及时等问题，影响企业效益。

③集中采购的适用范围

（a）集团实施的采购活动。作为大的企业集团，生产的产品多为系列产品，虽然产品规格型号多达千百种，但许多原材料、零部件都是通用的。实行集中采购，可以充分享用集中采购带来的好处。

（b）跨国公司的采购。随着经济的发展，企业经济实力的增强，不少企业走出国门，纷纷在国外不同地域投资建厂。由于区域经济发展的不平衡，原材料和零部件在价格上产生了不同程度的差异。实行跨国跨地区集中采购，不仅可以享受批量采购带来的优惠，更能获得价差所带来的产品成本优势。

（c）不同企业之间的联合采购。同城企业或邻近地区的企业，在产品相同或相近的情况下，在采购相同原材料或零部件时，为了共同的利益，可以实施联合采购。尤其在企业规模比较小的情况下，更有必要。

（d）商贸企业的联合采购。随着经济的发展和人民生活水平的提高，连锁零售企业蓬勃发展。不仅美国的沃尔玛、法国的家乐福等零售连锁企业登陆我国，就是本土的连锁零售企业，也在以每年20%左右的速度增长。毫无疑义，这为数众多的企业连锁店，更应以联合采购的形式组织进货。

（2）分散采购

所谓分散采购，是指按照需要，由单位设立的部门自行组织采购，以满足生产经营的需要。

①分散采购的优点

（a）针对性强。生产企业或商贸企业可以针对企业自身的需求，采购规格品种最合适、价格最合理的原材料、零部件或产成品。

（b）决策快，效率高。分散采购减少了集中汇总、层层审批的烦琐程序，可以很快做出采购决策，并立即组织实施，减少了时间上的延迟，提高了工作效率。

（c）有利于激励机制的贯彻实施。直接采购的采购人员是本企业的职工，其收益与企业的经营成果密切相关，采购绩效如何不仅关系到企业的经济效益，也关系到职工的切身利益。所以，采购人员能从自身的利益出发，努力做好采购工作。而且企业直接管理职工，可根据采购工作的业绩，给予奖励或惩罚，这进一步调动了采购人员的积极性。

②分散采购的缺点

（a）大型企业中用料较多的物料无法获得集中采购的价格折扣。

（b）作业分散，手续重复，导致成本增加。

（c）相同物料规格难以统一。

（d）资料的集中控制与处理不容易。

（e）长期的采购规则与控制不易。

③分散采购的实施范围

（a）分散采购适用于小批量、价格低的物资的采购。

（b）市场资源有保证，运输费用低的物资的采购。

（c）各基层单位具有检测能力的物资的采购。

（d）产品研制开发阶段所需的物资的采购。

（e）分散采购的成本低于集中采购时的物品的成本。

5. 按采购物资的形态分类

按采购物资的形态可分为有形商品的采购、无形商品的采购和工程采购。

（1）有形商品的采购

有形商品包括原材料、能源、辅助材料、半成品、零部件、成品及非生产用的低值易耗品等。

①原材料。原材料指构成产品本体部分的物料。

②能源。通常指煤炭、燃油等产生热量的物资，有时把它归为原材料。

③辅助材料。辅助材料指虽不构成产品实体，却是产品生产过程中不可缺少的物料，如清洗剂、润滑油、包装物等。

④半成品。指已经初步加工，尚需进一步加工的物料。

⑤零部件。指已经完成全部加工过程，只待组装的物料。

⑥成品。指具有一定的独立功能，可以对外销售的产品。成品有时是相对的，如在供应链条件下，某上游企业的成品，对下游企业而言，很可能仅仅是零部件或半成品，甚至是原材料。

（2）无形商品的采购

无形商品主要指技术和服务。

①技术。此处所讲的技术是指制造某种产品，应用某种生产工艺或提供某种服务的技能知识。

②服务。此处所讲的服务包括从清洁服务、雇佣临时劳务，到专业公司的设计服务，包括安装服务、培训服务、维修服务及某些特殊服务。

（3）工程采购

工程指地面上下新建、扩建、改建、修建、拆建、修缮或翻新构造物及其所属设备、自然环境的行为，包括建造房屋，兴修水利，承建交通设施，铺设下水道等项目。

6. 按采购的时间分类

按照供应商与采购商之间交易时间的长短不同，一般分为长期合同采购和短期合同采购。

（1）长期合同采购

长期合同采购是供应商和采购商为了在较长时间内维持稳定的供需关系，通过合同的方式，将这种较长期间的供求关系固定下来的采购形式。长期合同的有效时间通常在一年以上。在合同期内，采购方承诺供应方采购其所需产品，供应方承担保证采购方在品种、规格、数量等方面的需要。

①长期合同采购的优点

（a）有利于增强双方的理解和信任，建立稳定的供需关系；

（b）有利于降低双方洽谈价格的费用；

（c）有明确的法律保障，维护了双方的利益。

②长期合同采购的缺点

（a）价格调整困难。如果市场价格发生变化，双方要求调整价格会变得很困难；

（b）数量调整困难。由于受到合同条款的约束，采购方在采购数量的调整上有难度；

（c）采购人员容易形成依赖思想，缺乏创新意识；

（d）合同期内采购商即使有了更好的供应渠道，也难以做出新的选择。

③长期合同采购的适用范围

长期合同采购供需关系稳定，主要适用于采购方需求量大，且连续不断的供货，多为企业所需要的主要原材料、燃料、动力及配套设备等，如炼油厂长期需要的石油、化工厂长期需要的煤炭等。

（2）短期合同采购

短期合同采购是指采购商和供应商为实现一次交易，以满足生产经营活动的需要实施的采购。

①短期合同采购的优点

短期合同采购双方之间具有很大的灵活性，采购的品种、规格、型号、数量等可以随时做出调整，并能够根据情况的变化调整供应商。

②短期合同采购的缺点

短期合同采购由于供需关系不稳定，会出现交易中断，价格波动频繁及服务质量下降等。

③短期合同采购的适用范围

（a）持续消耗的物品，如机械设备、运输车辆、家庭耐用消费品等补缺产品。

（b）由于供求关系的变化，长期合同供货不能满足需要，需要短期合同供货予以补充。

（c）价格波动大的产品的采购。无论是采购商还是供应商，对于价格波动大的产品都不希望签订长期合同，避免利益受损。

（d）质量不稳定的产品。对于质量不稳定的产品，如农副产品，试生产的产品等，通常也是一次性采购。

1.3 采购的范围和过程

1.3.1 采购的范围

所谓采购的范围，是指采购的对象或标的，涵盖了有形的物品、无形的服务以及工程发包。

1. 有形的物品

（1）原料

原料是指直接使用于生产的原材料，也是构成产品最主要的成分。在产品的制造过程中，即使原料的形体发生物理或化学变化，它依然存在于产品里面，不会消失。通常，原料是产品的制造成本中比率最高的项目。例如织布用的棉纱，生产塑胶制品用的高密度聚乙烯（HDPE），生产积体电路所用的晶片，生产水泥所用的石灰石等，均是该项产品的主要原材料。

（2）副料

在产品制造过程中，除了原料之外所耗用的材料均属于副料。有些副料与产品的制造有直接关系，但是产品制成时，副料本身已经消失，例如，化学制品所需的催化剂（Catalyst）；有些虽然还附着在产品上，但因其价值不高，仍然被看做是副料，如成衣上的纽扣或拉链，或机械制品上的螺丝或填垫材料（Seal or Packing）等。另外，有些副料与产品的制造并无直接关系，只是消耗性的材料或工具，如冷煤、锉刀、灭藻剂及钢刷等；以及产生能量所耗用的燃料，如重油、瓦斯、粉煤等。此外，包装材料亦归属于副料，如纸箱、塑胶袋、包装纸、打包带等。

（3）机具及设备

这是指制造产品的主要工具或提供生产环境所不可或缺的设施。前者譬如人造纤维的聚合设备（Polymerization）、生产活塞的万能研磨机、生产钢铁制品的炼钢电炉设备及连续铸造机、个人电脑厂的表面黏着机（Surface Mounting Machine）等。后者如生产积体电路的无尘室（Clean Room），生产各种疫苗的无菌室。这些机具及设备对产品的产量和质量会产生直接的影响。

另有空调设备，电力设备及储运设备等，以提供生产上所必需的温度、动力及仓储运输效能；其他又如提供产品质量测试或材料检验所需的仪器，以及塑造产品或零件所需的模具（Tooling）等。

（4）事务用品

这是指办公室生产线人员在文书作业上所需的设施及文具、纸张以及任何其他杂项购置。前者例如桌椅、圆珠笔、账册、计算机、个人电脑、信封信纸、打印机等；后者如茶壶、扫把、衣架、时钟、卫生纸、清洁剂等。

2. 无形的服务

(1) 技术

技术是指取得能够正确操作或使用机器、设备、原料等的专业知识(Know How)。唯有取得技术，才能使机器或设备发挥效能，提高产品的产比率(Yield Rate)或确保优良的质量，降低材料损耗率(Scrap or Consumption Rate)，减少机器或设备故障率(Stoppage)，如此才能达到减少投入(Input)增加产出(Output)的目的。

(2) 服务

这主要包括了售前服务、售后服务、专业服务和勤务服务四方面。

①售前服务。是指卖方在交易前提供产品的资讯，包括产品说明、操作示范、制作过程或材料规范、参观设施等。此项服务可增加采购人员对产品的专业知识，对将来的采购决策很有帮助。

②售后服务。是指卖方提供机器、设备的安装或修护、操作或使用方法的教育训练、运送及退换货品等。此项服务可使买方实现到机器、设备等的正常使用状况，并延长使用寿命。实例中的第13项交通设备购买及维修和第15项厂房设备及工程发包维修属于此类采购。

③专业服务。是指延聘律师、管理顾问、建筑师、会计师、电气技师、广告设计以及程序设计等专业人员所提供的特殊服务。办理专业服务前，申请部门必须提供工作说明(Statement of Work)及验收程序，而采购人员必须了解真正的需求，包括美观的设计、高超的技术、适时的服务，以及最低的成本等要素。例如实例中的第5项广告发包即为此类。

④勤务服务。是指日常作业性质的服务，包括资讯传达、膳食服务、搬运、清洁、警卫等。此类服务经常受到公司管理方式、劳工法令、作业实际状况、费用变动等因素的影响，适合自办或外包，往往举棋不定。因此，勤务服务采购的成功之道，在于指明服务的详细工作项目，要求业者本身具有必需的配备及工作经验，并对服务绩效有一套奖惩办法等。

3. 工程发包

包括厂房、办公室等建筑的建设与专修，以及配管工程(Piping)、机器储槽架设工程、空调或保温工程、动力配线工程及仪表安装工程等。实例中的第15项厂房设备及工程发包维修即为此类。

工程发包有时要求承包商连工带料，以争取完工时效；有时自行备料，仅以点工方式计付工资给承包商，如此可节省工程发包的成本。但是规模较大的企业，本身兼具机器制造及维修能力，有可能购入材料自行施工，无论在完工质量、成本及时间等方面，均有良好的管制与绩效。

实例　某电脑公司总务主办采购项目表

1. 杂项用品

茶杯、壶、台灯、配锁、衣架、茶叶、咖啡、奶精、糖、纸巾、桌巾、刻印、冲洗照片、识别证制作

2. 影印及电信有关耗材

（1）影印机、传真机、电报机等所用耗材

（2）电话机、电话线路申请等

3. 文具用品（制式及非制式）

4. 办公设备购买及维修

5. 广告（议比价）发包

人事、法务广告、公司形象广告、产品广告、牌楼制作（国内）

6. 赠品采购

年终纪念品、展示会或业务推广赠品、公开赠品

7. 印刷品

根据公布的印刷作业规定办理

8. 交际礼品采购

交际送礼、员工婚丧喜幛、挽联订制

9. 会议筹备

会场洽租、布置、餐饮点心安排

10. 各种场厅租赁

办公室、仓库、厂房洽租等

11. 福利活动

全公司性福利活动：旅行、健身、休闲性、体育性、文艺性活动、日用品采购、交通车安排、代订返乡团体票等

12. 展览会场工程发包

13. 交通设备购买及维修

14. 货品托运

15. 厂房设备及工程发包维修

注：该公司另设有采购部，负责生产性物料的采购。

1.3.2　采购的过程

采购同其他经济活动一样，有其必须遵循的科学程序。采购活动是否合理，经济效益是否最优，采购程序是一个重要的保证。

采购程序，是指在采购过程中，各项工作必须遵循的先后次序的流程，它是采购过程内在客观规律的反映。虽然企业生产经营内容不同，采购活动内容不同，采购运用的方法也不尽相同，但是，一个完整的采购过程，大体上又有一个共同的模式。以企业采购为例，一个完整的采购大体上都要经历以下过程，如图 1－3 所示。

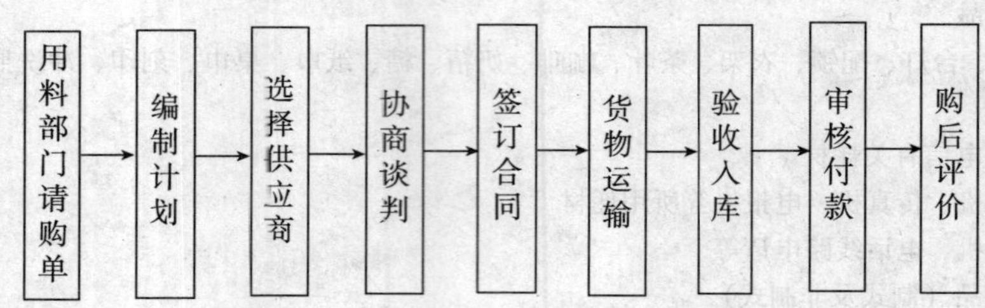

图 1－3　采购程序

（1）用料部门申报材料需求。用料单须有用料的详细说明，如物料的名称、规格、型号、数量、交货日期及其他持殊要求。

（2）汇总申报单形成采购计划。采购部门对申报采购的物料，根据需要与可能汇总平衡后，做出采购决策。包括品种决策，即物料的质量、规格、型号及功能等；数量决策，即计划期内应当采购的数量；批量决策，即每次进货的批量是多少；时间决策，即每批物料进货的时间；采购方式决策，即采用何种方式采购，是集中采购还是分散采购，是传统采购还是科学采购，是国内采购还是国外采购，最后形成采购计划。

（3）供应商的选择。供应商选择是采购的基本环节，优秀的供应商群体是采购目标实现的基础。选择供应商的目的在于通过广泛调查和收集信息，尽可能多地征求意见，最后，编制出可能的供应商的相关情况表。然后在此基础上，进行供应商的选择决策，要通过供应商的调查、供应商的审核认证、供应商的考核，选择优秀的供应商合作伙伴，有时还要编制出供货厂商精选说明书。

（4）采购谈判。无论采取何种采购方式，都离不开与供应商的谈判。谈判要坚持正确的原则，要讲究谈判策略，大宗货物的采购谈判要由有经验的谈判者承担。谈判关乎采购的全局，不可有任何闪失。

（5）合同的签订。谈判的成果、供需双方的权利义务及所达成的其他共识，要通过合同的形式确立下来，以提供法律上的保障。

（6）货物的运输。货物的运输通常由供应商组织，有时由采购方自行组织。在采购方自行组织的情况下，有多种运输方式可供选择，如公路运输、铁路运输、水路运输、航空运输、联合运输等。究竟选择何种运输方式，要依据货物的性质、运费的高低、时间的急缓、货损的大小、运输的安全等进行综合考虑，做出正确决策。

（7）货物验收入库。货物验收入库是采购业务操作的最后一个环节，也是一个关键性环节。验收包括品种、规格、质量、数量等方面的内容。对验收中发现的问题要依照规定妥善处理。不合格品不得入库，更不能进入生产过程。否则，不仅造成人力、财力资源的巨大浪费，一旦产品进入市场，还会损害消费者的利益，有损企业的形象，甚至导致顾客的流失，这些都不利于企业的长远发展。

(8) 货款的支付。货物检查合格入库后，必须按合同的规定及时支付货款。货款结算的方式有支票、汇票、本票、异地托收承付、委托银行收款和信用卡支付等多种。

(9) 购后评价。合同履行情况的检查结果，只能作为企业的产、销两大部门对采购任务完成的满意程度的评价标准。而作为企业经营管理的中心思想不断提高企业经济效益来说，采购活动的实际经济效益到底如何，在一项采购活动结束后，还应该对其进行经济效益评价，并通过这一环节，得到采购活动经济效益好坏的确切答案，为进一步的决策工作提供反馈信息。

总之，建立与遵循科学的采购程序，并在实际工作中实施，才能使采购工作规范化、有序化和科学化。

1.4 采购的资源要求

采购作为企业生产的重要支持活动，其成功实施不仅需要科学的采购程序，更要求企业提供充分的资源。由于采购是以货币换取物品的购买行为，可见采购的顺利实施首先需要有充分的资金做保证。此外，还需要各种表单与卡片、信息以及人员等方面的要求。

1.4.1 表单要求

采购作业需依赖采购表单以进行其实际申请及承办手续。采购表单的设计，应遵循下列两项原则：

(1) 采用一次自动套写（One Writing System）的方式。此种方式不必用复写纸，不但可以节省翻页填写的时间，减少套用复写纸不当而发生资料不清楚或错误的可能性；还可迅速传送相关部门，提高采购作业效率。

(2) 采用单一多功能（Multi - Function or Users）的方式。此种方式使请购单不但可以作为申请单位的需求凭证，同时可以提供给采购部门作为核准采购的凭证；给会计部作为审核付款的凭证；给仓储单位作为验收数量的凭证等各种用途。

至于主要的采购表单，有下列几种：

1. 请购单（Purchase Requisition，PR）

请购单是采购作业的起点，通常是由使用单位、物料单位（列入存量管制的物料）、生产管制单位或扩建专案小组等，所签发的单据。其内容主要陈述所需申购物料的名称及规格、料号、请购数量、需要日期、用途等，并涵盖请购、采购、验收三种签核流程。这种单一多功能的请购单，通常称为“物料管制单”。

由于用途的不同，请购单（物料管制单）通常有数联，应该以颜色区分以便分发传送。由采购单位留存的第一联又称准购单，由会计单位留存的第二联又称验收单，由电脑中心留存的第三联又称验收单副联，由请购单位留存的第四联又称采购通知单，由物料单位留存的第五联又称验收单物料联，由请购单位在开发时所留存的第六联又称请购单。

当请购单位填写请购单，并经其主管核准后，留存第六联，以备将来用于查询追踪，而将其余五联送至采购单位承办。当采购程序完成后（经过询价、报价、比价、议价、核准），留存第一联作为日后稽催的依据，而将第四联送交请购单位，其余三联全部送交物料单位。在采购的物料送达并经验收后，物料单位将第二联送交会计单位作为付款凭单，第三联交电脑中心登记资料。

一般而言，属于生产性质的请购单（包括原料、副料、机具设备、技术服务、工程发包等），是由采购部门承办，并向供应商订购或发包；属于消费性质的请购单（包括事务用品等），是由总务部承办，并向供应商订购、雇工办理或外包；属于专业服务性质的请购单（包括会计师签证、产品目录设计等），多由申请部门自行办理，或委托外界的专业机构及人员办理。

2. 订购单（Purchase Order，PO）

当采购单位决定采购对象后，通常会寄发订购单给供应商，以作为双方将来交货、验货、付款的依据。国外采购因双方沟通不易，订购单成为确认交易必需的工具。国内采购可以依情况决定是否给予供应商订单。由于采购部门签发订购单后，有时并未要求供应商签署并寄回，形成买方对卖方的单向承诺，自属不利。但订购单却能使卖方安心交货，甚至可获得融资的便利。

订购单内容特别侧重交易条件、交货日期、运输方式、单价、付款方式等。因用途不同，订购单可分为厂商联（第一联），作为厂商交货时的凭证；回执联（第二联），由厂商签认后寄回；物料联（第三联），作为控制存量及验收的参考；请款联（第四联），可取代请购单第二联或验收单；承办联（第五联），由制发订购单的单位自存。

通常在订购单的背面，多会有附加条款的规定，这也构成了订购条件的一部分，其主要内容包括：

（1）交货方式：新品交货，附带备用零件、交货时间与地点等规定。

（2）验收方式：检验设备、检验费用、不合格品的退换等规定，超交或少交数量的处理。

（3）处罚规定：延迟交货或质量不符合的扣款，停权处分或取消合约的规定。

（4）履约保证：按合约总价的百分之几，退还或没收的规定。

（5）质量保证：保用或保固期限，无偿或有偿条件等的规定。

（6）仲裁或诉讼：买卖双方的纷争，仲裁的地点或诉讼的法院。

（7）其他：例如卖方保证买方不受专利权侵害的控诉。

3. 其他辅助性单据

除了以上两种主要表单外，还有辅助性质的表单，例如询价单（Inquiry），作为征询厂商报价的工具；采购联络单，可提供购用双方规格、单价及交货日期等意见的沟通与确认；比价议价记录表，可登载报价厂商原询单价及议价的结果等；采购动态表（Purchase Status），可表示交货前各项作业过程的状况。具体的各种表单的实际形式，在后面的章节中将作详细介绍。

1.4.2 信息要求

随着社会分工细化和专业化程度的提高，加工程度的浅化，外购商品在企业产品构成中所占比例不断上升，采购量大，采购品种繁多使采购工作日益成为关键，关系到企业经营的效益；在20世纪80年代初期，由于企业市场竞争机制尚未形成，盲目采购，造成高额库存，支付了更多的仓储费用，影响企业资金良性运转，在通货膨胀和市场萧条的情况下，使企业遭受了更大的损失，一度成为企业严重亏损的一个突出原因，此外采购渠道单一、商品价格信息渠道不畅等造成采购成本居高不下、高额库存等现象。

针对这种情况，市场竞争机制对企业采购提出了更高的要求，如何进行采购的科学决策和管理，成为企业管理的一个重要内容。而进行采购科学决策和采购计算机化所必须具有的采购信息，更是企业采购成功的关键。在采购业务过程中产生了大量的信息数据，一方面反映了商品的实体流动，另一方面反映了采购的资金流动。具体来讲，可以划分为以下几类。

1. 市场信息

市场数据信息包括供应厂商数据和商品数据，是采购计算机管理中的基本数据。商品种类不同，供应市场不同，随着供求关系的变化，采购的价格、批量等也应随之变化，采购部门必须随时关注市场变化，对各类商品的性质、性能、价格、类似品、代用品、生产厂家、批发机构、分配方式等不断地收集整理，以保持最新最完整的资料。采购商品的市场信息收集有一定的原则和方法，如随机抽样调查法、电话调查法、邮寄调查法、实验类调查法等。

2. 请购信息

请购信息大致分为两类：一类是请购单位信息，另一类是请购商品信息。请购单位信息包括请购单位名称、代码、地址、联系人等。请购商品信息包括请购商品名称、规格、型号、计量单位、需求日期、订货量等。

3. 计划信息

计划信息指经主管部门批准的请购信息，即汇总的采购计划，是采购部门采购订货的依据，也是采购业务流程中的关键信息，必须对其进行科学编码处理，保证数据结构的合理性，保证采购信息系统的安全性和可靠性。此外，此阶段涉及采购的决策，运用现代信息技术、专家系统，建立科学的采购决策支持系统，为决策层提供决策方法和理论依据，保证决策的科学性，实现商品流通优化。

4. 采购信息

采购信息是指采购部门根据决策层核准的汇总的采购计划，实现合理职责分工和人员分配，制订具体的采购计划，并对采购过程进行动态的跟踪，如采购单、采购员、采购费用等有关信息。

5. 合同信息

在商品采购业务流程中，与供应厂商签订供货合同是非常重要的一环，有关供货方、合同条款、关联关系代码和合同执行速度、合同付款方式、所采购商品的代码、价格等信息组成了合同信息，前述的采购计划信息是采购未发生之前的关键信息，而合同信息则构成了采购业务发生后的关键信息，它是到货验收信息、付款结算信息的基础。

6. 到货验收信息

根据采购合同，对商品的到货日期、到站、发货单位、运输方式、提货人、存放地点、保管人、商品数量与质量、规格与型号等，对照采购合同，进行系统化的处理并记录所形成的信息。

7. 结算信息

根据采购合同货款结算方式和到货验收情况，确定付款方式、付款额度、付款日期、会计科目、付款金额、结算进程、生成会计凭证与单据等，形成了与采购实物流相对照与匹配的资金流，全面反映采购过程中资金流动信息和结算信息。

1.4.3 人员要求

采购是一项相当复杂，而且要求很高的工作，采购人员应具备多样化的基本素质。包括较高的价值分析能力、预测能力、表达能力，专业知识水平以及良好的品德，这是企业实现高效采购的前提。

1. 采购人员的能力要求

(1) 分析能力

由于采购人员常常面临许多不同策略的选择与制定，例如商品样式、颜色的购买决策、为消费者所能接受的价格、商品如何陈列与展示、如何促销与宣传才能得到消费者的回应。因此，采购人员应具备使用分析工具的技巧，并能针对分析结果制定有效的决策。

采购支出是构成销货成本的主要部分，因此采购人员首先必须具有成本意识，精打细算，锱铢必较。其次，必须具有“成本效益”观念，所谓“一分钱一分货”，不可花一分冤枉钱，买质量不好或不具有使用价值的物品。随时将投入（成本）与成效（使用状况、时效、损耗率、维修次数等）加以比较。

此外，对报价单的内容，应有分析的技巧，不可以“总价”比较，必须在相同的基础上，逐项（包括原料、人工、工具、税捐、利润、交货时间、付款条件等）加以剖析评断。

(2) 预测能力

在现代动态经济环境下，商品的采购价格与供应数量是经常调整变动的。采购人员应能依据各种产销资料，判断货源是否充裕；与供应商的接触，从其“销售”的态度，揣摩商品可能供应的情况；从商品原料价格的涨跌，推断采购成本受影响的幅度有多少。总之，采购人员必须开阔视野，具备“察言观色”的能力，对商品将来供应的趋势预谋对策。

(3) 表达能力

采购人员无论是用语言或文字与供应商沟通，必须能正确、清晰表达所欲采购的各种

条件，例如规格、数量、价格、交货期限、付款方式等，避免语意含混，滋生误解。特别是忙碌的采购工作，必须使采购人员具备“长话短说，言简意赅”的表达能力，以免浪费时间。以“晓之以理，动之以情”来争取于己有利的采购条件，更是采购人员必须锻炼的表达技巧。

2. 知识与经验

采购人员特别是管理人员至少应具备专科以上的学历，因为接受过正式专科以上教育训练的学生，其所具备的专业知识与技巧较能符合企业采购工作的需求。除此之外，采购人员最好具有商学背景，如企业管理、流通业管理、流行商品或行销等科系，并以曾修过商品资讯、统计、行销、业务人员管理的人员尤佳。

（1）产品知识

无论是采购哪一种商品，都必须要对其所欲采购的标的物有基本的认识。对于零售企业采购来说，对商品的了解要比其他产业还要深入，因为其必须担负起销售业绩的相关责任。以流行服饰的采购来说，必须要了解尺寸、样式、风格、质料、颜色、织法等知识；以家电用品的采购而言，必须了解产品的功能、技术层次、原料、制程、保修期限等。

（2）客观理智

采购人员在选择商品或商品组合时绝对不能凭自我本身的感觉，必须要利用科学的方法针对消费者需求与市场流行趋势进行合理的分析，并将分析结果客观地呈现出来，选择最有利益的商品，不因主观的偏见而左右了采购策略的拟定。

（3）专注投入

对于企业的采购人员来说，专注投入相当重要，因为，采购必须要利用更多的时间去了解市场趋势与发掘消费者需求，必须常常加班，尤其是销售的旺季，如农历年春节前、中秋节、国庆节等，加班到深夜时有所见。除此之外，采购人员还必须协助高层主管规划销售策略，因此在年度或每年开始时也会特别忙碌，采购人员必须毫无怨言地投入其中。

3. 良好的品德

采购人员必须具备如下良好的品德。

（1）廉洁

采购人员所处理的“订单”与“钞票”并无太大差异，因此难免被“唯利是图”的供应商所包围。无论是威迫（透过人际关系）或利诱（回扣或红包），采购人员必须廉洁维持“平常心”、“不动心”，否则以牺牲公司权益，图利他人或自己，终将误人误己。“重利忘义”的人，是难以胜任采购工作的。

（2）敬业精神

“缺货或断货”实为采购人员最大的失职。固然造成商品短缺的原因很多，若采购人员不能有“舍我其谁”的态度，高度负责采购所需的商品，则公司的损失将会大大减少。

（3）虚心与耐心

采购人员虽然在买卖方面较占有上风，但对供应商的态度，必须公平互惠，甚至不耻下问，虚心求教，不可趾高气扬、傲慢无礼。与供应商谈判或议价的过程，可能相当艰辛与复杂，采购人员更需有忍耐、等待的修养，才能“欲擒故纵”，气定神闲地进行工作。居于劣势时，亦能忍让求全，不愠不火，恪尽事功。

（4）遵守纪律

采购人员是外出执行采购商品的人员，他们的一言一行都代表着企业与外界打交道，他们的工作好坏不仅影响企业的效益，而且影响企业的声誉，因此，企业对采购人员规定了若干纪律，采购人员必须自觉遵守，严格执行。

本章小结

组织好企业的采购活动，不仅有助于优化企业采购管理，而且可以有效地推动企业各项工作的开展。采购的基本任务包括保证本单位所需产品与服务的正常供应，提高原材料质量，控制所有与采购相关的成本，建立可靠、最优的供应配套体系等。企业采购主要包含有形的物品和无形的服务，以及工程发包三个方面。虽然企业生产经营内容不同，采购运用的方法也不尽相同，然而企业采购活动需要按照一定的科学程序，遵循一定的采购步骤。最后，采购活动的顺利实施和高效完成需要组织有充分的资源做保证。

思考题

1. 什么是采购？采购是如何分类的？
2. 采购应遵循什么样的原则？
3. 简述采购的步骤。
4. 采购除了追求廉价外，为什么还需顾及物品质量及交货时间？
5. 试比较集中采购和分散采购的优缺点及适用条件。
6. 采购对资源有何要求？

2 采购战略管理

采购战略本身处在一个动态的发展变化过程中，还没有形成一个稳定的理论体系来指导实践。供应链战略及更新、更广的供应战略的发展已经使采购战略发生了巨大变化。商业世界的变化，包括企业战略性质的变化及采购战略性质的变化，给采购专业人员提出了难题。目前，对于采购、供应关系、供应链、供应网络和供应战略的理论研究很被动，还处在紧迫现实世界所发生的问题的阶段。因此，专家们还不能为采购专业人员提供一本可解决上述难题的理论分析书籍。现阶段比较迫切的任务是从现实世界中总结出企业的经理们是如何制定采购战略的，并对其进行深刻分析。本章详细介绍采购战略，包括采购战略的内涵及发展、采购战略的选择、采购战略的制定。

2.1 采购战略的内涵及发展

1. 采购战略的概念

企业采购战略是企业在采购领域所采用的带有指导性、全局性、长远性的运作谋划方案。一个采购战略无论它以什么方案表述，都应当包括以下 5 个方面的基本内容：

（1）采购品种战略：包括所购买品种种类、性质、数量、质量等的选择；

（2）采购方式战略：包括采购主体、采购技术、采购途径、联合方式等的选择；

（3）供应商选择战略：包括招标方式、考核方式、评价方式、使用方式等的选择；

（4）订货谈判战略：包括采购的品种规格、数量、质量、价格、服务和风险分摊、责任权利和义务等的协商；

（5）采购进货战略：包括运输方式、运输路径、运输商等的设计与选择。

通常把采购的品种、方式、供应商、订货和进货等看成是制定采购战略的五要素。

传统的采购观念和采购战略认为采购的职能和战略属于企业战略。事实上，就像波特（1985 年）所说的，企业战略并没有将采购过程作为一种增值过程，而是将它作为价值链的辅助支持功能。所谓价值链是指由内部物流、生产运作、外部物流、市场营销和售后服务等组成的整个系统。融入了整体目标的企业战略不仅为企业经营指明了方向，同时也筑起了企业经营的基本框架。在这一框架下，采购战略要为实现企业整体目标服务。这一观点类似于传统的战略观点，特别是在其他企业职能中，每一职能领域都有自己的活动范围，如自己的采购计划、自己的预算、自己的目标和自己的绩效评估方式以及使上述内容结为一体的方法。在20世纪60年代到70年代期间，大多数基于职能领域的文章都强调计划对企业的重要性。而在采购领域，David Farmer的著作是使企业变得更具战略特征的奠基石（Farmer，1972年、1974年和1976年）。

采购战略就像企业的其他战略一样，有其自身的变化规律。正确的采购决策可以促进采购部门实现自己的目标，进而帮助企业实现其总目标。研究采购战略的学者们分别对制定采购战略提出了自己的见解（例如，Scheuing，1989年；Browning等人，1983年；Spekman，1985年），归纳如下：

- 自制还是采购；
- 单一采购还是多方采购；
- 租赁还是购买；
- 产品品种的减少/多样性的管理/标准化的决策；
- 责任/所有权/入库材料的位置；
- 采购的及时性；
- 当地/国内/国际采购；
- 关系类型/合同类型；
- 从批发商/制造商处采购；
- 对供应市场的变化做出反应。

尽管人们已经认识到采购应该更多地为公司战略和规划做贡献，但是采购战略仍然只是具有单项功能的辅助性战略。比如在当时，没有人去纠正人们普遍接受的采购战略附属于企业战略的错误理论，也没有人告诉人们企业战略的成功与否取决于企业能否有效利用供给市场。此外，还有采购战略受限于职能范围之内，层次分明的计划体制限制了各种职能的集成。

2. 采购战略发展的各个阶段

与企业其他职能领域一样，在20世纪80年代发表了许多关于采购战略发展阶段的文章，这些文章指出采购战略正在发生着革命性的变化。与Wheelwright和Hayes（1985年）提出的制造战略四阶段发展模型相似，Reck和Long（1988年）给出了采购战略的四阶段发展模型：

（1）被动阶段。在此阶段，企业只将重点放在一般的日常事务上，采购职能一般只会对企业经营产生负面影响，甚至导致企业经营陷入困境。

（2）独立阶段。在此阶段，采购职能采用最新的技术和最佳的工作方式，但采购战略的目标与公司的整体战略目标并不一致。

（3）支持阶段。在此阶段，采购战略强化了公司的竞争地位。

（4）综合阶段。在此阶段，采购战略完全与企业的其他战略相匹配，并与企业的整体战略目标相一致。采购职能和其他公司战略相融合。

认识采购战略发展的各个阶段是非常重要的，可以使我们认识到采购战略的发展过程。如果一个企业的采购战略还处在第一阶段，并且希望明年就达到第四阶段，这看上去

是非常需要有干劲的，当然首先必须保证采购战略不给企业经营造成困难。

3. 采购战略多种研究方法的发展

采购战略的第二个重要发展是对某种方法“普遍适用于某种情况”的理论的否认。这包括公司把其全球预算看成是一个投资组合，对不同的采购应该区别对待。早期采用的方法是 ABC 分类法或帕累托分析法。按照采购、库存管理和仓库管理的不同，对少量高价值的产品（用字母 A 表示）与大量低价值的产品（用字母 B 和 C 表示）采用不同的方式进行管理。然而，由于低价值的产品是最难管理的，所以 ABC 分类法又衍生出一些新的组合方式。例如，CA 分类中的 C 是指总价值，而 A 是指关键程度。将公司的预算组合分成产品和服务两项也是常用的做法。但是，无论是 ABC 分类法还是按产品/服务进行分类的方法都没有考虑采购活动中最关键的问题，即“风险”和“信任”问题。

Peter Kraljic（1983 年）创造了一个 2×2 的模型，根据供给市场的复杂性/风险和采购的重要性将预算组合分为四个类型。其中，右上方的方格表示的战略项目对公司而言是重要的，而且在供给市场上有较高的风险性与复杂性。Kraljic 指出，必须对此方格内的产品进行供应管理。他也对其他三个方格提出了不同的解决方法：对低风险和重要性低的项目进行采购管理；对低风险和重要性高的项目进行原材料管理；对高风险和重要性低的（瓶颈）项目进行物料管理。Kraljic 的模型引发了人们对组合矩阵模型的研究热潮。图 2－1 所示的是 Elliott－Shircore 和 Steele 的模型，这种模型的核心为在考虑风险/易变性和潜在收益/利润水平时，分别采用完全不同的战略。

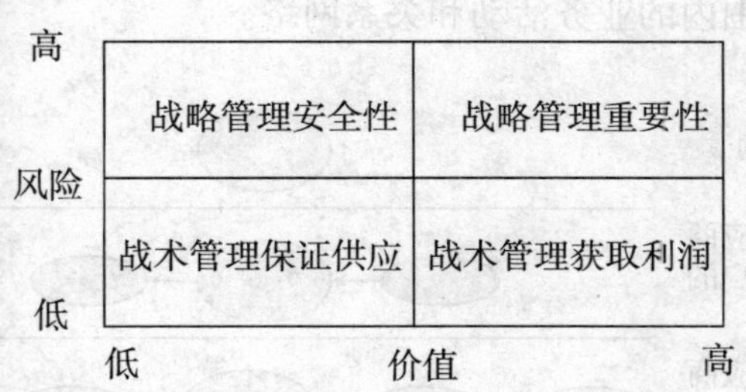

图 2－1　Elliott－Shircore 和 Steele 模型

图 2－2 所示的 Ring 和 Van de Ven 的模型则是根据风险和信任的程度对各种关系进行分类。

这些使用不同坐标轴构造出的 2×2 模型，其难点是如何切分“蛋糕”。比 2×2 模型更复杂的是多变量模型，这种多跨度的方格可能导出更多的战略选择。例如，将三个因素（价值、信任、风险）的程度按从高至低的顺序进行排列，则可以导出 8 种战略选择。所以没有最优的、普遍适用的 2×2 模型。而且，4 种完全不同的战略也并不一定就适用于每一种情况。当企业在选择采购战略时，一定要搞清楚在不同的情况下，哪个变量对企业来讲是最重要的。

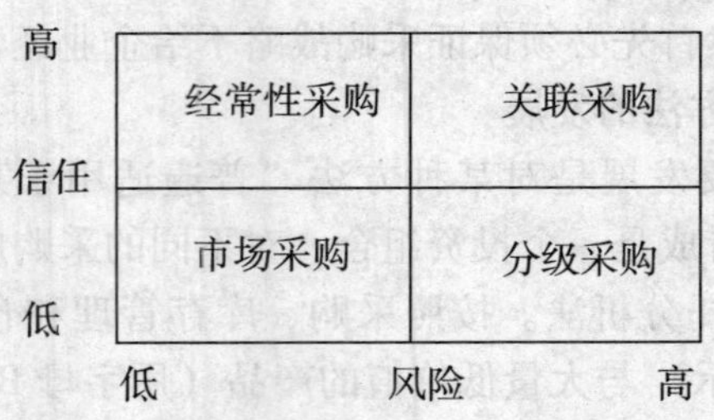

图 2-2 Ring 和 Van de Ven 模型

4. 将采购战略的研究拓展到供应链管理领域

对供应链的研究通常认为源自 Forrester 在 1961 年的工作。Forrester 运用工业动力学技术分析物流在供应链上的动态行为，发现了著名的 Forrester 效应，即需求信息在供应链上的逐级放大现象。需求信息的扭曲和失真往往导致企业增大生产能力，并打乱运输和生产调度计划，同时造成供应链的巨大库存。早期的研究人员把供应链看做是由物料供应关系连接起来的工厂、运输和库存网络。

Harland 把供应链的概念描述为管理四个层次的业务活动和关系（见图 2-3）：

（1）组织内部的业务活动和关系；

（2）与直接供应商和直接客户的业务活动与关系；

（3）与间接供应商和间接客户的业务活动与关系；

（4）整个供应链范围内的业务活动和关系网络。

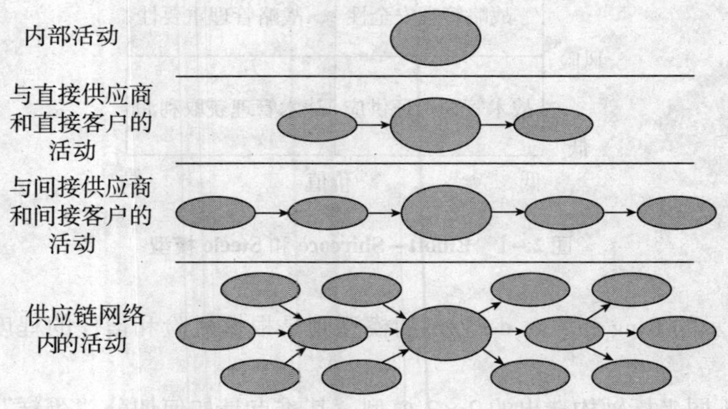

图 2-3 供应链概念的四个层次

Scott 和 Westbrook 以及 New 和 Payne 把供应链描述为连接从原材料供应、产品制造到最终用户使用过程中所有实体的链。供应链管理则是在整个价值链上，从原材料提炼到产品使用寿命结束的整个过程中的物料供需管理。Baatz 在 1995 年进一步扩展供应链的概

念，包括回收再利用的过程。

2.2 采购战略的选择

不同的企业组织，由于其所处的地域、行业及组织自身因素等多方面的不同，应选择适合自身发展、有利于整体目标实现的采购战略。因此，采购战略目标应是为企业战略目标服务的，是实现企业战略的保证之一。

2.2.1 采购战略的目标

采购战略目标是采购管理部门的经营管理活动在一定时期内要达到的具体指标。在这一阶段"层级"的形式考虑采购的目标是很有用的。图2-4说明了考虑的方式，尽管这个图表因组织的不同而不同。这个图示仅仅用于说明这种层级原则，并不在于涵盖所有可能的观点。

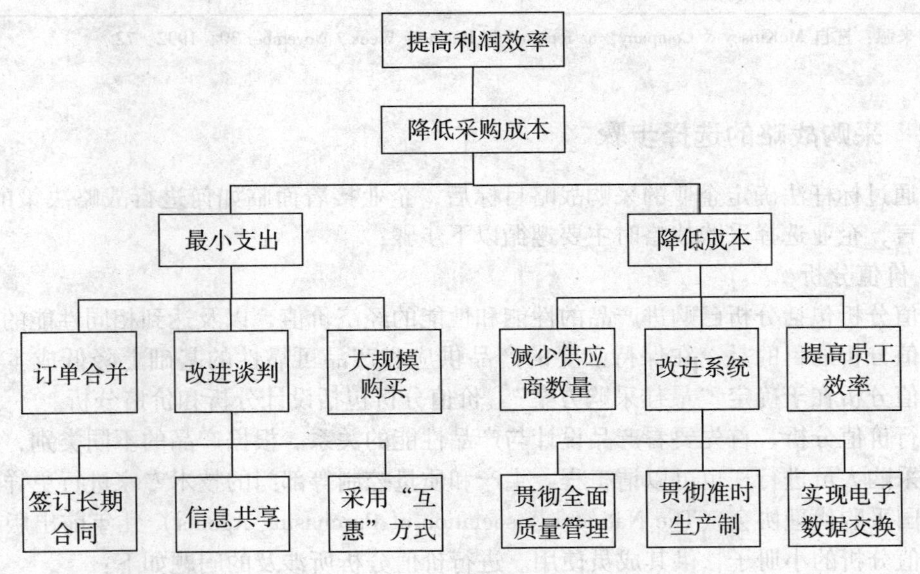

图2-4 采购的目标

在现代企业管理方法体系中，标杆法得到越来越多的应用。标杆法亦称基准管理，就是将那些本行业甚至其他行业中出类拔萃的企业作为自身的测定基准或标杆，以它们为学习的对象，迎头赶上，进而超过之。在确定采购战略目标时，可以采取标杆法。通过标杆实施过程，帮助企业辨别最优秀企业及其优秀的管理功能，并将之吸收到企业的采购战略规划中，以此改进采购工作绩效。采购管理人员通过与优秀企业的比较，找出本企业采购管理中深层次的问题和矛盾，发现过去没有意识到的采购技术或管理上的问题，发挥出更大的创造性，推动采购管理迈上一个新的台阶。世界级企业的采购供应实践活动为我们提供了一系列的管理范式，我们应向这些世界级企业看齐，逐步缩小与他们的差距，制定出较高水准且切实可行的采购战略目标。如下表所示。

世界级企业的采购供应活动

	一般企业	世界级企业
每个购买者的供应商数目	34	5
购买成本占购买的百分比（%）	3.3	0.8
购买的交货时间（周）	15	8
订货所花的时间（分钟）	42	15
送货延误的比例（%）	33	2
废弃材料的比例（%）	1.5	0.0001
每年短缺的数目	400	4

资料来源：选自 McKinsey & Company，as reported in Business Week，November 30，1992：72.

2.2.2 采购战略的选择步骤

在通过标杆法确定企业的采购战略目标后，企业接着面临如何进行战略决策的问题。一般而言，企业选择采购战略时主要遵循以下步骤：

1. 价值分析

价值分析包括分析已购进产品的性能和性能的经济价值，以及达到相同性能的其他选择。价值分析的目的是，在保持必要的产品供应和产品可靠性的基础上降低成本。换言之，价值分析在于确定“最佳采购方案”。价值分析包括设计分析和价格分析。

进行价值分析，首先要看产品设计与产品性能的关系。根据产品的不同类别，价值分析可由采购人员进行，也可以请工程、生产和质量控制等部门的技术专家进行更详细的分析。全国采购代理协会（The National Association of Purchasing Agents）几年前出版了关于产品价值分析的小册子，供其成员使用。进行价值分析所涉及的问题如下：

（1）能否取消这个产品？

（2）如果是非标准化产品，能否用标准化产品所取代？

（3）如果是标准化产品，该产品是否完全适合应用或根本不适合应用？

（4）产品功能是否比所要求的更多一些？

（5）能否减少重量？

（6）库存中是否有该产品的替代品？

（7）产品误差说明是否比所需要的更严密？

(8) 产品是否经过了不必要的加工?

(9) 产品是否进行了多余的精细加工?

(10) 是否有商业质量说明(商业质量通常最为经济)?

(11) 产品在厂内生产是否比购入更便宜?如果是厂内生产,买价能否低一些?

(12) 产品的归类说明是否适当,装运时能否使用最低运费标准?

(13) 能否降低包装成本?

(14) 卖主是否曾被要求降低成本?

当然,价值分析过程还可以包括其他许多问题和方面,但这个检查表足以说明这种方法的性质。应该补充说明的是,价值分析除了考虑产品的设计方面以外,还应当考虑在生产流程或其他过程(如产品保养)中产品将如何使用。同样,也应该考虑库存成本和库存管理的其他问题。作为组织活动,价值分析可能造成采购部门与其他部门的直接冲突,因为其他部门期望增加产品特征,而这些特征超越了采购分析家所看到的基本功能。例如,设计工程师时常倾向于不必要地追求较高的产品可靠性和特殊的产品特性,以提高最终产品的吸引力。同样,采购组织内的市场经营人员可能追求产品中对客户有魅力的艺术价值,而这对产品的功能并没有什么价值。

价值分析是不断发展中的活动,事实上,它时常为组织以外的环境因素所驱动。例如,与节约能源有关的联邦立法使汽车制造工业进行广泛的价值分析,以减轻汽车重量和提高能源效益。潜在的卖主通过对潜在的顾客所购买的特定用途的产品进行价值分析,可以取得进入市场的机会,然后,他们在维持产品效益和价值的同时降低成本。

价格分析是价值分析的另一组成部分。在价格分析中,购买组织的成员试图根据卖主生产产品的成本来估价所购买的产品。这对买方公司的工程师,尤其是生产部门的工程师将会很有裨益。精确估计卖主的成本,对采购代理同卖主进行价格谈判时会很有帮助。

价值分析过程要求高度的创造力。一些作者主张在这个过程中运用创造—激励方法,例如献计献策法。价值分析的实质在于寻求发挥产品功能的新方法,而这要求跳出传统的思维模式。因为价值分析费时费力,所以,分析家应该着重分析用量较大的产品或单位成本较高的产品,以及分析改进产品的机会。价值分析的成功最终取决于卖主的态度和他们愿意满足客户需要的程度。供应者应该是发展中的价值分析计划不可分割的组成部分。

2. 制造或购买决策

面临品种繁多的产品和服务,购买组织需要决定是自己内部生产产品或服务,还是向外部卖主购买。元件和组件的制造可能是这种分析的最明显的领域,但是,许多服务项目也可以用同样的方式进行分析——例如,是自己占有卡车还是使用公共运输服务。租赁也是一种选择。

尽管成本和价格是最重要的,但在制造或购买决策过程中还必须考虑许多其他因素。供应者行业中的生存竞争可能是一个需要考虑的重要因素。如果某一产品只有一个购货来源,那么,公司可以考虑由自己生产。这就是说,既要考虑产品的供应能力,又要考虑产品的价格。制造产品所需要的专门技术水平也是需要考虑的一个有关因素。除了有利的产品成本以外，一些其他因素也可能导致决定自己制造而不去向外购买，其中，供应者的可靠性可能是首要因素，购买组织也可能具备潜在供应者所不具备的额外生产能力或技术力量。自己制造产品有时是必需的，因为这样能够保护有价值的设计不会被竞争者抄袭（如供应者将信息透露给其他客户），或者可以将产品质量保持在必要的水平上。但是，在进行制造或购买的分析时，真正的危险是不能够真实地估计生产该产品时的实际成本，包括追加的管理成本、为了生产和库存而增加的投资以及对于与卖主关系的不利影响（影响其他产品的供应）。

即使公司自己有制造能力，而且制造的成本也很有利，在这种条件下，如果仍然决定从外部购买，这时这种决策的意图可能是期待得到供应者的技术和研制产品的改进能力。购买的其他原因可能是供应者有众多的产品，买主愿意从同一来源购进成套的产品。例如，生产某种商品所需的中间化工产品的购买者以高于市场的价格向负有盛名的供应者购买产品，目的是为了取得供应者在精密化工产品和特种产品下的专门技术。

3. 评价卖主即对供应商的评价

许多组织都使用基本上正式的评价卖主方案。主要有两个方面的评价——评价在特定采购中卖主作为投标人的资格以及对现有供应者的继续审查。

典型的评价卖主的程序，要求采购人员进行一系列的往往以数字表现的主观判断。对每项标准规定一定的权重，用卖主的产品分数乘以权重，就可以得出卖主的总积分。通常对卖主都规定有一个最低标准分作为资格分数，同时还可以比较各个卖主的分数。评价卖主最常见的内容包括可取性、产品质量、价格、服务以及技术能力。其他变量可以包括卖主管理能力、劳资关系、雇员士气、成本意识、工厂设备现代化程度等。下面是一家公司对卖主的评价方式。

采访卖主的报告

被采访的公司名称： 采访日期：

采访目的：

被采访的代表姓名：

调查——如果过去12个月没有对卖主作过调查时，拟获取下述信息：

(1) 工厂规模——平方米： 雇员人数：

(2) 设备——（如果可能，要取得设备清单）

(3) 厂房管理——

(4) 劳工信况——

(5) 周围环境简况——

(6) 生产线——

(7) 运输——方式：

(8) 组织——（如果可能，要取得组织结构表）

(9) 增长计划——

(10) 采购——成本评价：

交货：

新方法：

(11) 质量控制——质量控制手册：　　组织结构图标：

(12) 研究和开发——

(13) 就降低成本交换意见——

评语：

建议：

如果你去那里工作：

报告人：

虽然这种评价卖主的程序可能十分简单，而且有些武断和主观。但是，这种评价方法不仅合理，而且作为处理与卖主关系、控制潜在供应者的数量和质量的手段，都是必不可少的。这种评价可以为卖主提供探讨其经营状况以及如何加以改进的重要基础。购买组织应尽可能把对卖主的评价以确切的经营状况数据归档。多数买主常常愿意参观主要供应者的生产设备，并与供应者交谈，把这种活动作为对卖主评价过程的一部分。对于关键原料的供应者，有些顾客还要求提供有关卖主的定期财务报表和卖主持续供应能力的其他数据。

4. 计划需求

主要资产、关键原料及元件的采购计划及其供应，是采购管理的一项重要职能。影响经济状况和关键原料供应的日益增加的环境不稳定因素，是迫使人们制订原料需求战略计划的主要原因。负责这项工作的分析人员必须考虑组织的未来需要，体现生产计划和新产品的开发目标。分析人员必须尽可能预测市场未来的发展方向，因为这会影响价格和供应。

这种分析的成果之一可能就是做出一项决策，对主要采购项目进行投机购买或期货购买。在投机购买时，预计价格将会上升，但并没有明确的使用产品的计划。而期货购买则是在预计价格将上升或供货将不足时，按超过通常预计的精确需求量的购买活动。期货购买必须了解原料成本的优越性，这是定价和向客户进行承诺的基础。

如上所述，供应者在帮助客户计划未来需求时起着重要作用。事实上，如果客户需求计划不理想，供应者就会发现，有必要在制订计划时起积极作用，以确保供应者合理地制订自身的生产规划。显然，这将意味着一个重要的市场销售机会。

对于购买组织来说，仔细制订原料需求计划有多方面的好处。最明显的优点在于：采购成本较低，而且采购过程本身的效率较高（这样行政费用开支也就较低）。此外，还有供应不间断、质量稳定，与供应者保持良好关系等。可能不甚明显的优点是，采购计划活动是开发采购经理人才和发展分析记载的良好培训基础。这有助于采购部门的专业管理。

5. 采购合同

目前，买主与卖主之间的采购活动大多数是以特殊的合同关系进行的，因此，大部分采购任务成为办公室的日常公务。购买决策就成了如前所述的直接再购买。在许多情况下，采购合同有所革新。这是由于供应者，特别是工业品分销商富于进取的销售活动所造成的，例如，采购小商品时广泛采用采购总订单，如办公用品和维修保养用品等。根据采购总订单的安排，供应者遵照合同按双方同意的价格和其他条款向买主提供产品，只凭一张简单的发货单（并非正式的采购订单）就可授权卖主将产品交给购买组织的代表。

年度需求采购安排，是由供应者按预订的价格在规定的年限内向买主供应规定的全部商品。在这种情况下，也是按照简单的需求方式向买主提供商品，而且每一笔交易往往都是按照预定的金额进行。年度需求合同有时要求有一定的数量折扣，折扣大小视客户实际购买量而定。正如采购总订单适用于采购较少量的商品一样，年度需求合同由于把必要的行政工作和洽谈过程压缩到了最低限度，因而降低了采购成本。

所谓无库存采购安排属于另一种常用的采购合同。合同要求供应者按照规定的价格从库存中供应客户需要的特定商品，而且供应者同意根据客户的要求随时保证供应。一些工业品分销商就许多种商品与主要客户签订了这种合同。例如，机床制造商可以依靠工业品分销商供应小型电机、蓄电器和其他电控器件，各种商品所需数量和比例根据客户生产需要而定。在计划制造一种机床时，如果客户使用电脑就可轻而易举地印出所需要的原料清单或一整套打孔资料卡片，然后将这些资料一并提交给卖主。卖主将这些卡片输入电脑，得到库存清单，由管库人员根据订单向客户发货。在实际工作中，由于这种做法效率很高，而且可以降低客户的库存投资，得到了广泛应用。而供应者也可以得到好处，客户成了他们的“俘虏”，而且由于为客户提供了高水平的服务，为供应者树立了良好的信誉，将来的订货极有可能增加。

对于卖主来说，这种采购合同容易造成组织间的“封锁”，它显然有利于已置身其内的卖主，而对既定交易联系以外的卖主则造成了障碍。采用采购合同，就有可能在各地源源不断地购买某一家从事多种经营的组织的产品，从而可以通过较大的购买折扣和其他规模经济方式，获得适宜的成本效益。

本节的目的在于，建议制订一些适合采购特点的较长期的采购安排计划，这对工业品市场经营者具有重要的战略意义。正如在探讨购买决策过程的模型时所讲过的一样，潜在的供应者必须完全熟悉客户组织的各种行政程序和政策，这是“了解你的客户”这一格言的十分重要的一个方面。

2.3 采购战略的制定

战略是为实现长期具体的目标而制订的一种行动计划。战略的重点放在成功所需的关键因素和为确保未来而现在应采取的行动上。

采购战略的关键在于采购职能如何有效地作用于企业的目标和战略。这就是说，采购部门不仅仅是接受最高管理部门的指令，它还要参与企业战略制定工作，以使企业的目标和战略体现出采购供应方面的重要性，并通过采购战略来实现。

典型的采购供应目标通常为质量和性能、交货期、数量、价格条件和条款以及服务。采购战略与企业战略之间的关系，如图 2－5 所示。

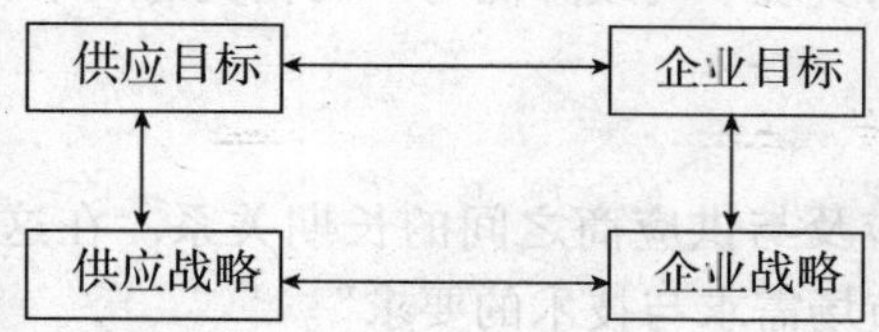

图 2－5 采购战略与企业战略的关系

另外，有效的供应战略还应把当前的需求及市场与将来的需求及市场联系在一起。

企业一般采用的采购战略可分为以下五大类：

（1）保证供应战略

制定该战略的目的是保证将来的供应需求至少是在质量和数量上能得以满足。

（2）降低成本战略

制定该战略的目的是减少采购成本，或减少采购和使用的总成本——生命周期成本。随着环境和技术的变化，通过改变物料、货源、采购方法和供应商的关系来降低企业总的运营成本是可行的。

（3）供应支持战略

制定该战略的目的是使采购企业能最大可能地了解供应商的生产能力及其他情况。例如，在买卖双方之间可能需要有较好的信息交流来及时沟通情况的变化，保证供应商的库存和生产目标与采购企业的需求一致。采购企业还需要与供应商建立较好的关系，从而促进相互间的信息交流，确保质量及设计水平的进一步提高。

（4）环境变化战略

制定该战略的目的是把握整个环境（经济、社会、技术、组织、人力、法律及法规等）的转变；从而使其成为该采购企业的长期优势。

（5）竞争优势战略

制定该战略的目的在于利用市场机会和自身实力使企业获得明显的竞争优势。

尽管企业知道可以采用以上的几种采购战略，然而，企业应该如何更好地制定适合自身发展的采购战略呢？

2.3.1 采购市场研究和采购组织内部分析

在制定采购战略之前，必须先进行采购市场研究和采购组织内部分析。

1. 采购市场研究

采购市场研究是指系统地收集、分类以及分析所有影响公司获取货物和服务的相关因素的数据，旨在满足现在和未来的公司需求，使其能够为获得最优回报做出贡献。主要包括三部分内容：

（1）原材料、货物和服务

了解市场供求状况，以实现节约或降低与采购相关的成本，同时旨在减少公司寻找替代供应商来源的风险。

（2）供应商

与供应商有关的研究涉及与供应商之间的长期关系。在这里要提出的问题是“供应商是否能够继续满足未来市场需求与技术的要求”。

（3）系统的程序

优秀的采购信息系统对所有买主都至关重要，因而应持续努力改善信息的供应。信息和通信技术为此提供了极大的可能，但须在买主需求的基础上加以引导。与此相关，采购研究还应注重买主和供应商之间关系的管理程序的简化。

2. 采购组织内部分析

采购组织内部分析包括以下四个方面：

（1）产品（或服务）采购金额占企业经营总成本或总收入的百分比

（2）采购对达成企业目标的机会或威胁

将以上两个因素进行组合，可以创造一个二维的四象限矩阵，用于展示产品类别，如图 2-6 所示。不同类别的产品，应采用不同的采购战略。

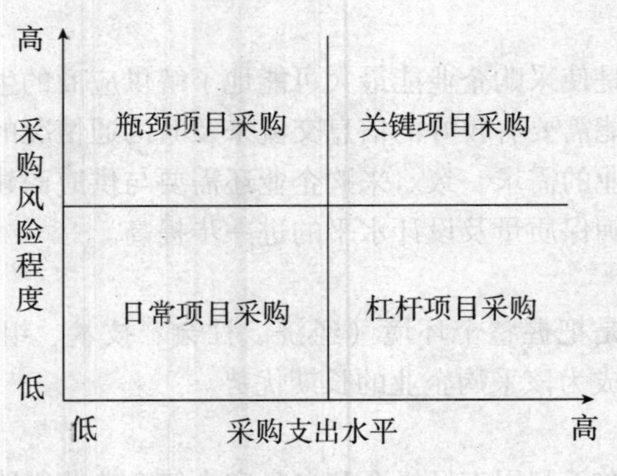

图 2-6　采购产品组合

（a）日常项目采购。如果采购的货物采购支出水平低，标准化程度高，采购风险低，具有多个供应商且服务较容易获得，这种物品的采购就是日常项目的采购。例如，办公用品、标准化轴承等物品的采购。日常项目采购的管理重点是减少管理精力并降低成本。

（b）瓶颈项目采购。如果采购的货物采购支出水平低，企业采购成本少，但是该货

物只有少数供应商能够提供，而且是非标准化产品，这种物品的采购是瓶颈项目的采购。例如机械产品中价值低但是技术含量很高的非标准化螺栓、垫片，或者是具有专利保护的某些物品的采购。瓶颈项目采购的管理重点是降低风险。

（c）杠杆项目采购。如果采购的货物采购支出水平高，采购成本大，但是该货物有较多的供应商能够提供，且是标准化产品，这种物品的采购是杠杆项目的采购。例如企业建筑厂房的项目采购，购买汽车等设备的采购。杠杆项目采购的管理重点是降低成本。

（d）关键项目采购。如果采购的货物采购支出水平高，采购成本大，并且能够提供该货物的供应商数量很少，且是非标准化产品，这种物品的采购是关键项目的采购。例如电脑中 CPU 的采购，构成企业产品核心零部件的采购。关键项目采购的管理重点是在降低风险的同时，降低成本。

（3）所采购产品或服务的性质

所采购产品或服务的性质对采购战略的制定至关重要。例如，产品或服务的技术性、复杂性、稀缺性会影响组织是否采购以及是否自己采购的决定；产品（服务）价格的波动性会影响采购时间及采购数量；采购物品的自然属性，如可储存性也会影响采购时间和数量；此外，有些特殊的产品或服务还需要通过特殊的方式进行采购，如大型基础设施、公用事业等关系社会公共利益、公共安全的项目，全部或部分使用国有资金投资或者国家融资的项目，使用国际组织或国外政府贷款、援助资金的项目必须通过招标方式采购。

（4）胜任采购工作所应具备的条件

这些条件包括采购所需的设备、技术、人员、资格等。当采购组织不具备这些条件时，往往不能有效采购甚至不能采购。例如，建设单位不具备自行招标采购的资格时，须委托只有相应资质的招标代理机构办理招标事宜。随着采购的国际化和电脑化，对采购组织的硬件和软件设施都提出了更高的要求。例如，在一个完整的电脑化采购系统中应包括采购资料库、管理系统、采购作业系统、决策支持系统及 MRP 系统等。

2.3.2 采购战略的制订方法

经过市场研究和采购组织内部分析后，企业应该根据科学的采购战略制订方法来确定企业的采购战略，这是因为采购战略的制订是采购管理的基本出发点。而从管理的基本要求和方法——PDCA（Plan 指计划，Do 指做、行动或实施，Check 指实施过程中的检查，Action 指阶段性的总结与进一步提高）来讲，采购战略也是广义的计划工作的一部分。采购战略、采购中长期计划及年度计划的制订都服从计划工作的一般要求，包括明确问题、分析原因、提出解决方案等步骤。明确问题就是根据目前的现状将问题尽量详细地描述清楚、界定问题的范围、确定解决问题的机会以及希望达到的目标，也可以说是分析现状、设定目标。分析原因就是在明确问题的基础上罗列出所有可能的原因并确定主要原因。提出解决方案就是针对要解决的问题及主要原因提出不同的方法，对不同的方法进行比较选出最满意的方法，并将最满意的方法转化成行动计划。

1. **明确问题**

计划的基本目的是为了改进工作、将工作做得更好，而任何工作改进都是从不满现状开始，也就是从寻找目标与现状的明显差距开始。不满现状主要应考虑顾客是否满意、上级是否满意、自己是否满意。找到了不满意的地方和差距，就找到了问题所在，在提出、描述问题时还可以采用5W1H的方法对提出的问题进行分析验证：What 什么——问题是什么？Why 为什么——为什么是问题？Who 谁——谁对问题负责？Where 何地——问题在哪出现？When 何时——问题什么时候出现？How 如何——问题多大？

提出问题后，需要改进或解决的问题内容一般都不止一项，这就要对所有提出的问题进行主次分析。然后针对要解决的问题设定目标，目标设定是否适当可采用 SMART 方法进行检查：Specific 具体——目标是否具体？Measurable 可量度——目标是否可测量？Acceptable 可接受——目标是否为相关人员所接受？Realistic 可行性——目标是否现实可行？Time Indication 时间限制——目标是否明确期限？

在明确问题的过程中，除要遵循以上的方法外还必须注意：

（1）确认工作计划及目标时要考虑到该问题及其解决必须是在采购功能的能力范围内；

（2）要实施的计划及目标必须与公司的大方向、大目标一致；

（3）目标确定时，在考虑可接受过程中——即确定具体的目标值时应考虑到顾客的需求、过去的表现，最好能与同行的情况进行比较（Benchmarking）；

（4）提出问题、分析问题一定要让相关的人员都参与进来。

2. **分析原因**

分析问题产生的原因可以归纳成以下步骤：

（1）写出或画出已明确的问题或工作的流程，即与问题相关的事件的过程及步骤；

（2）将问题描述出来并列出问题的影响；

（3）就4~6个可能的原因提出其影响的大致范围（设备、材料、人员、环境、信息、时间等）；

（4）对每一个原因及其大致范围使用“脑力震荡”法来分析主要原因和次要原因；

（5）利用鱼骨图、柏拉图等工具将主次原因展示出来并挑选出最可能的根本原因。

3. **提出解决方案**

在明确问题、分析了原因以后，接下来就要针对原因提出、制订解决方案。为了提出切实可行的方案往往可能需要做些试验或调查、收集数据等预备工作，常常要用到柏拉图或检查表（或调查表）等工具。柏拉图一般是在调查取得数据的基础上使用，它基于80/20法则，认为80%的问题来源于20%的原因，而要解决某个问题要将主要精力放在20%的主要原因上。当对有关问题的原因分析清楚、相应的数据资料也准备好后，大家就要坐到一块采用“脑力震荡”讨论解决方案，具体可依以下步骤：

（1）用“脑力震荡”列出所有的解决方案；

（2）将相同或相似方案归纳集中；

(3) 针对归纳后的各方案，初步分析其实施及其结果的优缺点（即有利因素和不利因素）；

(4) 进一步分析不利因素及避免或解决的办法；

(5) 综合比较从中挑出3~4种可能性较大的方案；

(6) 再详细分析一遍，从中选出两种最好的方案；

(7) 将两种方案细化（并正式写出来），必要时用价值分析法对两个方案实施的成本及带来的利弊进行比较，从中选出最佳方案；

(8) 最后，选出的最佳方案还必须转换成改进行动计划。制订行动计划一般采用列表的方式，包括序号、工作内容及目标、完成时间、行动负责人等。值得注意的是，制订行动计划时要同时考虑并写出：

(a) 各项工作应使用什么方法、需要哪些资源；

(b) 什么时候需要对工作进行跟进、衡量行动计划进展的具体指标是什么；

(c) 什么时候需要对行动计划进行回顾、总结或修改。

本章小结

通过借鉴企业战略的相关理论及其发展状况，在以实现企业的战略目标和采购目标的指导下，提出了采购战略的选择过程和制定方法等，对现行的企业，尤其是工业企业的采购管理者提供了一套较为可行的采购战略管理方法。

思考题

1. 采购战略的概念是什么？它与企业战略的区别和联系有哪些？
2. 采购战略的目标是什么？
3. 采购战略的选择应遵循哪些步骤？
4. 企业应该如何制定采购战略？

3 采购组织与管理

采购组织，是指为了完成企业的采购任务，保证生产经营活动顺利进行，由采购人员按照一定的规则组建的一支采购团队。采购组织是一个基于整个企业的，负责为整个企业所有的采购过程提供支持的中心组织，对于企业的发展有着至关重要的影响。无论生产企业还是流通商贸企业，都需要建立一支高效的采购团队，通过降低采购成本，保证企业生产经营活动的正常进行。

此外，企业高效、低成本的采购目标的实现不仅与高效的采购组织密切相关，而且更离不开企业对采购人员的有效管理，即采购人员的人力资源管理。

3.1 采购部门的职能与职责

3.1.1 采购部门的职能

1. 采购部门的基本职能

采购部门的职能从大的方面通常分为以下三类：

（1）业务性活动

①计划。根据企业总体战略、目标和内外部顾客的需求以及下一年度或者下一阶段的生产计划确定原材料的需求，制订采购战略规划和原材料的采购计划。

②组织采购。根据采购规划和需求，组织人、财、物实施采购计划，选择供应商，谈判价格，确定交货及相关条件，签订合同并按要求收货付款。

③库存管理。采购的原材料验收入库、保管保养、发货，确定合理库存量并对库存量进行实时监控，确保生产的顺利进行，避免生产线因缺少原材料而停产。

④供料。编制供料计划，领料审批，定额供料，回收利用，消耗控制和管理。

（2）支持性活动

①人员管理。制定采购岗位职责，对采购人员进行能力考察、素质培养、工作评估、绩效考核与激励。

②资金管理。物品采购价格的控制，采购成本管理以及储备资金的核定与控制。

③信息管理。进行物品编码，建立供应链管理信息系统，在 MRPⅡ、ERP 系统中进行采购管理。

(3) 拓展性活动

在生产企业中，占成本最大比例的原材料以及相关信息都发生或来自供应商，所以许多企业与供应商建立了战略性合作伙伴的关系，将采购管理从企业内部拓展到对供应商的管理，甚至整个价值链的管理。拓展性活动包括对供应商的选择与认证、与供应商建立合作伙伴关系以及对供应商的绩效考评等，以此来降低成本、提高供应的可靠性和灵活性、提高企业的市场竞争力。

2. 采购部门的具体功能

采购部门的具体功能很多，主要有以下几个方面：

(1) 分析公司原材料市场的质量、价格等行情。

(2) 寻找物料供应来源，对每项物料的供货渠道加以调查和掌握。

(3) 与供应商洽谈，并安排参观工厂，建立供应商的资料库。

(4) 要求供应商报价，进行议价，有能力可进行估价，并做出比较。

(5) 采购所需的物料。

(6) 查核进厂物料的数量和质量。

(7) 对供应厂商的物料价格、质量、交货期、交货量等做出评估。

(8) 掌握公司所需采购的主要物料的市场价格起伏状况，了解市场走势，加以分析并控制成本。

(9) 依据采购合约或协议控制、协调交货期。

(10) 对残料与废料的预防和处理。

3.1.2 采购部门的职责

根据采购部门的职能，以及采购部门与公司各部门的相互联系，要使采购部门与采购人员高效工作，就必须明确采购职责。采购职责的明确可以从整个公司的层面和采购部门内部来分析。

1. 从整个公司层面分析

从全面质量管理的角度来看，采购部门的职责始自获得请购单之前，并延续至签发订购单之后，包括一切与采购工作直接或间接相关的活动。因此，从整个公司的层面分析，采购工作的优劣牵涉到其他部门的相互配合协调。下面就相关部门的职责进行简单阐述：

(1) 请购单位

①非存量管制物料的申请；

②拟定请购物料的规格及其他需求条件，包括数量、用途及交货日期等；

③采购物料规格的确认与验收；

④重大请购物料预算的编制或估价。

(2) 物料管理单位

①根据生产计划拟订物料需求计划（MRP）；

②制定企业主要物料存量管制水平；

③物料交货进度的管制；

④缺料的稽催。

（3）仓储单位

①请购单的处理（收件、登记、转送）；

②物料的验收、储存与发放；

③废料的处理；

④存量管制物料的申请。

（4）采购单位

①审查请购单的内容。其中包括是否有采购的必要以及请购单的规格与数量等是否恰当；

②与技术、质量管理等部门人员共同参与对合格供应厂商的甄选；

③交货的稽催与协调；

④物料的退还与索赔；

⑤物料来源的开发与价格调查；

⑥采购计划与预算的编制；

⑦国外采购的许可申请、结汇、公正、保险、运输及报关等事务的处理；

⑧供应商的管理；

⑨采购制度、流程、表单等的设计与改善。

（5）财务单位

①物料采购预算的审核；

②各处物料与服务付款方式的规定；

③物料付款凭证的审查与支付；

④供应商违约赔偿、扣款等的执行。

2. 从采购部门内部分析

采购部门内部的运作可以分为作业层与管理层，因此，采购部门的职责也可以从作业层及管理层两个方面进行描述，具体如下：

（1）作业层面

①质量

（a）能够明确说明规格；

（b）提供客观的验收标准给供应商；

（c）参与质量问题的解决；

（d）协助供应商建立质量管理制度；

（e）尊重供应商的专业技术。

②交货

（a）给供应商准确且能够到达的交货日期；

（b）提供长期的需求计划给供应商；

（c）使供应商同意包装及运输形式；

（d）协助供应商处理交货问题。

③价格

（a）给供应商公平的价格；

（b）让供应商分享共同推行价值分析的成果；

（c）尽快付款。

④其他

（a）对供应商的问题及抱怨尽快回应；

（b）提供技术及测试仪器，使供应商生产出更佳的产品；

（c）使供应商尽早参与产品的设计。

（2）管理层面

采购部门人员的职责不明确常常会造成企业的混乱、资源浪费，因此有必要对其部门人员的职责进行明确划分。明确每一位采购人员的工作职责是顺利完成采购任务和工作的重要保证。清晰的采购人员工作职责有利于规范采购行为，提高采购效益，保障采购目标和宗旨的实现。对采购人员的基本工作职责进行规定，可以增强采购人员的服务意识，防止他们出现滥用职权、假公济私等问题。

一般来讲，部门人员的职责与其在企业中所处的岗位必然相关，不同职位层次具有不同的职责。

①采购经理

（a）拟定采购部门的工作方针和目标；

（b）负责主要原料与物料的采购；

（c）编制年度采购计划与预算；

（d）签订审核订购单与合约；

（e）采购制度的建立与改善；

（f）撰写部门周报与月报；

（g）主持采购人员的教育培训；

（h）建立与供应商良好的伙伴关系；

（i）主持或参与采购相关的业务会议，并做好部门间的协调工作。

②采购科长

（a）分派采购人员及助理的日常工作；

（b）负责次要物料的采购；

（c）协助采购人员与供应商谈判价格、付款方式、交货日期等；

（d）采购进度的跟踪；

（e）保险、公证、索赔的督导；

（f）审核一般物料采购方案；

（g）市场调查；

(h) 供应商的考核。

③采购员

(a) 经办一般性物料的采购;

(b) 查访厂家;

(c) 与供应商谈判价格、付款方式、交货日期等;

(d) 要求供应商执行价值工程的工作;

(e) 确认交货日期;

(f) 处理一般索赔案件;

(g) 处理退货;

(h) 收集价格情报及替代品资料。

④采购助理

(a) 请购单、验收单的登记;

(b) 交货记录及跟踪;

(c) 访客的安排与接待;

(d) 采购费用的申请与报支;

(e) 进出口文件及手续的申请;

(f) 电脑作业与档案管理;

(g) 承办保险、公证事宜。

总之，采购部门的职责已经逐渐从传统的作业性的工作提升为策略性的工作，表明采购部门已参与企业长期发展的决策，这也证明了采购部门在企业里的地位正在提高。

3.2 采购部门的组织与采购制度

由于企业经营环境复杂，所以采购组织的形态需视其规模的大小而定。但无论何种企业要经营顺利，必须注意科学管理并提高工作效率。所以，物料采购与供应要建立健全的采购管理制度，尤其要注意采购组织的建立。

3.2.1 采购部门的组织

(1) 爱尔福特 (Alford L. P.) 与班古斯 (Bangs J. R.) 等所著的《生产手册》(*Production Handbook*) 一书中曾提及：不论采购部门的规模大小，其机能上的分类大概 (Functional Classification) (见图 3－1) 如下:

①采购部 (Buying Section)：在此部门中至少由一人经办采购业务，在有的企业中此项功能可根据物品其他的特殊情况，再另予区分。

②追踪部 (Follow－up Section)：该部门在大公司中为避免事务多而使事务做得有头无尾，则应单独设立，以便跟催各项工作能如期完成；而在小公司中则可由采购员负责。

③发票部（Invoice Section）：在大公司中发票由专人审核，在小公司中则由采购员审核。但一般都是由会计部门负责。

④速记部（Stenographic Section）。

⑤记录与档案部（Records and Filling Section）：在大公司中为寻求提高工作效率而单独设立，但一般采购员的档案均由文书部门协助。

⑥残料处理部（Salvaged Materials Disposal Section）：残料的处理与销售在大企业中，一般由采购部门负责。

⑦采购研究部（Purchase Research Section）：在大企业中为了降低采购物料成本而设立此部门。

⑧运输部（Traffic Section）：在大企业中如果物料多而且运输职能比较重要，则需要单独设立此部门。

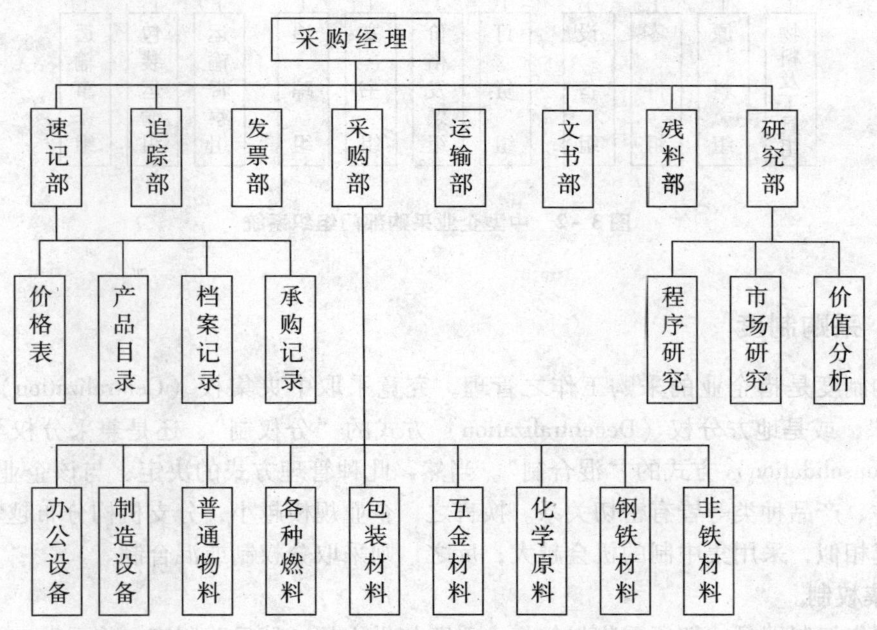

图3-1 大型企业采购部门组织系统

（2）柯瑞尔（W. B. Correll）在其《企业组织与管理》（*Organization and Management in Industry and Business*）一书中叙述中型企业采购部门的组织结构时提及：中型企业设立采购部，其下分设各部门（见图3-2）：

①采购部（Buying Division）：分设原料组（Raw Materials）、物料及工具组（Supplies & Tools）、零件组、设备组，其职责是选择供应商，洽谈采购条件而进行采购，一般在大企业中需要较多的采购员，而每一采购员负责一种物品则可培养专门的学识与经验（如

原料、零件、工具或设备）。

②事务部（Clerical Division）：分设文书组（Steno & Records）、订货组（Order Placing）、价格发票组（Price & Invoice）及追踪组（Follow - up）。

③运输部（Traffic Division）：分设运输事务组（Rates Shipping Papers）、包装运输组（Packing & Shipping）及运输督察组（Tracing & Claims）。

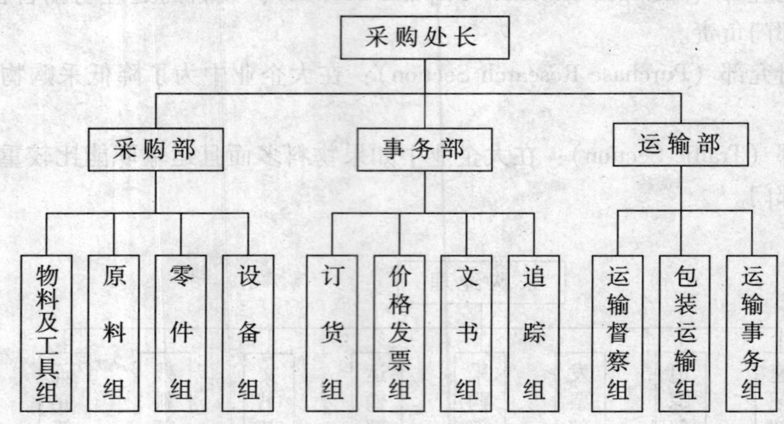

图 3－2　中型企业采购部门组织系统

3.2.2　采购制度

采购制度是指企业的采购工作之管理，究竟采取中央集权（Centralization）方式的“集权制”，或是地方分权（Decentralization）方式的“分权制”，还是兼采分权与集权的混合（Consolidation）方式的“混合制”。当然，此种管理方式的决定，与该企业的规模、地理条件、产品种类等皆有密切关系。换言之，企业规模越小，分支机构分布越邻近，产品种类越相似，采用集中制的机会越大；反之，则采取分权制或混合制。

1. 集权制

所谓集权制即是一切所需物料都集中采购与供应的一种采购制度，将采购工作集中于一个部门办理，做到极点时，总公司各部分公司及各工厂均无采购权责。

集权制的优缺点如下：

（1）优点

①集权制采购可使数量增加，提高与卖方的谈判力量，较易获得价格折让与良好服务。

②只有一个采购部门，因此采购方针与作业规则比较容易统一实施。

③采购功能集中，精简人力便于人才培养与训练；推行专业分工，使采购作业成本降低，效率提升。

④建立各部门共同物料标准规模，不仅可以简化种类，互通有无，也可节省检验工作。

⑤可以统筹规划供需数量，避免各自为政，产生过多的存货，并且各部门的过剩物资亦可相互转用。

⑥因为采购集中而利于监督和考核。

（2）缺点

①部分用料较少或易于采购的物料常有推诿责任，形成本位主义，无法全面有效配合等现象发生。

②采购流程过长，延误时效；难以适应零星、地域性及紧急采购状况。

③非共同性物料集中采购，并无数量折扣利益。

④有些物料因受地域限制而不利集中。

⑤采购与使用单位分离，采购绩效较差。例如规格确认，物品转运等费事耗时。

（3）适用状况

①企业产销规模不大，采购量值均小，全公司只要一个采购单位来办理，即可充分满足各部门对物品或服务的需求。

②企业各部门及工厂集中一处，采购工作并无因地制宜的必要；或采购部门与需用部门虽非同处一地，但因距离亦非遥远，通信工具相当便捷，采购工作集中由一单位办理，尚不至于影响需求时效。

③企业虽然有数个生产机构，但是产品种类产别不大，集中采购可以达到“以量制价”的效果。

图3-3为某百货公司各营业部所需的货品，均由商品部统筹办理，即为集中采购制度。

2. 分权制

分权制是指将采购工作分散给各需用部门自行办理。这种制度通常适用于规模较大，工厂分散于较广区域的企业。因此，若采用集中制，则容易产生迟延，且不易应付紧急需要，与购用部门的联系相当困难，采购作业与单据流程显得漫长复杂。

除了上述地理因素造成采用分散制的理由外，若散布各地的工厂在生产设备、储藏设施、社区的经济责任等，具有独特的差异性时，也以采用分散制较为适宜。

分权制的优缺点如下：

（1）优点

①可机动配合实地需要，提供较佳服务。

②紧急采购时可争取时效。

③有利地区性物资的采购。

④分散采购，仓储管理方便。

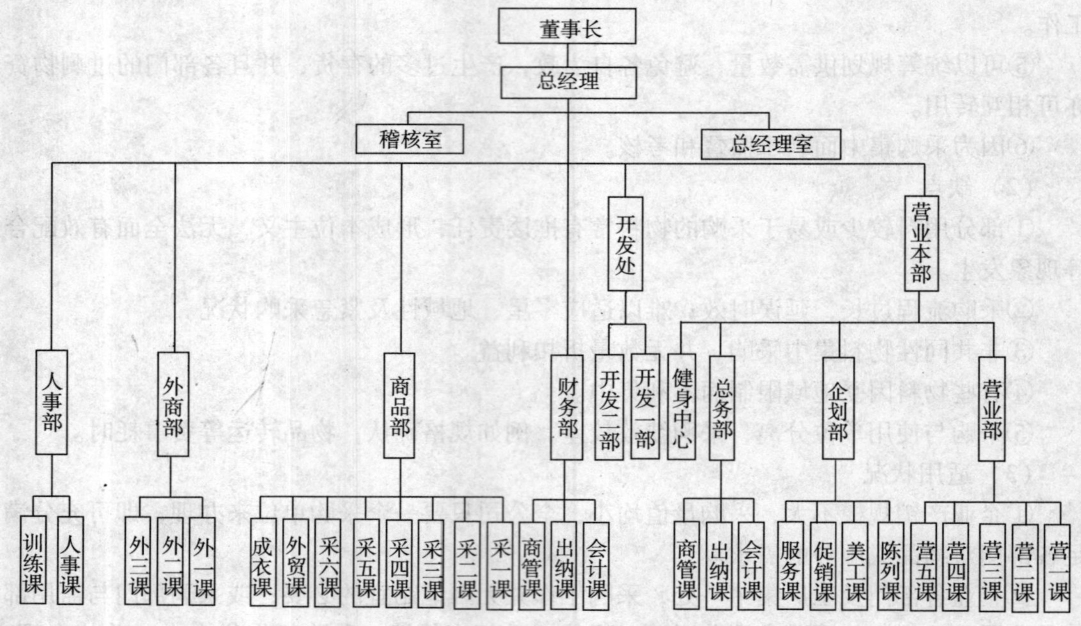

图 3－3　某百货公司组织系统

（2）缺点

①大型企业中用料较多的物料无法获得集中采购的价格折扣。

②难以培养专业人才。

③资料的集中控制与处理不容易。

④相同物料规格不能统一。

⑤长期的采购规则与控制不易。

⑥作业分散，手续重复以致成本增加。

图 3－4 为某塑胶公司事业部的采购工作，由图可见该公司采用分权制，而分设北区和南区的采购处，各自办理所需货品的采购事宜。

3. 混合制

由于集权制与分权制各有利弊，因此就有了兼取集中制、分权制优点的混合制。采购制度的决定，主要是根据采购方法的适应性而决定。近代的采购制度是在政策发展的集中与执行分散作业之间建立一种有效平衡的运用方法。凡属共同性物料，采购金额较大者，进口品等，均集中由总公司采购部办理；小额，因地制宜、临时性的采购，则授权分公司或各工厂执行。

因此，一个健全的采购制度是趋向于集中决策，但在实际执行时采用分权，如图3－5所示。

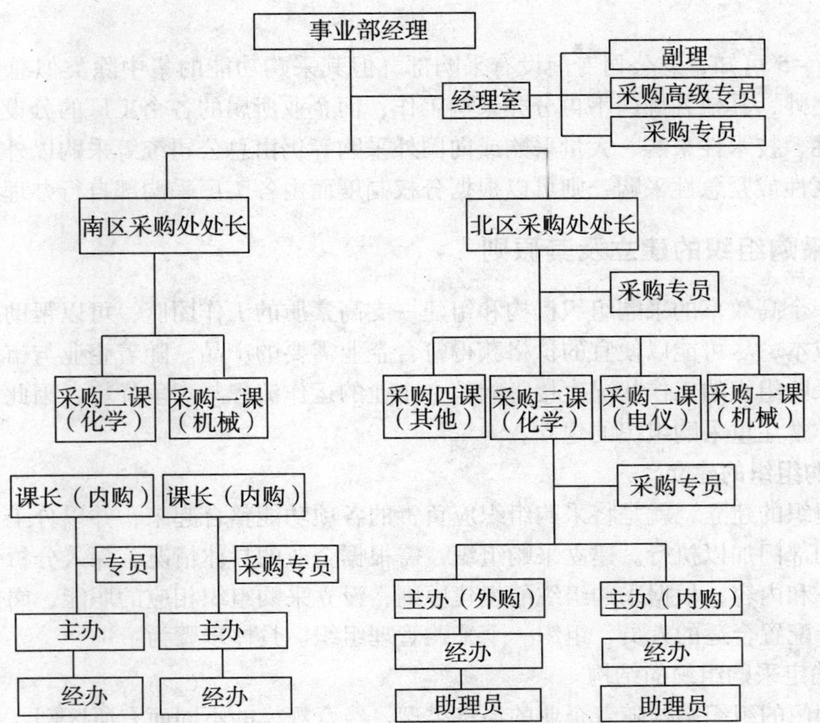

图 3－4　某塑胶公司事业部采购部门组织

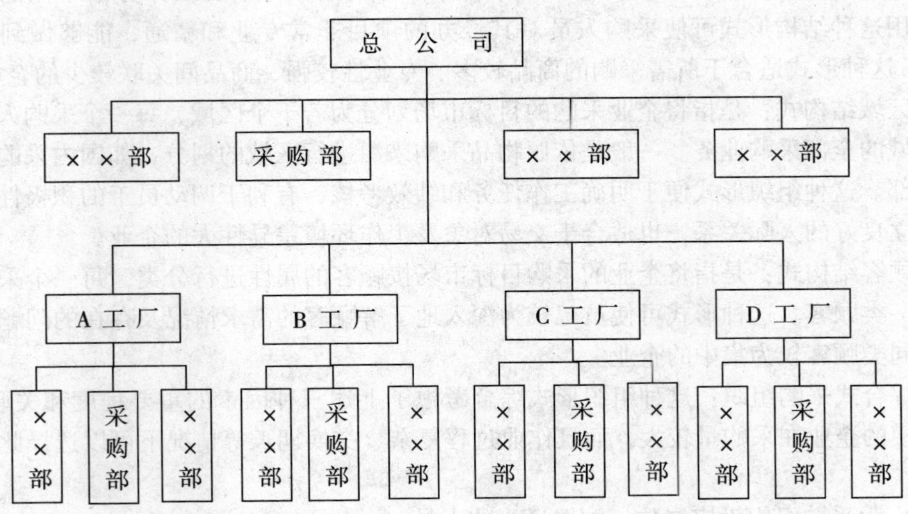

图 3－5　集权与分权混合采购组织系统图

从图3－5可知，总公司专门设有采购部，但其采购功能的集中除类似总务单位购买办公用品之外，其他各部门不再分办采购工作；而企业所属的各个工厂的分设采购部，其中除政策性、技术性采购、大量采购或向国外采购等仍由总公司统筹采购以外，凡属零星采购、地区性或紧急性采购，则可以根据分权制度而由各工厂采购部自行办理。

3.2.3 采购组织的建立及其原则

建立一个高效率的采购组织机构和组建一支高素质的工作团队，可以帮助企业有效地控制采购成本，尽可能以便宜的价格获得符合企业需要的产品。随着企业与市场联系越来越紧密，采购组织的工作状况直接影响整个企业的运作流程与竞争优势，因此，任何企业或机构都非常注重采购组织的建立。

1. 采购组织的建立

采购组织的建立，就是将采购组织应负责的各项功能整合起来，并以分工方式的不同建立不同的部门加以执行。建立采购组织，需根据企业的具体情况，深入分析采购管理的职能、任务和内容，根据采购组织的组建原则，设立采购组织相应的职能、岗位、责任和权力，选择配置合适的人员，组织一个采购管理组织。具体步骤为：

（1）确定采购组织的结构

采购部门的组织结构随着企业的经济类型、经营规模的不同而有所区别。根据以采购为主要功能的采购部门可以有以下四种组织结构形式。

①产品结构式：是指将企业所需采购的产品分为若干类，每一个或几个采购人员分成一组，负责采购其中的一种或几种商品的组织形式。按产品结构，如按主原料、一般物料、机器设备、零部件、工程发包、维护和保养等类别，将采购工作分由不同的人员办理。运用这种结构形式可使采购人员对其经办的项目非常专业和精通，能够做到“熟能生巧”。这种形式适合于所需采购的商品较多、专业性较强、商品间关联较少的企业。

②区域结构式：是指将企业采购的目标市场划分为若干个区域，每一个采购人员负责一个区域的全部采购业务。一般是依照物品采购来源进行区域的划分，如国内采购部、国外采购部。这种组织形式便于明确工作任务和绩效考核，有利于调动员工的积极性并与供应商建立良好的人际关系，也适合于交易对象及工作环境差异性大的企业。

③顾客结构式：是指将企业的采购目标市场按顾客的属性进行分类，每一个采购人员负责同一类顾客。这种形式可使员工较为深入地了解顾客的需求情况及存在的问题，通常适用于同类顾客较为集中的企业。

④综合式采购组织：这种组织形式综合考虑了上述三种因素的重要程度和关联状况。稍具规模的企业在采购量较大，而且作业过程复杂、交换期长等情况下可以选择此种结构形式。

（2）为采购组织设定岗位，配置适当的人员

在根据企业具体特点选定了部门结构形式后，根据采购具体的管理职能和组织结构，

设定各个岗位，并进行部门人员的选择。设置岗位包括一个岗位责任和权力的设置。一般而言，采购部门的人员包括：

①总经理：是采购部门的最高领导，主要向运营副总裁负责，负责从提供服务到行政管理的各个阶段，并统管整个采购部门的运作。总经理必须在最大限度地运用资产的同时，努力降低采购部门的成本，保证满足企业供应的需要。

②采购科长：受总经理的直接领导，主要负责安排本科室的具体工作，并制订本科室的中、短期计划，帮助办事人员协调部门内部的工作，对内部人员实行控制和管理。

③助理：是科长的助手，辅助科长开展日常工作，协助科长根据具体需要制订中、短期计划，协助科长进行具体工作的安排、下属人员的监督和管理，并就与科室相关的档案资料进行整理和管理。

④采购人员：是在科长直接领导下的日常工作的具体执行者。主要是按照部门和各科室制订的计划来进行工作。

（3）确定采购部门人员的数量

在确定采购人员职能后，就需要确定采购部门的人员数量。采购部门在确定一个采购经理后，其余的部门成员数量应视具体情况而定。如果涉及的工作量大，且难度较大时，成员的数量可能相对多一些；如果涉及的工作量不大，且任务较轻时，成员的数量可相对少一些。通常情况下，采购部门的成员数量以能满足工作的需要为标准，太多则容易增加成本，造成浪费；太少又易造成工作的延误，难以满足工作要求和完成工作任务。

（4）明确采购部门的职责

采购部门的职责包括一些与采购工作直接或间接相关的活动。具体包括下列内容：

①物料来源的开发与价格调查；

②请购单内容的审查；

③交货的催促与协调；

④物料的退货与索赔；

⑤采购计划与预算的编制；

⑥采购制度、流程、表单等的设计与改善；

⑦对供应商的选择、评价和管理；

⑧国外采购的处理。

明确了组织结构的构成，然后根据实际情况确定采购组织人员，明确其职责，采购部门就算构建完毕，可以进行运作了。

2. 采购组织的建立原则

（1）采购组织的组建同企业的性质和规模相适应

采购组织的组建同采购的性质、产品规模等有直接的关系。有些企业的原材料需要一些专业人员采购，并往往直接向最高领导汇报；一些小企业可能仅仅设置一个简单的供应部门负责原材料的采购，而大型企业或跨国公司则设有集团采购部或中央采购中心负责采购。

(2) 采购组织的建立同企业采购目标、方针相适应

如果影响产品质量的因素主要是原材料，那么改进供应商原材料质量的主要责任在采购部门，采购部门就应该配合相应的质量工程师，或者赋予采购部门以相应的职责，从而使其指挥相关部门的人员参与原材料质量的改进。

(3) 采购组织的组建同企业的管理水平相适应

如果企业导入了MRP或JIT等管理系统，那么采购的需求计划、订单开立、收货跟单需通过计算机按MRP或JIT系统操作控制，其采购机构的设置显然有别于手工作坊式的企业。

3.3 采购部门在组织中的地位及其与其他部门的关系

3.3.1 采购部门在组织中的地位

企业的性质、最高决策层的观念或重视采购的程度、所采购物料成本占企业总成本的比例大小或采购物料供应作业的重要性等，都会影响采购部门在企业中的地位。小规模的企业一般无独立的采购组织，或只指定一人专办或兼办采购即可，中型企业大都将采购与仓储作业合并在一起，然而大规模的企业却多设有专门单位来独立办理。一般采购部门在企业中的关系地位有以下几种类型：

1. 采购为独立部门

一般在大规模的企业以及材料在产品单位成本占较高比例的企业中，会将采购部门设定为独立部门，其主要职责为存量控制、仓储、验收、运输等。

2. 仅办理单纯的采购作业

这种只办理物料的采购而不兼办验收与储运的类型，主要适用于单纯或采购项目及数量较少的企业。

3. 附属制造部门

这种类型适用于采购材料工作比较单纯而价格较稳定的企业。

4. 附属销售部门

该类型适用于材料经过简单程序即可出售或非制造业，如代理业等。

为了适应当今企业之间激烈竞争的需要，大规模企业在面对材料占重要成本的情况时，其采购部门的组织大都会采用第一种方式，以便使采购与制造、销售、财务等部门划清职责而有利于分工合作，如此可以使生产部门专心于产品的制造与改良，而不必为了采购材料而分心。至于其他中、小型企业则会根据自身的实际情况来作适当的决定。但无论采用何种方式，必须有良好的采购组织，如此才能配合其他相关部门供应生产进行销售。

3.3.2 采购部门与其他部门的关系

由于采购业务的相关范围较为广泛，为了使采购业务顺利进行，以便顺利供应工厂生

产所需要的物料，采购部门必须与其他相关部门密切配合联系。采购部门与其他部门之间的关系主要有如下几种：

1. 采购部门与设计部门的关系

（1）物料的规格：为了避免无法顺利采购所需的物料，设计部门应询问采购部门的有关意见，斟酌之后再设计。

（2）物料的标准：为了建立标准化，以便获取大量采购的益处，设计部门应尽量减少品种，并在设计前多征询采购与仓储部门的意见作为设计参考。

（3）新产品的设计：采购部门应随时提供最新的用料规格、性能、价格等资料，以供新产品设计时参考。

2. 采购部门与生产部门的关系

（1）物料的质量：采购部门应以生产部门为主，采购适当质量的产品以配合生产的需要。

（2）物料的数量：采购数量是以生产部门的请求量为依据的，而生产部门是依据用料预算与生产计划而提出请购量，因此两部门需要密切配合才能适量供应。

（3）供料的时间：生产部门需要有计划地提出物料请购，给予采购充分的时间，以便采购部门能根据生产单位的要求适时供料。

3. 采购部门与财务、会计部门的关系

采购部门根据生产部门的生产计划提出购料预算，财务单位依据购料预算筹措购料价款并商谈付款方式，进料后的账务记录等，采购与财务会计部门必须相互合作，如此才能使采购顺利而适时供应生产部门所需的物料。

4. 采购部门与品管部门的关系

（1）品管知识：采购人员应随时向品管部门学习品管的知识，以便在参观供应厂商时能了解质量，如此才可以采购适当的质量供应生产。

（2）质量标准：为了采购一定的质量与规格的物料，采购人员应与品管部门联系，以便品管部门提供所需要的协助。

（3）物料验收：品管部门对于厂商交付的物料不符合要求而拒收时，应及时通知采购部门以便采取必要的措施。

5. 采购部门与营业部门的关系

（1）预估售价：销售部门预估产品的售价必须事先有制造成本的资料，尤其是占主要部分的材料成本，为了确保预估售价的正确性，采购部门应给予充分协助。

（2）竞争产品资料的提供：采购人员常可以从供应商处获取竞争性产品的各种资料，例如其销售数量、质量、价格等，因此应将这些资料提供给营业部门以作为确定价格政策的参考。

（3）互相采购：采购部门向供应商采购材料、零件，为了互惠起见，常常要求供应商也购买本公司的产品，因此必须由营业与采购两部门配合办理。

6. **采购部门与仓储部门的关系**

采购部门应将采购资料，例如交货时间与数量通知仓储部门，以便仓储部门能实现准备所需要的空间，而仓储部门应将存货记录告知采购部门，以利于存货的控制，两者之间需要互相配合以达到最适当的存货水平。

有关采购部门与其他部门的关系，如图 3－6 所示。

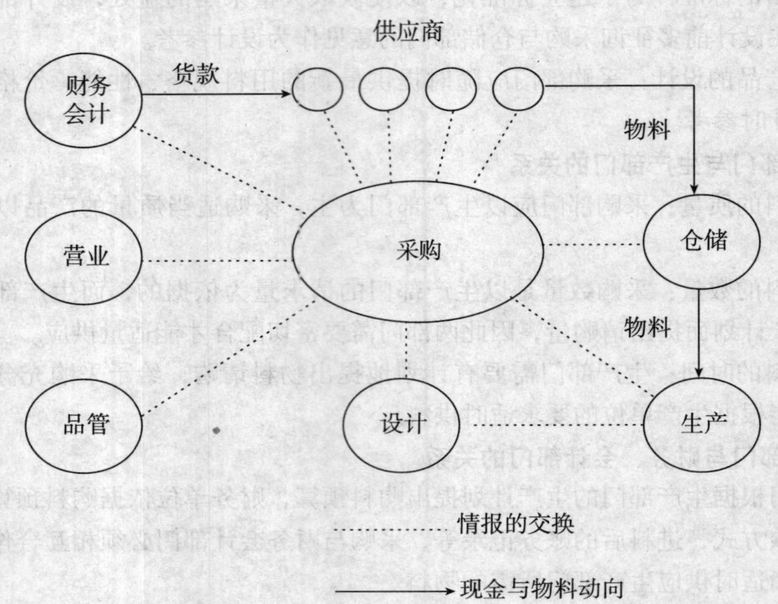

图 3－6　采购部门与其他部门的关系

3.4　采购人员的管理

和企业大多数员工的人力资源管理相似，采购人员的人力资源管理主要是指对采购人员的招聘与甄选、培训、绩效考核和职业发展等方面，以下将分别进行阐述。

3.4.1　采购人员的招聘和甄选

“巧妇难为无米之炊”，因此，在一开始就要招募到优秀的员工。那么，采购经理应该选择怎样的人呢？不同的商业环境会有不同的要求，但是，有一些指导方针在大多数情况下都可以参考。雷克的一项调查中就提出了一些具体的方针。

雷克谈到了“高效采购员与低效采购员有何不同”的问题。他主要侧重于个性和社会经济学因素。研究表明，高效的采购员往往拥有一个“更积极的自我形象”。当然，可

能在管理学的任何领域都是较高效的人的自我形象比较积极。但是，考虑到采购人员的角色，可以说这一要求对于他们所从事的职业比对于大多数其他职业都更重要。例如，他们必须与自己的组织或其他组织中的高层人员打交道。采购员还需要接触很多行业和技术，必须对技术与商业因素持有平衡的观点。另外，为了更高效、保质保量地完成工作，他们还必须能够将其所做的业务当做一个完整的整体。能力不强，没有魄力的人是不可能在这样要求很高的环境下有效地完成工作的。

第二个发现是高效的采购员通常具备“极高的交际能力”。这一点与上一点一样重要。其实，这一点几乎是不言自明的。无论是否如此，传统的选择采购员的方式并非总能兼顾到这一点，或者当我们从采购经理对其员工的评价上看，似乎也是这样的。

第三个发现是高效的采购员应具备“极高的人际交往技能”。这一技能所适用的范围包括部门协调、谈判以及公司间的协调。

最后，雷克发现“高效的采购员应更注重在专业上的发展……与低效的采购员相比，他们所受的正规教育程度也往往更高”。在过去的30年中观察采购现象所得出的经验也可以证明这一点。例如，我们发现，在这群人中，希望自己更专业的欲望比较强烈（并且很多都已有所行动），这期间，我们还发现有更多的研究生加入这一行业。很多高层职位都由在近十年左右刚入行的抱负远大的年轻人占据。

然而，企业应该如何招募所需的采购人才呢？采购人员的招聘和甄选应根据所招聘的职位，确定员工素质要求，然后根据一定的招聘方法、甄选过程录用合适的员工。招聘过程是否科学、合理，直接决定了最终的招聘结果，决定了企业是否能够招到优秀的采购人员。

采购人员的招聘虽然各个企业采用的方法不同，但基本上都遵循“公开招收、自愿报名、全面考核、择优录用”的原则进行。结合当前企业的实际情况，应该说这是一种行之有效的方式。其优点包括：可以确保采购队伍的素质；可以杜绝招聘过程中“拉关系，走后门”等不正之风；而且，因为采用自愿报名形式，所招聘的采购人员大多热爱本职工作，“跳槽”现象少。

招聘有内部招聘和外部招聘两个途径。

内部招聘是吸收现在正在企业任职的员工，填补企业的空缺职位。它是企业重要的征召方法，特别是对企业管理职位来说，是最为重要的招聘方法。有抽样调查资料显示，90%的管理职位是通过内部招聘来填补的。内部招聘可通过内部提升和职位转换来完成。

外部招聘是当企业需要大量员工时，采取的一种征召办法。具体有：刊登广告、员工推荐、顾客推荐、大专院校招聘、网上招聘、就业机构中介等。

当前企业招收采购人员的具体方法归纳为观察法、测试法、自荐法三种。

3.4.2 采购人员的培训

长期以来，许多企业忽视了对采购人员的培训，对培训工作的重要性认识不足，认为采购人员的工作经验靠实际业务来积累，培训是一种投资大、收益小的行为。严格来讲，

采购人员的培训是一种投资小、见效快、收益大的企业行为，可以缩短采购员的成才周期，经过培训，即可上岗。特别值得注意的是：不仅是新录用的采购人员应强化培训，对原有的老采购员也应该加强培训。一方面是因为现代科学技术发展得很快，知识的更新周期缩短，市场上新产品、新材料、新工艺不断出现，缺乏培训的采购员难以胜任新时期采购工作；另一方面也是采购人员自我实现的需要，通过培训，使他们提高自身素质，更好地干好采购工作，实现自身的价值。采购培训主要有以下几个方面：

1. 培训的原则

在实际组织采购人员培训的工作中，应遵循以下几个方面的原则：

（1）学用结合。即强调培训内容的针对性，坚持“干什么，学什么，缺什么，补什么”的方针，使培训工作能为实际的采购工作服务。

（2）解决好学习与工作之间的矛盾。工作与学习的矛盾主要体现在时间上，特别对老采购员来说，不能因为培训而耽误了本职工作，应提倡以业余学习为主，鼓励采购人员自觉成长。

（3）结合成人教育的特点。采购人员的培训属于成人教育的范畴，为此，必须针对成人的特点进行教育培训。成人的特点有：思维能力强，记忆能力差；实践经验丰富，专业理论缺乏；工作时间长，家庭负担重，用于学习的时间短等。怎样针对这些特点，提高培训的效率，是每一个企业必须正视的一个新课题。

（4）培训形式灵活多样。针对成人的特点，应提倡多种形式的培训。凡是能提高采购人员素质的培训方式都可以采用。

2. 培训的内容

企业员工培训的内容涉及较广，应根据培训对象的不同确定培训内容。具体来说有以下几个方面：有关企业文化方面的内容；企业、行业及有关岗位所需要的知识和技能方面的内容；有关一般文化知识的普及和提高方面的内容；有关协调人际关系方面的内容；有关知识更新、本行业中最新科学技术方面的内容；有关现代管理知识和技能方面的内容，等等。

不同层次的采购人员个人素质的形成同其原有教育基础、工作经验及在职培训结构相关。一般来讲，后期采购员或助理采购员应具备大专以上学历，并有 1 ~ 2 年的相关工作经验积累，同时接受一些基本的专业培训后才能满足相应的专业素质要求；战略采购员、高级采购员或前期采购员则应具备两年以上的相关工作经验，接受中级水平的相应培训；资深战略采购员或工厂采购经理除应具有 5 年以上相关工作经验、较高水平的专业知识与技能外，还应接受相应的管理技能培训；集团采购总监或事业部采购总经理需在采购经理的素质要求基础上着重强化宏观与战略方面的管理技能训练。不同层次的培训需求结构如下表所示。

不同层次的采购人员培训需求结构

工作经验	个人素质与技巧	相关专业知识	采购专业知识
5年以上相关工作经验 • 集团采购总监 • 事业部采购总经理	• 变化管理 • 国际关系学	• 战略管理 • 宏观经济学	• 采购战略管理 • 国际采购管理 • 战略成本管理
5年以上相关工作经验 • 采购经理 • 资深战略采购员	• 高层领导学 • 公共关系学 • 时间与效率管理	• 人事管理 • 市场与营销 • 法律 • 经济学	• 采购管理 • 成本分析与管理 • 国际采购与运输
2~5年相关工作经验 • 战略采购员 • 高级采购员 • 前期采购员	• 项目管理 • 指导技巧 • 沟通技巧 • 领导方法	• 财务管理 • 市场学 • 质量管理 • 供应链管理	• 专业采购模块 • 谈判技巧 • 供应商管理 • 即时供应（JIT）
2年左右相关工作经验 • 后期采购员 • 助理采购员	• 团队工作 • 表达技巧 • 基础谈判	• 财务基础 • 语言（英语等） • 计算机及信息管理	• 采购基础 • 国际贸易基础 • 供应商管理基础

3. 培训的类型

员工培训视企业人员的不同而有所不同，一般而言，有以下几个类型：

（1）新员工入门培训和上岗培训。

（2）员工的上岗或适应性培训。

（3）专业技术人员的培训。

（4）管理人员的培训。

以上培训可通过不同的方式进行。培训的方式主要有两大类，即在职培训和离职培训。不管采用哪一种方式培训，企业都应重视技术培训与管理培训相结合；将工作技能培训与工作态度培训相结合；将当前工作需要与未来工作需要相结合；将企业目标与员工个人目标相结合。

4. 培训的方法

员工培训作为人力资源资本投资的一种方式，要投入一定的金钱、精力和时间。如果培训的方法不当，就很可能导致员工对培训的积极性不高。所以，企业必须努力探索出见效快、易掌握的培训方法。一些常见的培训方法有：①讲授法。②视听法。③案例研究法。④角色扮演法。⑥岗位轮换法。⑥以老带新法。

此外，还有敏感性训练、计算机辅助指导、商业游戏等方法。企业可以根据参赛人数和层次、培训项目和培训经费预算以及本单位已有的培训资源，选择不同的培训方法。

通过以上一系列工作，企业确定了具体的培训内容和方法后，就可以制订合适、有效和可操作的培训计划，并付诸实施。

3.4.3 采购人员的绩效考核

1. 工作评估与定级

工作评估是指按工作岗位或职位的价值及重要性对不同的岗位或职位进行分析、比较，并确定其层次与级别的过程。一般而言，通过工作评估确定的职位级别常常对应着职位的薪金级别，从而体现出该工作岗位的价值大小。

目前，国际上普遍采用的是被称之为 Hay System（Hay 体系）的一整套体系来进行工作评估及岗位定级。它在大量统计分析的基础上提出了一整套数据系统，按这套系统将不同的工作岗位进行逻辑的、公平的比较，再根据比较的结果排出不同岗位在公司或企业中的层次。其重要程度在企业的人事管理中不亚于 ISO 9000 国际质量体系认证在质量管理中的重要性，它不仅具有国际普遍性，而且对中国企业管理亦具有借鉴意义。

2. 工作描述

工作描述是对不同职位的工作进行规划、详细的说明与阐述。它是由主管负责，经员工与其主管共同商定的针对员工工作岗位而明确的责任规定。它既是员工与其主管双方沟通的结果，也是员工工作和绩效表现考核的依据。

工作描述一般由单位统一制成标准表格，主要包括表头、工作性质与范围和主要职责三大部分。

（1）表头。表头部分包括员工姓名、所在部门、职位名称、主管名称、工作层面情况（下属人数、个人工作所需预算及支持等）以及本工作描述的撰写人、审核人、批准人及日期等。

（2）工作性质与范围。工作性质与范围包括工作要求（学历、专业、工作经验、语言能力等）、权限（批准权限、建议范围等）、组织机构（汇报途径、下属人数与层次等）、工作负责的区域、内外工作关系等。

（3）主要职责。主要职责是指该员工在相应的工作范围中具体负责的事项与任务。

工作描述是针对工作岗位而设的，相同的岗位或职位其工作描述也相同。

3. 工作绩效表现考核

工作绩效表现考核一般在年底进行，每年一次（一般新员工在试用期满须进行一次，也有的单位采用半年进行一次的做法），是针对员工个人表现进行的，通常由员工与其主管面对面进行。考核也常制成标准格式，包括表头、职责与表现、个人绩效、目标完成情况、总体表现、下阶段目标、个人工作培训与发展的建议等部分。

（1）表头。表头部分包括被考核人姓名、考核人姓名、职位、部门、考评期、考核日期、被考核人级别等内容。

（2）职责与表现。职责与表现主要包括被考核人的主要工作范围、职责与工作目标以及在考核期间的表现与结果情况等。

(3) 个人绩效。个人绩效包括客户满意程度、个人素质、工作效率、工作主动积极性、合作精神等。

(4) 目标完成情况。目标完成情况是指被考核人在考评期间主要工作指标或目标完成好坏的描述。

以上(2)、(3)、(4)项内容及总体表现可分成优秀、良好、一般、较差等不同档次。

在考核过去表现的基础上，考核人还应与被考核人一同在考核表上确定下一阶段的工作目标、工作改进方向以及为达到下一阶段目标所需的职业培训等，同时根据个人情况提出其职业发展的建议。

3.4.4 采购人员的职业发展

采购人员的职业发展包括两方面的内容：一是公司或企业应根据采购人员专业技能的要求配备、维护一支合理的、相对稳定的采购队伍；二是针对采购人员本人应提供相应的培训、职业发展及个人提高的机会和机制。二者有机结合起来既保障采购能力的培养，又保证每个采购人员均能发展自己的前途。

一般来讲，采购队伍的平均工作时间在 10 年左右为最好，其中工程技术、经济贸易及其他专业背景宜分别占 70%、10%、20% 左右。培养采购人员比较好的途径是由工程、质量或企划初级人员工作开始，一两年后调入采购部门任助理采购员或后期采购员，再逐步发展为前期采购员、战略采购员、采购经理。在采购部门内，最好每年保持 5% ~10% 的人员流动率，并有 30% 左右的专业采购人员长期在采购领域发展。而 70% 左右的采购人员在职业发展中能流入其他部门或领域，这样既保持采购队伍基本力量的稳定、基本能力的继承，同时又增加采购队伍的活力与创造性，并能将采购的理念带入其他领域，使整个公司形成对采购的正确认识，从而有利于创造支持采购工作的大环境。作为一个较为成熟的采购部门，应有 70% 左右的人具备大学本科以上学历，其余 30% 的人具有专科学历。采购部门平均 10 年左右工作工龄中，具有其他领域如生产、质量等工作经验平均时间最好在 2 年以上。

就采购人员个人发展而言，一方面根据个人工作绩效表现考核的需要，公司或企业应按其岗位专业技能的要求安排相应的培训使其能胜任工作；另一方面还应根据其本人的意愿及公司的可能，结合公司的实际提出其将来的发展方向并安排相应的工作及培训机会。培训作为个人发展的一项重要内容，应考虑 50% 左右的时间及内容为胜任工作而设，而剩余 50% 左右的时间及内容为工作发展及个人职业发展而设。采购人员个人发展应首先考虑采购经理、战略采购员及前期采购员等关键职位，包括他们将来的发展方向、可能离开现有职位的时间、接替人员安排等，而相应的有关采购人员个人发展的培训费用及时间应有 70% 以上分配在这些关键职位上。一般而言，采购人员在同一岗位的时间不宜短于一年，亦不宜超过 3 年。个人发展的方式有升职、岗位轮换等。

本章小结

采购业务，并不是非常注重技术，而更重视采购的组织及其管理。若没有健全的组织和管理制度，即使有优越的采购人才，也难获得很好的成就。由于采购物料的项目复杂，如何设计产销配合、资金调度，如何制订采购计划，如何控制存活率，如何确定采购物流的缓急程度，如何注意分析市场动态，何时进行采购最适宜，以及其实际执行采购作业时，如何注意质量、交货期、付款及索赔等，各个步骤的处理都需要与相关部门密切配合，并注意外来关系与联系。

思考题

1. 采购部门的职能和职责有哪些？
2. 采购制度主要集中于哪些方面？
3. 企业应该如何确定其采购组织？有何原则？
4. 简述采购部门的地位和重要性。
5. 采购部门与其他部门之间有何联系？
6. 采购人员的管理主要有哪方面的内容？

第二篇　采购运作管理

4 采购计划及预算管理

4.1 采购调查及订单信息管理

4.1.1 采购调查分析

采购调查是为更好地制定采购决策而进行的系统的数据收集、分类和分析。图 4-1 给出了采购调查中的数据（信息），这些数据为有效地制定采购决策提供了必要的条件。如果能按有组织的方式进行采购调查，可以极大地改进采购决策。

在采购调查中主要调查以下项目：所购材料、产品及服务（价值分析）；商品；供应商；采购系统。

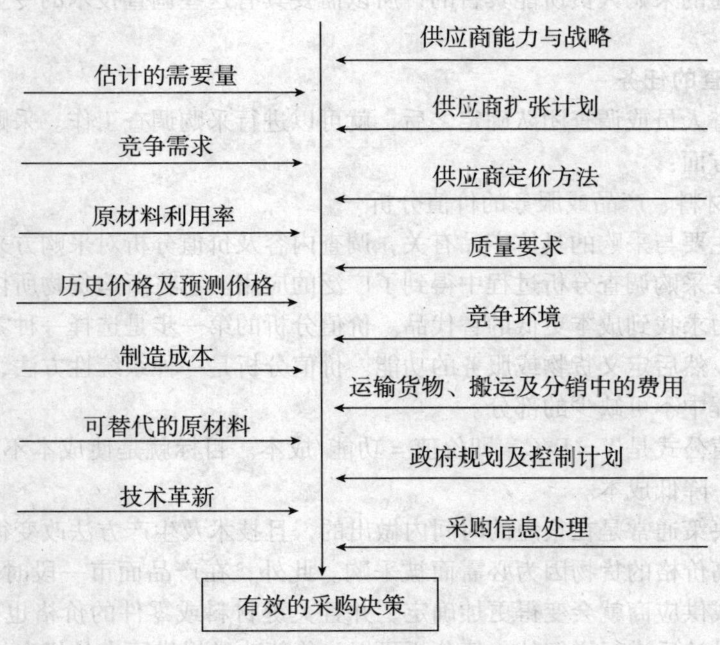

图 4-1 采购调查中的数据（信息）

1. 采购调查的组织

采购部门在实施采购计划前必须先组织采购调查，掌握采购信息。采购调查的组织方法如下：

①指定专职工作人员负责此工作。

②组织正式的采购及管理人员兼职进行采购调查。

③让对调查过程具有广泛知识的跨职能信息团队进行调查。

采购调查与市场调查基本相似，都是对市场信息的收集与分析。有时，采购部门的调查员、分析员可与企业中的信息部门合作进行调查和计划。有时需要组织跨职能的调查团队，就如同具有相似功能的市场调查一样，安排由专职工作人员，如采购调查员、采购分析员、价值分析员或商品专家，组成调查团队来进行采购调查。一个有效的调查团队可以满足采购调查对于时间和技术的要求。

（1）采购调查对时间的要求

细致地收集和分析数据要耗费大量时间，而在许多采购部门里，采购人员忙于日常的采购业务而没有时间进行采购调查。另外，采购信息的收集不是一次性可以完成的，它在于平时的积累和归类。采购调查应自始至终地进行，并且需要大量的时间。考虑到采购部门员工工作的繁重性，采购调查团队可以从事这项工作。

（2）采购调查对技术的要求

采购调查的许多方面都要求掌握常用的调查技术，如经济研究、业务流程分析等。这些技术并非普通的采购人员所能具备的，所以需要具有这些调查技术的专业团队进行采购调查。

2. 采购调查的任务

在采购调查人员或调查团队确定之后，就可以进行采购调查工作。采购调查的具体任务有以下几个方面：

（1）所购材料、产品或服务的价值分析

这项调查主要与采购的具体产品有关，调查内容及价值分析对采购方来说是至关重要的。价值分析在采购调查分析过程中得到了广泛的应用。它将所购货物所体现的功能与其成本相比较，力求找到成本更低的替代品。价值分析的第一步是选择一种零件、原材料或服务进行分析，然后定义货物或服务的功能。价值分析是一种系统性方法，它将成为采购与供应管理过程中不可缺少的部分。

常用的价值公式是 $V = F/C$，即价值 = 功能/成本。目标就是使成本不变，增强功能；或使功能不变，降低成本。

由于采购决策通常是在很短的时间内做出的，且技术及生产方法改变得相当快，因此在很多情况下高价格的货物因为必需而被采购。此外，在产品面市一段时间之后，需求、新技术的选择或供应商就会变得更加确定，并且关键材料或零件的价格也可能发生改变。因此，在原始设计后进行详细的价值分析可以为价值改进提供巨大的机会，是削减采购成本的一种有效方法。

采购者可以根据调查收集需采购货物各方面的详细信息，然后在替代品之间做出明智的选择，从而更有效地利用采购资金。调查的内容包括如下几个方面：

①投资回收分析。分析处理的方法、渠道及技术，以确定可以为公司创造最大利润的途径。

②租借或采购。收集每一种替代品优缺点的数据，以制定最佳决策。

③自制或外购以及继续自制或外购。比较每一方案的经济及管理效果以便做出明智的选择。

④包装方式。调查工序及原材料，以确定能以最低成本满足要求的方法。

⑤产品规格。对现有规格进行分析，以确保满足需要的功能，避免采购具有不必要的属性或不必要的高性能的商品。

• 标准化。考察所使用的具体产品的用途，考虑用一种通用货物来满足众多要求的可能性。

• 替代品。使用不同的货物替代现在所采购的货物，对其技术及经济效果进行分析。

• 更换供应商。考虑专业供应商能够增加的效益。

价值分析的标准方法基本包括上述内容，它可为采购货物所产生的一系列问题提供详细的答案。

（2）商品调查

采购商品的调查研究有助于对一个主要的采购商品未来长期及短期的采购环境做出预测。这些信息构成了制定正确决策及采购管理的基础，并且可以为最高管理部门提供有关这些货物未来的供应与价格的信息。

通常，这种调查的焦点集中在那些大宗采购的代表性货物上，也可用于那些被认为供应严重短缺的小笔采购货物中。例如，主要的原材料钢、铜或锌等，通常是调查对象；一些产成品，如发动机或半导体设备，也可能是调查对象。完整的商品调查应为下述问题提供数据与答案：

• 现在及未来的状况。包括对商品的描述、现有的用途及对未来需求的预测、供应商、价格、期限、年费用、交通运输方式及现有合同。

• 生产工艺。包括该商品是如何制造的、材料是如何使用的、这些材料的供应及价格情况、所需的劳动力、现在及将来的劳动力状况、替代品的生产工艺及制造此商品的可能性（成本、时间因素及难点）。

• 商品的用途。包括主要用途、次要用途、可能的替代品及替代品的经济性。

• 需求。包括公司现在及未来的需求；库存状况；未来信息的来源及提前期；行业、产成品的用途；各公司当前及预计的竞争需求。

• 供应。包括现有生产商的地点、可靠性、质量、劳动力情况、生产能力、分销渠道以及每个供应商的长处与弱点；现有及预测的供应情况；外部因素，如进口情况、政府规定、技术更新的预测、政治及生态的趋势等问题。

• 价格。包括生产行业的经济结构、历史价格和未来预测、价格决定因素、生产及运输成本、关税和进口限制、质量影响和价格的商业周期变化、估计每个供应商的利润空间、供应商的价格目标、潜在的最低价、同行中的价格变动。

• 削减成本的战略。要考虑到预测的供应量、用途、价格、效益、供应商的强项与弱势、自身在市场上的位置、降低成本的计划、自制商品、短期合同或长期合同、寻找或开发供应商、发现替代品、进口、套期保值、价值工程及价值分析。

• 附录。包括总的信息，如规格、质量要求及方法、运费及运输成本、库存及管理、原材料的保存；其他统计数字，如价格、生产情况或采购趋势。

（3）供应商调查

供应商是采购的源头。采购人员了解有关现有的和潜在的供应商的经营方法及其市场位置的知识越多，采购中选择足够的、合适的供应商的能力，以及成功地与供应商进行谈判的能力就会越强。对供应商的调查主要包括以下10个方面：

①供应商财务能力分析。调查现有及潜在的供应商的财务状况，以便估计供应商陷入财务困难的风险及对采购的影响。虽然这类分析通常由公司的财务部门做出，但考虑到风险和潜在损失，在一些情况下，它应该应用于采购行为及采购调查，以确保准确性。例如，计算机软件及设备采购人员突然发现，其重要的供应商在计算机行业“已经破产了”。如果有适当的分析，这种情况则可以事先预料到。

②供应商生产设施分析。收集供应商设施的有关数据，重点是生产能力及局限性。

③供应商生产能力分析。采购人员应充分了解供应商的生产能力并说服供应商开发生产能力，以满足采购方现在及未来的采购需求。

④供应商成本分析。了解供应商成本在谈判中起到的重要作用，有利于有效地控制整个供应链的成本，由此可以得知价格是否公道及所采用的流程是否达到最佳效率。供应商成本的评估包括产品评估和服务评估两项，具体内容是：直接原材料、直接劳动、工程实施、机械设备、工厂设施的间接成本、总开支、行政管理费用、物流成本、分销成本和利润。这些数据可以作为筹备谈判时设定目标价格的依据。

⑤与单一供应商建立战略联盟。分析供应商的管理及能力可以预测所有可能发生的事情，从而为完成合同谈判打下基础。采购人员可以利用数量优势获得巨大的好处，但是由于单一供应商及运输系统问题而发生的供应障碍，以及由此导致的潜在成本是很大的。通过在一定程度上的合作、信任和双赢的行为方式将采购方与供应商联系起来，与供应商发展更密切的关系可以减少某些风险。通过与单一供应商建立一种伙伴关系或战略联盟，双方可以将焦点集中于解决共同的问题，改进生产工艺并且提高效益。

⑥与供应商统一质量标准。要想和供应商统一质量标准，以质量获胜，就需要对供应商的生产人员和监督人员进行培训，或互相建立质量跟踪体系以便提出相应的改进措施，因此有必要建立一套质量保证系统来完成对质量的保证。

⑦供应商态度调查。通过供应商调查，确定供应商怎样看待采购方及其采购行为，以及如何改善买卖双方的关系。这些信息可用于审查及改变供应商的决策。

⑧供应商绩效评估。收集和分析一些数据，以确定指定的供应商所完成的工作是否令

人满意，以便为再次采购做出明智的决策，并且向供应商提出哪些环节需要改进。在伙伴关系或战略关系中，应定期评价供应商的绩效，包括努力改进生产过程、减少时间周期、削减成本及改进质量和服务。

⑨供应商销售战略。要理解供应商的目标以及达到这些目标所使用的方法，以便采购人员可以预测供应商的行为并设计采购战略，以使用最低的总成本得到所需货物的持续供应。

⑩双边贸易。如果需在国外的供应商处采购，就要进行双边贸易。很多国家政府的供应法规中规定，当地政府有权享受利益，通常规定按一定的百分比或定额（以美元为单位）来提取。这实际上就是一种物物交易。因此，许多采购方的采购分析家要负责收集和分析相关的数据，以便进行这方面的协商。

4.1.2　用料部门请购单及信息处理

1. 用料部门请购单

任何采购都产生于企业中某部门的确切需求。负责具体业务活动的人员应该清楚地知道本部门的需求：需要什么、需要多少、何时需要。这样，库存部门会收到这个部门发出的物料需求单。这类需求可以通过采购或调剂其他部门的富余物料来满足。采购申请主要来自生产或使用部门，办公设备的采购要求由办公室的负责人或公司主管提出。还有些采购申请来自销售或广告部门，或由实验室提出。通常，不同的部门会使用不同的采购单，或给不同的部门编上各不相同的数字代码。图 4－2 是一张典型的请购单。

请购单

申请部门＿＿＿＿＿＿＿＿　编号＿＿＿＿＿＿＿＿

预算额＿＿＿＿＿＿＿＿　日期＿＿＿＿＿＿＿＿

需要数量	单　位	描　述

需求日期＿＿＿＿＿＿＿＿

遇有问题时通知＿＿＿＿＿＿＿＿

特殊发送说明＿＿＿＿＿＿＿＿

＿＿＿＿＿＿＿＿

申请方

说明：一式两份，原件送采购部门，申请者保留文件副本。

图 4－2　请购单式样

采购部门应协助使用部门预测物料需求。采购经理不仅应要求需求部门在填写请购单时，尽可能地采用标准化格式以及尽量少发特殊订单，而且应督促需求部门尽早地预测需求，以避免出现太多的紧急订单。由于了解价格趋势和总的市场情况，有时为了避免供应中断或是价格上涨，采购部门会发出一些期货订单。这意味着对于任何标准化的采购项目，采购部门都要将正常供货的提前期或其他变化情况通知使用部门。采购部门和供应商的早期参与，可以避免或削减成本，加速产品推向市场的速度，并能带来更大的竞争优势。

2. 信息处理

(1) 企业内部流向采购部门的信息流

公司内部每一个职能部门的活动将产生向采购部门的信息流。图 4－3 显示了流向采购部门的内部信息流。流向采购部门的信息主要分为两大类：可以从公司内部得到的物料或服务的需求申请；确定物料是在采购部门内可以得到的或从公司外部得到的信息。

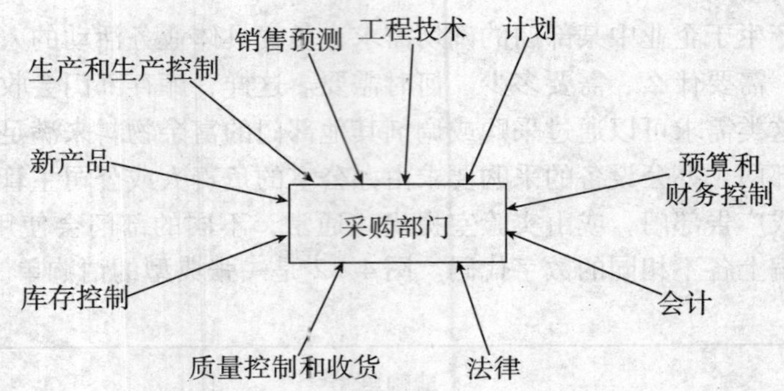

图 4－3　流向采购部门的内部信息流情况

(2) 企业外部流向采购部门的信息流

高效运转的采购部门是公司与外界的一个主要联系点，也就是从外界获得信息的地方。它所获得的许多信息对于公司的经营是很关键的。图 4－4 表明了来自公司外界的信息的性质与类型。

(3) 从采购部门流出的内部信息流

在企业内部，几乎所有的职能部门在某种程度上都与采购部门发出的或是可以从采购部门得到的信息有关。图 4－5 列出了从采购部门发出的信息的主要类型。

4.2　采购需求的确定

生产计划、用料清单及存量管制卡是决定采购数量的主要依据，采购数量可以通过下

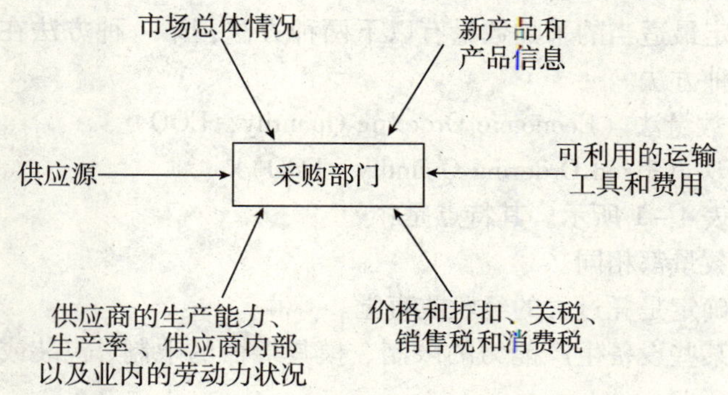

图 4－4 流向采购部门的外部信息流情况

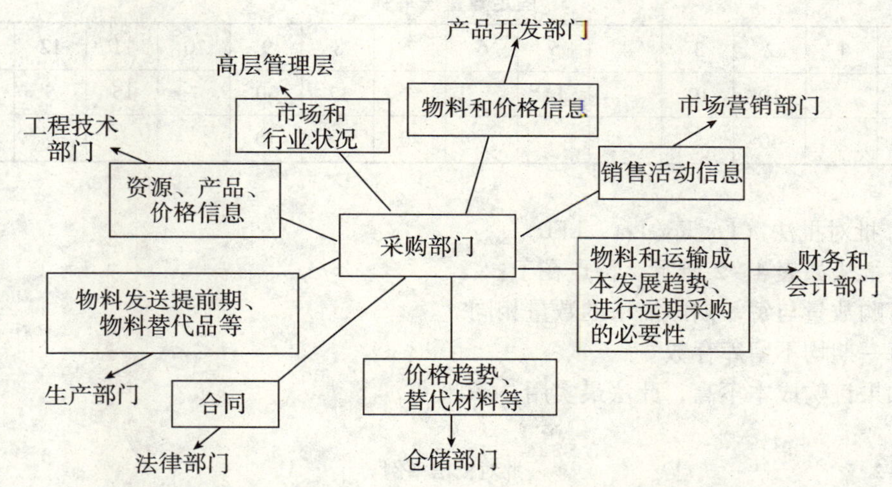

图 4－5 从采购部门流出的内部信息流情况

式求得：

本期应购数量＝本期生产需用材料数＋本期末预订库存量－前期已购未入库数量

4.2.1 采购需求的确定

1. 采购数量的定义和订购方法

采购数量表示某一物料在某时期应订购的总量，订购的方法有定期订购法和定量订购法两种。这两种方法在第 9 章将详细介绍。

2. 决定最适当的采购数量

采购量的大小决定于生产与销售的顺畅与资金的调度。物料采购量过大，会造成过高的存货储备成本与资金积压；物料采购量过小，则采购成本提高，因此确定适当的采购量是非常必要的。决定最适当的采购数量有以下两种方法，第一种方法在第 9 章详细介绍，这里主要介绍第二种方法。

（1）经济订购数量法（Economic Ordering Quantity，EOQ）

（2）固定数量法（Fixed Ordering Quantity，FOQ）

固定数量法如表 4－1 所示。其特点是：

①每次订购的数量都相同。

②订购数量的确定是凭过去的经验或直觉。

③也可能考虑某些设备生产能力的限制、模具寿命的限制、包装或运输方式的限制、储存空间的限制等。

④此法不考虑订购成本和储存成本这两项因素。

表 4－1　　固定数量法举例

周	1	2	3	4	5	6	7	8	9	10	11	12	合计
净需求		10	10		14		7	12	30	7	15	5	110
计划订购		40					40		40				120

（3）批对批法（Lot For Lot，LFL）

批对批法如表 4－2 所示。特点在于：

①订购数量与每一期净需求的数量相同。

②每一期均不留库存数。

③如果订购成本不高，此法最实用。

表 4－2　　批对批法举例

周	1	2	3	4	5	6	7	8	9	10	11	12	合计
净需求		10	10		14		7	12	30	7	15	5	110
计划订购		10	10		14		7	12	30	7	15	5	110

（4）固定期间法（Fixed Period Requirement，FPR）

固定期间法如表 4－3 所示。其特点是：

①每次订单涵盖的期间固定（每个月的第一周下订单），但订购数量是变动的。

②基于订购成本较高的考虑。

③期间长短的选择是凭过去的经验或主观判断。

④采用此法每期会有些剩余。

表 4－3　　固定期间法举例

周	1	2	3	4	5	6	7	8	9	10	11	12	合计
净需求		10	10		14		7	12	30	7	15	5	110
计划订购	25	23			14		7	12	30	7			115

（5）物料需求计算法（Material Requirement Planning，MRP）

物料需求计算法的公式可表示为：

净需求量＝毛需求量－计划收到量－前期计划库存量

4.2.2　采购决策

1. 采购决策的特点

决策是指根据企业经营目标的要求，提出各种可行方案，对方案进行评价和比较，按照满意性原则，对可行方案进行抉择并加以实施和执行的管理过程。采购决策是企业决策中的重要组成部分，具有以下特点：

（1）预测性。指对未来的采购工作做出推测，应建立在对市场预测的基础之上。

（2）目的性。任何采购决策的目的都是为了达到一定的采购目标，如降低采购成本等。

（3）可行性。指选择的决策方案应是切实可行的，否则就会失去决策的意义。

（4）评价性。是指通过对各种可行方案进行分析评价，选择满意方案。

2. 采购决策的作用

企业在生产经营活动中面临着大量的决策问题。决策是管理者花费时间和精力最多的工作之一。科学的决策可以把握正确的经营方向，趋利避害、扬长避短，对于提高企业的生存能力和竞争能力具有积极的作用。采购决策除了具有规避风险、增强活力等一般作用之外，还可以发挥以下重要作用。

（1）优化采购活动

采购活动对生产经营过程、产品成本和质量等产生重要影响，为了保证企业各项目标的实现，必须推进采购活动的优化，实现采购方式、采购渠道、采购过程的最优化，提高采购资源的最佳配置。很显然，优化采购活动必须对采购活动涉及的诸多重大问题进行科学的谋划，做出最佳的选择。没有科学的采购决策就不可能产生理想的采购活动。

（2）实现准时化采购

为了满足即时生产的需要，应实行准时化采购，而合理的采购决策则使准时化采购成为可能。

（3）提高经济效益

在产品的规格、质量、服务等一定的情况下，准确采购可降低进价、减少库存、降低各种费用的支出，使企业获得更大的利润，提高企业的竞争力。采购活动受到诸多因素的影响，它们之间存在特定的关系，任何一种因素处理不好，都可能影响经济效益的提高。所以，必须以采购决策正确处理这些影响因素。

3. 采购决策的程序

采购决策关系到采购工作的质量，是一项复杂的工作，必须按照一定的程序来进行，基本程序如下所述。

（1）确定采购目标

根据企业的总体经营目标，确定企业的采购目标。企业采购的总目标是实现及时准确的采购，满足经营的需要，降低采购费用，提高经济效益。根据采购总目标，可制定采购的具体目标，如订购批量目标、订购时间目标、供应商目标、价格目标、交货期目标等。

（2）收集有关的信息

信息是采购决策的依据，信息的可靠性决定采购决策的正确性。按来源不同，信息分为外部信息和内部信息。

企业外部信息包括以下内容：

①宏观的法律、经济政策。了解《合同法》、《反不正当竞争法》、《商标法》等，掌握国家的价格政策、产业政策、外贸政策等。

②货源的信息。物品的市场供求状况，有哪些采购渠道，供应商的价格、服务、质量、规格、品种等资料。

③科技信息。了解与本企业所采购物品密切相关的科技水平发展情况，例如是否有新材料，用新材料替代老材料的经济性分析等。

④运输方面的信息。有关运输的新规定、各种运输方式、运输费用等。

⑤有相同需求的同行情况。同行从哪里采购，进价多少；是否有更经济的材料；能否联合采购以降低进价等。

企业内部信息包括以下内容：

①物资需求情况。根据销售计划、生产计划制订需求计划，再结合库存情况，制订采购计划。

②库存情况。如企业库存能力如何、库存费用多少、现有商品库存状况。

③财务情况。如是否有充足的采购资金、采购资金的周转速度和筹集状况。

④本企业采购队伍情况。包括采购人员的敬业精神、综合素质、合作精神等。

（3）拟订实现目标的多个可行性方案

在收集分析企业内外部各种信息的基础上，组织有关人员，集思广益，提出各种可行性采购方案，每个采购方案应包括采购预算、货源渠道、供应商、产品质量、价格、服务、运费、交货期、结算条件等，为采购决策者做出正确的决策提供依据。

在具体拟订方案中应把握两点：一是尽可能地将所有可行性方案都找出来，以避免漏掉满意方案；二是各方案之间应是互斥的，相同或相似的可归为一类。

（4）选择满意的方案

针对以上各种方案，综合分析，选择满意方案。

方案的选择问题是一个对各种可行方案进行分析评价的过程。具体的评价标准因企业不同以及企业外部环境不同而异。例如，某企业在夏季经销电风扇，货源有本地、外地两种选择，具体情况如表 4 -4 所示。

表 4 -4　　电风扇货源情况表

项目	质量	进货成本
本地	一般	较低
外地	好	较高

对于这种问题的决策，其选择标准因市场供求状况不同而不同。若该地电风扇供过于求，竞争激烈，则选择外地进货，用优质来竞争；若电风扇供不应求，则选本地进货较好，因为即使质量一般，也不必担心卖不出去。

实际工作中，即使市场行情一定，不同类型的企业也会根据自身条件，采用不同的评判标准。满意的方案不一定是赢利最大的方案，而是对企业最有利、最切实可行的方案。

采购决策的内容很多，包括供应商的选择、采购渠道的选择、采购商品的品种、规格和质量的选择。不同的决策内容，如采购时机、采购批量、采购价格等的决策，有不同的决策方法。采购决策的方法很多，有定量决策的方法，也有定性决策的方法。这里结合国内采购工作的实际，主要介绍采购人员估计法、期望值决策法、经理人员意见法、数学模型法和直接观察法。

①采购人员估计法。这种方法是召集一些采购经验较丰富的采购人员，征求他们对某一决策问题的看法，然后将他们的意见综合起来，形成决策结果。

例题 4 -1：

某企业计划明年采购某种产品，现需预测其采购量，特召集甲、乙、丙 3 名采购员征求他们对采购数量的意见。甲、乙、丙 3 人预测结果如表 4 -5 所示。

表 4 -5　　采购预测表

人员	可采购数量（吨）		概率
甲	最高采购量	1500	0. 3
	最可能采购量	1200	0. 5
	最低采购量	1000	0. 2
乙	最高采购量	1800	0. 2
	最可能采购量	1600	0. 4
	最低采购量	1400	0. 4

续 表

人员	可采购数量（吨）		概率
丙	最高采购量	1200	0.2
	最可能采购量	1000	0.5
	最低采购量	800	0.3

要求：试根据甲、乙、丙3名采购员的估计值为明年购进量做出决策。

第一步：求每一位采购员的采购期望值。计算公式为：

$$E = PQ$$

式中，E 为期望值；P 为概率；Q 为估计值。

甲：$E_1 = 0.3 \times 1500 + 0.5 \times 1200 + 0.2 \times 1000 = 1250$（吨）

乙：$E_2 = 0.2 \times 1800 + 0.4 \times 1600 + 0.4 \times 1400 = 1560$（吨）

丙：$E_3 = 0.2 \times 1200 + 0.5 \times 1000 + 0.3 \times 800 = 980$（吨）

第二步：综合3个意见，求出明年购进量。计算公式为：

$$(E_1 + E_2 + E_3)/3$$

代入公式得：

$$(1250 + 1560 + 980)/3 \approx 1263\text{（吨）}$$

根据3名采购员的意见，可以确定明年能够采购的数量大约为1263吨。

②期望值决策法。这种方法是根据历史资料来进行决策。

例题4-2：

某商店在夏季经销一种易腐水果，每箱进货成本20元，售价为35元/箱，若当天卖不出去，第二天削价处理每箱只能卖10元，试根据去年同期销售资料为该商店的进货批量做出决策。具体资料如表4-6所示。

表4-6　去年同期销售资料

日销量（箱）	20	30	40
完成天数（天）	27	45	18

第一步：求概率

日销20箱概率＝27/（27+45+18）＝0.3

日销30箱概率＝45/（27+45+18）＝0.5

日销40箱概率＝18/（27+45+18）＝0.2

第二步：编制决策收益表，如表4-7所示。

表 4－7 收益值表

状态 \ 收益值（元）\ 概率	市场销售状态		
	20	30	40
	0.3	0.5	0.2
日进 20 箱	300	300	300
日进 30 箱	200	450	450
日进 40 箱	100	350	600

日进 20 箱市场需要 20 箱时的收益值 = 20 ×（35 − 20）= 300（元）

日进 20 箱市场需要 30 箱时的收益值 = 20 ×（35 − 20）= 300（元）

日进 20 箱市场需要 40 箱时的收益值 = 20 ×（35 − 20）= 300（元）

日进 30 箱市场需要 20 箱时的收益值 = 20 ×（35 − 20）− 10 ×（20 − 10）= 200（元）

日进 30 箱市场需要 30 箱时的收益值 = 30 ×（35 − 20）= 450（元）

日进 30 箱市场需要 40 箱时的收益值 = 30 ×（35 − 20）= 450（元）

日进 40 箱市场需要 20 箱时的收益值 = 20 ×（35 − 20）− 20 ×（20 − 10）= 100（元）

日进 40 箱市场需要 30 箱时的收益值 = 30 ×（35 − 20）− 10 ×（20 − 10）= 350（元）

日进 40 箱市场需要 40 箱时的收益值 = 40 ×（35 − 20）= 600（元）

第三步：求期望值：$E = PQ$。

日进 20 箱的期望值 $E_1 = 0.3 \times 300 + 0.5 \times 300 + 0.2 \times 300 = 300$（元）

日进 30 箱的期望值 $E_2 = 0.3 \times 200 + 0.5 \times 450 + 0.2 \times 450 = 375$（元）

日进 40 箱的期望值 $E_3 = 0.3 \times 100 + 0.5 \times 350 + 0.2 \times 600 = 325$（元）

第四步：决策（选择满意方案）。

$$\max\{E_1, E_2, E_3\} = E_2 = 375\text{（元）}$$

所以进 30 箱为满意方案。

③经理人员意见法。这种方法先征求部门经理的意见，再做出决策。如果企业要选择合适的供应商，可采用经理人员意见法。具体步骤是：

（a）征求采购、生产、技术、销售、财务等各部门经理人员意见，各经理按自己的标准给予不同评分。

（b）汇总，按评分淘汰一部分供应商。

（c）让各经理对剩下的供应商打分。

（d）经多次反复评分，直到选择合适的供应商。

此种方法需多次反复，耗费时间，可行性差。

④数学模型法。如果企业为了达到采购存储总费用最低的目的，就必须用经济批量模型计算最佳采购批量。值得注意的是，采用数学模型一定要注意使用条件。

⑤直接观察法。采购部门的决策者在对简单问题决策时，按一定的标准或按关键采购标准，淘汰不符合标准的方案，对符合标准的方案按优劣顺序及可行性排列，选择满意方案。

总之，根据决策问题的特点，选择一种方法或几种方法结合起来，能提高采购决策的正确性，减少采购风险。

(5) 实施与反馈

有了采购目标和满意的采购方案，还要制定具体的实施细则，以使采购方案得以实施。同时，还应注意收集、整理方案在实施过程中出现的新情况和新问题，进行必要的调整，以保证采购目标的实现。

最后，对采购方案的实施进行检查和分析。在实施与反馈过程中，应将实际执行情况与原定决策目标进行比较。上述采购决策程序，可用图 4－6 表示。

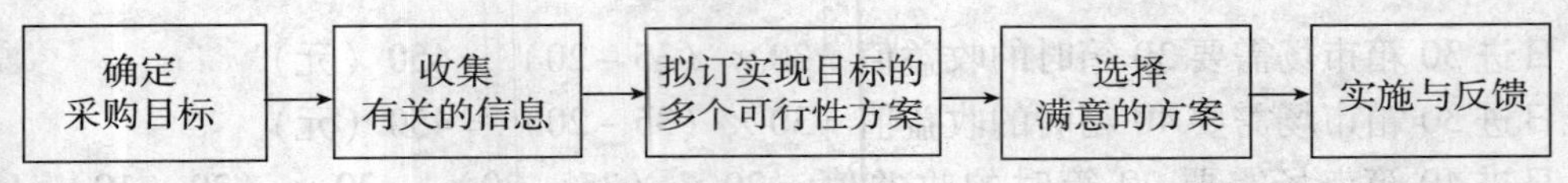

图 4－6 采购决策程序

决策误差的出现是不可避免的，误差产生的原因可以概括为两个方面：一是决策本身有漏洞；二是具体实施过程中的执行力。无论是什么原因，都应该确定改进的措施，为下一步的采购决策提供依据。

4.3 采购计划的制订与流程管理

实际的计划工作过程开始于从每年的销售预测、生产预测、经济预测中获得的信息。销售预测将提供关于材料需求、产品及采购后获得的服务等信息；生产预测将提供关于所需材料、产品、服务的信息；经济预测将提供用于预测价格、工资和其他成本总趋势的信息。

材料消耗量的估计分为月度和季度，将估计数据与库存控制数据进行核对，而库存控制数据的确定考虑了采购提前期及安全库存量。然后，将这些估计值与材料的价格趋势和有效的预测相联系，制订出采购计划。如果预计材料供应充足，价格可能下降，那么采购政策就可能是将库存减少到经济合理的最低水平。相反，如果预测到材料供应少，价格有上升的趋势，明智的采购政策将是确保持有足够的库存或合同，并且考虑购买期货的可能性。

4.3.1 制订采购计划的目的

采购计划是指企业管理人员在了解市场供求的情况下，以认识企业生产经营活动过程和掌握物料消耗规律为基础，对计划期内的物料采购活动所做的预见性的安排和部署。包括两部分内容：一是采购计划的制订；二是采购订单的制定。

制订采购计划是采购作业的第一步。采购计划是为了维持正常的产销活动，在某一特定时期内，确定应在何时购入何种物料的具体安排，在企业的产销活动中具有重要作用。

采购计划的编制应该达到如下目的：

（1）预计物料需用的时间和数量，防止供应中断，影响产销活动。

（2）避免物料储存过多，积压资金，占用库存空间。

（3）配合企业生产计划和资金调度。

（4）使采购部门事先准备，选择有利时机购入物料。

（5）确定物料的耗用标准，以便于管理物料的采购数量和成本。

4.3.2 影响采购计划的因素

1. 年度销售计划

在激烈的市场竞争中，企业根据市场销售情况确定生产经营规模。当市场没有出现供不应求时，企业的年度计划多以销售计划为起点；而销售计划的拟订，又受到销售预测的影响。

2. 生产计划

生产计划是规定企业在计划期内（年度）所生产产品的品种、质量、数量和生产进度以及生产能力的利用程度，它以销售计划为主要依据。生产计划是确定企业在计划期内生产产品的实际数量及其具体分布情况。其公式为：

$$预计生产量 = 预计销售量 + 预计期末存货量 - 预计期初存货量$$

生产计划决定采购计划，采购计划对生产计划的实现起物料供应保证作用。企业采购部门应积极参与生产计划的制订，提供各种物料的资源情况，以便于企业领导和计划部门制订生产计划时参考。企业制订的生产计划要相对稳定，以免出现物料供应不上或物料积压现象。

3. 用料清单

在企业中，特别是在高新技术行业中，为适应市场需求，产品研究开发层出不穷。用料清单难以做出及时修订，致使根据产量所计算出来的物料需求数量，与实际的使用量或规格不相符，造成采购数量过多或不足，物料规格过时或不易购得，从而影响企业的生产经营。因此，为保证采购计划的准确性，必须依赖最新、最准确的用料清单。

4. 存量管制卡

若产品有存货，则生产数量不一定等于销售数量。同理，若材料有库存数量，则材料采购数量也不一定等于根据用料清单所计算的材料需用量。因此，必须建立物料的存量管制卡，以表明某一物料目前的库存状况，再依据物料需求数量，并考虑采购物料的作业时间和安全存量标准，算出正确的采购数量，然后开具请购单，进行采购活动。由于应该采购的数量必须扣除库存数量，因此存量管制卡记载是否正确，将是影响采购计划准确性的因素之一。

5. 物料标准的设定

在编制采购预算时，因对将来拟采购物料的价格不易预测，所以价格多用标准成本替代，但由于多种原因很难保证其正确性。因此，标准成本与实际购入价格的差额，即是采购预算正确性的评估指标。

6. 劳动生产率

劳动生产率的高低将使预计的物料需要量与实际的耗用量产生误差，因此劳动生产率也会影响到采购计划的准确性。

7. 价格预期

在编制采购预算时，常对物料价格涨跌幅度、市场景气或萧条、汇率变动等进行预测，并将其列为调整预测的因素。

由于影响计划的因素很多，故采购计划拟订后，必须与产销部门保持经常性的联系，并针对现实情况做出必要的调整与修订，才能实现维持正常产销活动的目标，并协助财务部门妥善规划资金来源。

4.3.3 采购计划的编制

1. 采购认证计划

采购计划的制订需要具有丰富的采购计划经验、采购经验、开发经验、生产经验等复合知识的人才来担任，并且要和认证单位等部门协作进行。采购认证计划的主要环节有：准备认证计划、评估认证需求、计算认证容量、制订认证计划。

（1）准备认证计划

准备认证计划是采购计划的第一步，也是非常重要的一步。关于准备认证计划可以从5个方面进行详细的阐述。

①熟悉认证的物资项目。在拟订采购计划、与供应商接触之前，要熟悉认证的物料项目，包括该物料项目涉及的专业知识范围、认证的需要以及目前的供应状况。

②熟悉开发批量需求。要想制订比较准确的认证计划，首先要做的就是熟悉开发需求计划。目前开发批量物料需求通常有两种情形：一种是在以前或者是目前的采购环境中就能够发掘到的物料供应；另一种情形就是企业需要采购的是新物料，在原来形成的采购环境中不能提供，需要企业的采购部门寻找新物料的供应商。

③掌握余量需求。随着企业规模的扩大，市场需求也会变得越来越大，旧的采购环境容量不足以支持企业的物料需求，或者是因为采购环境有了下降趋势导致物料的采购环境容量逐渐缩小，这样就无法满足采购的需求。以上两种情况会产生余量需求，随之便产生了对采购环境进行扩容的要求。采购环境容量的信息一般是由认证人员和订单人员来提

供的。

④准备认证环境资料。通常来讲，采购环境的内容包括认证环境和订单环境两个部分。有些供应商的认证容量比较大，但是其订单容量比较小；有些供应商的情况恰恰相反，其认证容量比较小，但是订单容量比较大。产生这种情况的原因是认证过程本身是对供应商样件的小批量试制过程，这个过程需要强有力的技术力量支持，有时甚至需要与供应商一起开发。但是订单过程是供应商的规模化生产过程，其突出的表现就是自动化机器流水作业及稳定的生产、技术工艺已经固化在生产流程之中，所以订单容量的技术支持难度比起认证容量的技术支持难度要小得多。因此，我们可以看出认证容量和订单容量是两个完全不同的概念。企业对认证环境进行分析的时候一定要分清这两个概念。

⑤制订认证计划说明书。也就是把认证计划所需要的材料准备好，主要内容包括认证计划说明书（物料项目名称、需求数量、认证周期等），同时附有开发需求计划、余量需求计划、认证环境资料等。

(2) 评估认证需求

评估认证需求是采购计划的第 2 个步骤，从以下 3 个方面进行详细的阐述：

①分析开发批量需求。要做好开发批量需求的分析，需要分析批量的需求和掌握物料的技术特征等信息。开发批量需求的方法各种各样：

(a) 按照需求的环节，可以分为研发物料开发认证需求和生产批量物料认证需求。

(b) 按照采购环境，可以分为环境内物料需求和环境外物料需求。

(c) 按照供应情况，可以分为可直接供应物料和需要定做物料。

(d) 按照国界，可分为国内供应物料和国外供应物料。对于如此复杂的情况，计划人员应该对开发物料需求做详细的分析，必要时还应该与开发人员、认证人员一起研究开发物料的技术特征，按照已有的采购环境及认证计划经验进行分类。从以上所述可以看出，认证计划人员需要具备计划知识、开发知识、认证知识等，兼有从战略高度分析问题的能力。

②分析余量需求。首先要对余量需求进行分类。余量需求的产生来源：一是市场销售需求的扩大；二是采购环境订单容量的萎缩。这两种情况都导致了目前采购环境的订单容量难以满足用户需求的现象，因此需要增加采购环境容量。对于因市场销售量增加等原因造成的，可以通过市场及生产需求计划得到各种物料的需要量及时间；对于因供应商萎缩造成的，可以通过分析现实采购环境的总体订单容量与原定容量之间的差别得到。这两种情况的余量相加即可得到总的需求容量。

③确定认证需求。认证需求是指通过认证手段，获得具有一定订单容量的采购环境，它可以根据开发批量需求及余量需求的分析结果来确定。

(3) 计算认证容量

计算认证容量是采购计划的第 3 个步骤，主要包括以下 4 个方面的内容：

①分析项目认证资料。这是计划人员的一项重要业务，不同认证项目的过程及周期也是千差万别的。各种物料项目的加工过程各种各样，非常复杂。作为采购主体的企业，需

要认证的物料项目往往只有几种，熟练分析几种物料的认证资料是可能的。企业的物料采购计划人员要尽可能熟悉物料采购项目的认证资料。

②计算总体认证容量。在采购环境中，供应商订单容量与认证是两个不同的概念，有时可以相互借用，但存在着差别。在认证供应商时，一般要求供应商提供一定的资源用于支持认证操作，或者只做认证项目。

总之，在供应商认证合同中，应说明认证容量与订单容量的比例，防止供应商只做批量订单，不做样件认证。计算采购环境的总体认证容量的方法，是把采购环境中所有供应商的认证容量叠加，对有些供应商的认证容量需要加适当的系数。

③计算承接认证容量。供应商的承接认证容量等于当前供应商正在履行认证的合同量。认证容量的计算是一个相当复杂的过程，各种各样的物料项目的认证周期也不相同，一般是计算要求的某一时间段的承接认证量。最恰当最及时的处理方法是借助于信息系统，模拟显示供应商已承接认证量，以便认证计划决策使用。

④确定剩余认证容量。某一物料所有供应商群体的剩余认证容量的总和，称为该物料的认证容量。可以用下面的公式简单地进行说明：

物料认证容量 = 物料供应商群体总体认证容量 − 承接认证容量

这种计算过程也可以被电子化，一般物料需求计划系统不支持这种算法，可以单独创建系统。认证容量是一个近似值，仅做参考，认证计划人员对此不可过高估计，但它能指导认证过程的操作。

采购环境中的认证容量不仅是采购环境的指标，而且也是企业不断创新、维持持续发展的动力源。源源不断的新产品问世是认证容量价值的体现，由此能生产出各种各样的产品新部件。

(4) 制订认证计划

制订认证计划是采购计划的第 4 个步骤，主要包括以下 4 个方面的内容：

①对比需求与容量。物料认证需求与供应商对应的认证容量之间会存在差异。如果认证需要量小于认证容量，直接按照认证需求制订认证计划即可；如果认证需要量大大超出供应商容量，就要为剩余认证需求制订采购环境之外的认证计划，寻找新的供应环境和新的供应商。

②综合平衡。综合平衡就是指从全局出发，综合考虑生产经营、认证容量、物料生命周期等要素，判断认证需求的可行性，通过调节认证计划，来尽可能地满足认证需求，并计算认证容量不能满足的剩余认证需求。这部分剩余认证需求需要到企业采购环境之外的社会供应群体之中寻找。

③确定余量认证计划。指对于采购环境不能满足的剩余认证需求，应提交采购认证人员分析并提出对策，一起确认采购环境之外的供应商认证计划。采购环境之外的社会供应群体如没有与企业签订合同，那么制订认证计划时须特别小心，并由具有丰富经验的认证计划人员和认证人员联合操作。

④制订认证计划。这是认证计划的主要目的，是衔接认证计划和订单计划的桥梁。只

有制订好认证计划，才能根据该认证计划做好订单计划。

下面是认证物料数量以及开始认证时间的确定方法：

认证物料数量＝开发样件需求数量＋检验测试需求数量＋样品数量＋机动数量

开始认证时间＝要求认证结束时间－认证周期－缓冲时间

2. 采购订单计划

采购订单计划主要包括准备订单计划、评估订单需求、计算订单容量、制订订单计划4个环节。

（1）准备订单计划

①预测市场需求。市场需求是启动生产供应程序的原动力，要想制订比较准确的订单计划，首先必须掌握客户订单和市场需求计划。对客户订单和市场需求计划进行进一步分解便得到生产需求计划。企业的年度销售计划一般在上一年的年末制订，并报送至各个相关部门，同时下发到销售部门、计划部门、采购部门，以便指导全年的供应链运转，然后再进行目标分解。

②确定生产需求。生产需求对采购来说可以称为生产物料需求。生产物料需求的时间是根据生产计划而产生的，通常生产物料需求计划是订单计划的主要来源。采购计划人员需要熟知生产计划以及工艺常识，以利于理解生产物料需求。编制物料需求计划的主要步骤包括：决定毛需求；决定净需求；对订单下达日期及订单数量进行计划。

③准备订单环境资料。这是准备订单计划中一个非常重要的内容。订单环境是在订单物料的认证计划完毕之后形成的。订单环境的资料主要包括：订单物料的供应商消息；订单比例信息（对多家供应商的物料来说，每一个供应商分摊的下单比例称之为订单比例，该比例由认证人员产生并给予维护）；最小包装信息；订单周期，是指从下单到交货的时间间隔，一般以天为单位。

④制订订单计划说明书。也就是准备好订单计划所需要的资料，其主要内容包括：订单计划说明书（物料名称、需求数量、到货日期等）；附件有市场需求计划、生产需求计划、订单环境资料等。

（2）评估订单需求

评估订单需求是采购计划中非常重要的一个环节，只有准确地评估订单需求，才能为计算订单容量提供参考依据，以便制订出好的订单计划。主要包括以下3个方面的内容：

①分析市场需求。制订订单计划需要分析市场要货计划的可信度。因此，必须仔细分析市场签订合同的数量、还没有签订合同的数量（包括没有及时交货的合同）等一系列数据，同时考虑其他因素，对市场需求有一个全面的了解，才能制订出一个满足企业远期发展与近期实际需求的订单计划。

②分析生产需求。这是评估订单需求要做的工作。先要研究生产需求的产生过程，然后再分析生产需要量和要货时间。

③确定订单需求。根据对市场需求和对生产需求的分析结果，可以确定订单需求。订单需求的内容是指通过订单操作手段，在未来指定的时间内，将指定数量的合格物料采购

入库。

(3) 计算订单容量

若不能准确地计算订单容量，就不能制订出正确的订单计划。计算订单容量主要有以下4个方面的内容：

①分析供应资料。对于采购工作，在目前的采购环境中，所要采购物料的供应商信息是非常重要的一项信息资料。如果没有供应商供应物料，那么无论是生产需求还是紧急的市场需求，一切都无从谈起。可见，有供应商的物料供应是满足生产需求和紧急市场需求的必要条件。

②计算总体订单容量。总体订单容量是多方面内容的组合。一般包括两方面内容：一是可供给的物料数量，二是可供给物料的交货时间。举一个例子来说明这两方面的结合情况：供应商金城公司在11月30日之前可供应6万个特种开关（A型3万个，B型3万个），供应商佳华公司在11月30日之前可供应10万个特种开关（A型6万个，B型4万个），那么11月30日之前A型和B型两种开关的总体订单容量为16万个，A型开关的总体订单容量为9万个，B型开关的总体订单容量为7万个。

③计算承接订单容量。承接订单容量是指某供应商在指定的时间内已经签下的订单量。承接订单容量的计算过程较为复杂，例如：供应商金城公司在本月18日之前可以供给5万个特种开关（A型3万个，B型2万个），若是已经承接A型特种开关2.5万个，B型1.5万个，那么对A型和B型开关已承接的订单量为：A型2.5万个+B型1.5万个=4万个。有时在各种物料容量之间进行借用，并且存在多个供应商的情况下，其计算比较复杂。

④确定剩余订单容量。剩余订单容量是指某物料所有供应商群体的剩余订单容量的总和。可用下面的公式表示：

剩余订单容量=物料供应商群体总体订单容量-已承接订单量

(4) 制订订单计划

制订订单计划是采购计划的最后一个环节，也是最重要的环节。主要包括：对比需求与容量、综合平衡、确定余量、认证计划。

订单计划做好之后就可以按照计划进行采购工作。一份订单包含的内容有下单数量和下单时间两个方面。

下单数量=生产需要量-计划入库量-现有库存量+安全库存量

下单时间=要求到货时间-认证周期-订单周期-缓冲时间

4.4 采购预算

4.4.1 采购预算概述

1. 采购预算的概念

所谓预算就是一种用数量来表示的计划，是将企业未来一定时期内经营决策的目标通过有关数据系统地反映出来，是经营决策具体化、数量化的表现。

传统采购预算的编制是将本期应购数量乘以各项物料的购入单价，或者按照物料需求计划（MRP）的请购数量乘以标准成本，即可获得采购金额预算。为了使预算对实际的资金调度具有意义，采购预算应以现金基础编制，也就是说，采购预算应以付款的金额来编制，而不以采购的金额来编制。预算的时间范围要与企业的计划期保持一致，绝不能过长或过短。

为了能够规划出与企业战略目标相一致的可实现的最佳预算，管理者应该和部门主管就目标积极展开沟通，调查要求和期望，考虑假设条件和参数的变动，制订劳动力和资金需求计划并要求各部门提供反馈，从而制定出切实可行的采购预算。

为了使预算更具有灵活性和适应性，以应对意料之外的可能发生的不可控事件，企业在预算过程中应当尽量做到：采取合理的预算形式；建立趋势模型；用滚动预算的方法，以减少预算的失误及由此带来的损失。

2. 编制预算的原则

①实事求是。

②积极稳妥，留有余地。

③比质比价。

4.4.2 采购预算编制的方法与流程

1. 编制预算的方法

编制预算的方法很多，这里主要介绍概率预算、零基预算和弹性预算三种方法。

（1）概率预算

在编制预算过程中，涉及的变量很多，如业务量、价格、成本等。企业管理者在编制预算时，不能十分精确地预见这些因素在将来会发生何种变化，以及变化到何种程度，而只能大体估计出它们发生变化的可能性（即概率），从而近似地判断出各种因素的变化趋势、范围和结果，然后对各种变量进行调整，计算出可能值的大小。这种利用概率（即可能性的大小）来编制的预算，即为概率预算。

概率预算必须根据不同的情况来编制，大体上可分为以下两种情况：

第一，销售量的变动与成本的变动没有直接联系，这时只要利用各自的概率分别计算出销售收入、变动成本、固定成本的期望值，然后直接计算利润的期望值。

第二，销售量的变动与成本的变动有直接联系，这时用计算联合概率的方法来计算利润的期望值。

（2）零基预算

零基预算是指在编制预算时，对所有的预算项目均不考虑以往的情况，一切以零为起点，完全根据未来一定期间生产经营活动的需要和每项业务的轻重缓急，如实确定每项预算是否有支出的必要和支出数额大小的一种预算编制方法。

传统的调整预算编制方法虽然比较简单，但是原来不合理的费用开支往往会继续存在下去，造成预算的浪费或者预算的不足。零基预算的编制方法与传统的预算编制方法截然不同。它在确定任何一项预算时，完全不考虑前期的实际水平，只考虑该项目本身在计划期内的重要程度，以零为起点确定预算的具体数据。其编制方法，大致可分为以下3步：

①拟定预算目标。各相关部门根据企业的目标和本部门的具体任务，对可能发生的费用项目逐一考证其支出的必要性和需要额，编写各费用项目的方案。

②进行成本—效益分析。这里所说的成本—效益分析，主要是指对所提出的每一个预算项目所需要的经费和所能获得的收益，进行计算和对比，利用对比的结果来衡量和评价各预算项目的经济效益，然后权衡其重要性，列出各项目的先后次序。通常由企业的主要负责人、总会计师等人员组成的预算委员会，负责对各部门提出的费用项目进行成本—效益分析。

③按照所确定的结果，结合计划期内可动用的资金来源分配资金，落实预算。

零基预算的特点是一切费用预算额以零为起点，不受现行预算框架的束缚，能充分调动各级管理人员的主观能动性，促使各级管理人员精打细算、量力而行，把有限的资金切实用到最需要的地方，以保证整个企业的良性循环，提高整体的经济效益。但该预算编制方法一切支出均以零为起点来进行分析、研究，因而工作量太大，而且一个企业如何把许多不同性质的业务按照其重要性进行排序是很困难的，不可避免地会带有某些主观随意性。因此，在实际预算工作中，可若干年进行一次零基预算，以后几年内则略做适当调整。目前，我国大多数企业的费用开支浪费很大，因此在做预算时，可以考虑使用这种方法。

（3）弹性预算

弹性预算又称变动预算，是在编制预算时，考虑到计划期间的各种可能变动因素的影响，编制出一套适应多种业务量的预算。由于这种预算随着业务量的变化而做出相应的调整，具有伸缩性，因此称做弹性预算。

编制弹性预算，首先要确定在计划期内业务量的可能变化范围。在具体编制工作中，对一般企业而言，其变化范围可以确定在企业正常生产能力的70%～80%，其间隔取为5%或10%，也可取计划期内预计的最低业务量和最高业务量为其下限和上限。其次要根据成本形态，将计划期内的费用划分为变动费用和固定费用。在编制弹性预算时固定费用

在相关范围内不随业务量的变动而变动，因而不需要按照业务量的变动来进行调整。而对变动费用，则要按照不同的业务量水平分别进行计算。

弹性预算一般用于编制弹性成本预算和弹性利润预算。弹性利润预算是对计划期内各种可能的销售收入所能实现的利润所做的预算，它以弹性成本预算为基础。

（4）滚动预算

滚动预算又称连续预算，其主要特点是预算期随着时间的推移而自行延伸，始终保持一定的期限（通常为一年）。当年度预算中某一季度（或月份）预算执行完毕后，就根据新的情况进行调整和修改后几个季度（或月份）的预算。其基本特征如图 4－7 所示。

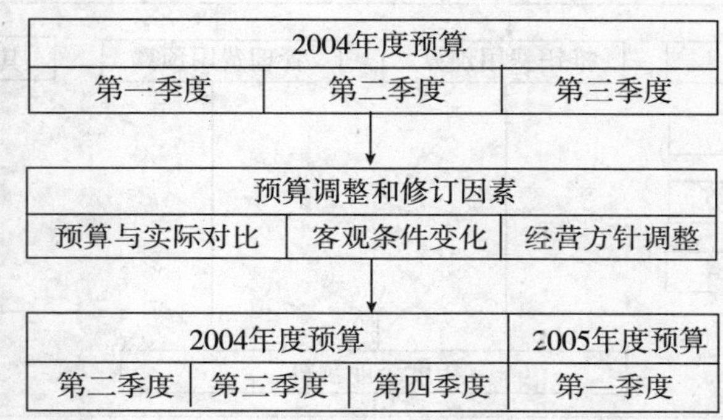

图 4－7　滚动预算的特征

滚动预算的理论根据是：企业的生产经营活动是延续不断的，因此预算也应该全面地反映这一延续不断的过程。另外，现代企业的生产经营活动是复杂的，随着时间的推移，它将产生难以预料的结果。滚动预算在执行过程中可以结合新的信息，对其不断进行调整与修订，使预算与实际情况能更好地相适应，有利于充分发挥预算的指导和控制作用。

2. 编制预算的业务流程

以制造业而言，通常业务部门的营销计划为年度经营计划的起点，然后制订生产计划。生产计划包括采购预算、直接人工预算及制造费用预算。由此可见，采购预算乃是采购部门为配合年度的销售预测或生产数量，对需求的原料、物料、零件等的数量及成本做翔实的估计，以利于整个企业目标的达成。所以，采购预算的编制必须以企业整体预算制度为依据。采购预算的编制有一定的流程与步骤，如图 4－8 所示。

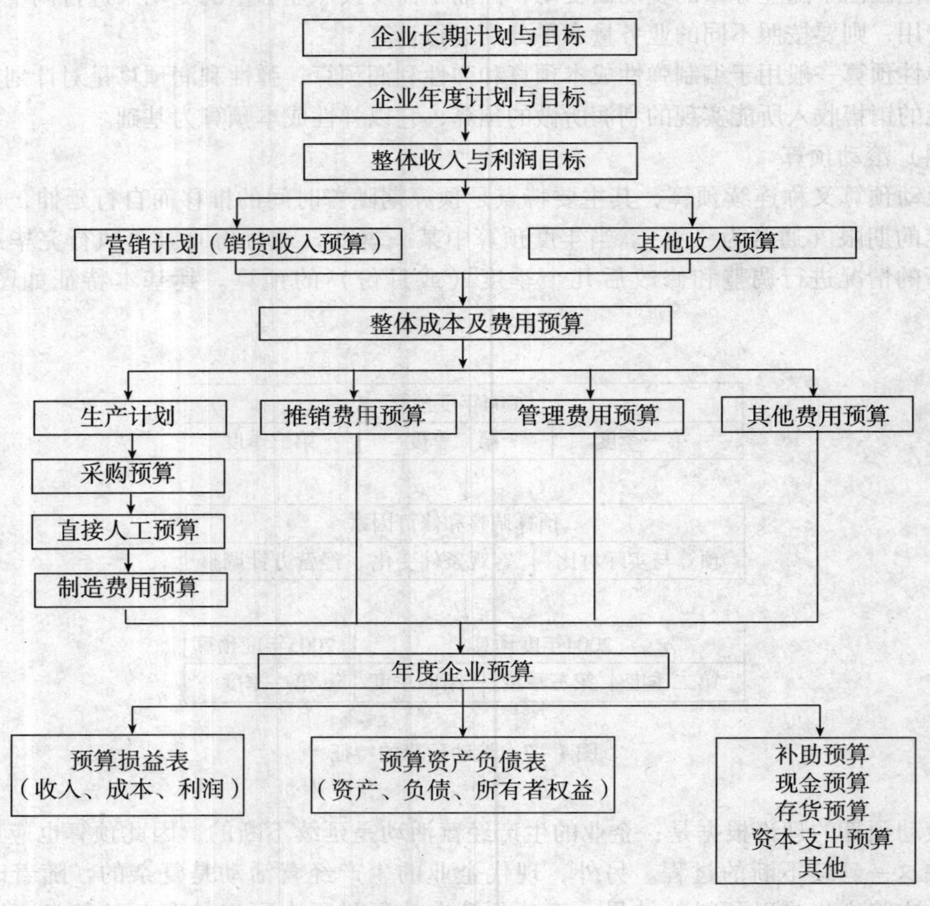

图 4－8　采购预算编制流程

本章小结

本章介绍了采购业务实施流程中采购调查、订单计划的编写、采购需求的确定、采购预算的编制等内容。编制采购计划主要包括采购计划的制订和采购订单的制定两个方面，重点介绍了采购认证计划和订单计划的编制方法以及确定采购数量的计算方法；编制采购预算是实施采购作业前的一项重要工作，主要阐述了采购预算的概念、编制原则及采购预算的编制方法。

思考题

1. 影响采购计划的主要因素有哪些?
2. 简述采购计划的编制程序。
3. 采购预算编制的方法有哪几种?
4. 简述采购决策的特点和作用。

5 采购价格策略

5.1 价格要素

5.1.1 价格的意义

物品或服务的交换价值以货币表示的特定数额，即为价格。基本上来说，价值高者，价格亦较高；反之亦然。但是“价值”是主观的效用认定，相同的东西针对不同的人，在不同的时间或地点有不同的效用，因此“价格”也会因人、因时、因地而波动变化。

5.1.2 价格的基本原则

所谓价格的基本原则，就是要决定适当的价格（Right Price）的基本要求。

就买卖双方长期的合作、互利关系来看，决定适当价格的基本原则应该是：公平、合理。

（1）公平的原则，表示买卖双方在交易当中地位平等，双方对价格的决定都有影响力，而非单方的意见。

（2）合理的原则，表示最后议定的价格，都为买卖双方所乐于接受，价格水准符合当时市场的行情。

5.1.3 影响采购价格的因素

采购价格的高低受各种因素的影响。对于国内采购而言，尽管商业环境、地区、时间与人力关系等方面有所不同，但其价格变动还是比较易于预测与控制。对于国外采购而言，世界各地市场的供应关系以及其他许多因素，包括规格、服务、交货期限、运输及保险等，都对价格有相当大的影响。其中最主要的影响因素有以下七点：

1. 供应商成本的高低

这是影响采购价格最根本、最直接的因素。供应商进行生产的目的是获得一定利润，因此，采购价格一半在供应商成本之上，两者之差即为供应商的利润，供应商的成本是采购价格的底线。尽管经过谈判供应商大幅降价的情况时常出现，但这只是因为供应商报价中水分太多的缘故，采购价格的高低不是全凭双方谈判随心所欲而决定。

2. 规格与质量

采购企业对采购品的规格和质量要求越复杂，采购价格就越高。采购人员应首先确保采购物品能满足本企业的要求，质量能满足产品的设计要求，千万不要只追求价格最低，而忽略了质量。

3. 采购物品的供需关系

当企业需采购的物品为紧俏商品时，则供应商处于主动地位，它会趁机抬高价格；当企业所采购的商品供过于求时，则采购企业处于主动地位，可以获得最优惠的价格。

4. 生产季节与采购时机

当企业处于生产的旺季时，对原材料需求紧急，因此不得不承受更高的价格。避免这种情况的最好办法是提前做好生产计划，并根据生产计划制订相应的采购计划，为生产旺季的到来提前做好准备。

5. 采购数量

如果采购数量大，采购企业就会享受供应商的数量折扣，从而降低采购的价格。因此，大批量、集中采购是降低采购价格的有效途径。

6. 交货条件

交货条件也是影响采购价格非常重要的因素，交货条件三要包括运输方式、交货期的缓急等。如果货物由采购方承运，则供应商就会降低价格，反之就会抬高价格。有时为了争取提前获得所需货物，采购方会适当抬高价格。

7. 付款条件

在付款条件上，供应商一半都规定有现金折扣、期限折扣，以刺激采购方提前用现金付款。

5.1.4 价格决定的基础

1. 成本加成法（Cost Plus Pricing）

此即供应商以其提供之物品或服务，所必须投入的成本总额（包括材料、器具损耗，人员制作或服务时间、运输、管理费用及税捐等），加计预期的利润成数（Mark－up）而订定。此定价方式，即俗称的“特本求利”。但是卖方削价求售时，其定价可能只吸收一部分成本而非全部成本。以国内采购电子电话交换机为例，1989 年 8 月由议价改为公开招标之前，行政院核定的“交通部电信总局订定采购电话交换机依成本加利润订价准则”规定办理，成本包括本地制造器材成本、进口器材成本、工程设计成本、安装成本及其他成本；利润则由顾问参考国内外相关行业的利润率、市场利率、风险因素及考虑预付款条件等因素，审慎研订，提出建议，报请交通部核定。

2. 市价法（Market Pricing）

此即价格是以供需双方的关系而订定。卖方市场（Seller's Market）时，价格趋上，供应商可能获取暴利，只要“一个愿打、一个愿挨”，交易仍然顺利进行。反之，买方市场（Buyer's Market）时，供应商也会“血本无归”。由于供需变化无常，价格往往脱离成本基础，暴起暴落，甚至出现“一日三市”的现象。

以国际油价为例，虽然石油的成本没有太大差异，但是在供不应求时，每桶原油的售价可高达40美元以上；供过于求时，亦可跌至20美元以下。可见油价的起伏，完全视市场供需力量而定；石油输出国家为求自身之利益，有时甚至不遵守协议（目标）价格，恣意随市况抬高或降低售价。

3. 投资报酬率法（Rate of Return on Investment）

此即价格是按投资额的预期报酬率，加计其他成本而订。这是经营者理想的定价方法，除非对销售能做有效的管制，例如独占事业或专利品，否则难以适应市场竞争。

以台电公司之电价而言，台电调整电价的依据一向是看投资报酬率。若投资报酬率未达9.5%，电价即涨；如果超过32%，电价即跌。台电于1973—1981年，曾六度以此为由达到涨价目的。但是，迄今无投资报酬率超过12%而降价的纪录。从1984年迄今，电价数次降价，台电系以“不违反国外债信的原则下，投资报酬率未达9.5%，也可降价”为由。至此，投资报酬率已与台电电费计价公式脱节，展示此一订价方法不合时宜，亟待检讨修正。

5.1.5 采购价格的种类

依据不同的交易条件，采购价格会有不同的种类。采购价格一般由成本、需求以及交易条件决定，包括送达价、出厂价、现金价、期票价、净价、毛价、现货价、合约价、实价等。

1. 送达价

送达价系指供应商的报价当中包含负责将商品送达超市的仓库或指定地点时，期间所发生的各项费用均由供应商承担。以国际而言，即到岸价加上运费（包括在出口厂商所在地至港口的运费）和货物抵达买方之前的一切运输保险费，其他有进口关税、银行费用、利息以及报关费等。这种送达价通常由国内的代理商，以人民币报价方式（形同国内采购），向外国原厂进口货品后，售与买方，一切进口手续皆由代理商办理。

2. 出厂价

出厂价指供应商的报价不包括运送责任，即由超市雇用运输工具，前往供应商的仓库提货。这种情形通常出现在超市拥有运输工具或供应商加计的运费偏高时，或当卖方市场时，供应商不再提供免费的运送服务。

3. 现金价

现金价指以现金或相等的方式支付货款，但是“一手交钱，一手交货”的方式并不多见。按零售行业的习惯，月初送货，月中付款或月底送货，下月中付款，即视同现金交易，并不加计延迟付款的利息，现金价可使供应商免除交易风险，超市亦享受现金折扣。例如，在美国零售业的交易条件若为2/10、n/30，即表示十天内付款可享受的折扣，否则30天内必须付款。

4. 期票价

期票价指超市以期票或延期付款的方式来采购商品。通常超市会加计迟延付款期间的利息于售价中。如果卖方希望取得现金周转，会将加计的利息超过银行现行利率，以使供应商舍期票价取现金价，另外，从现金价加计利息变成期票价，有用贴现的方式计算价格。

5. 净价

净价指供应商实际收到的货款，不再支付任何交易过程中的费用，这点在供应商的报价单条款中，通常会写明。

6. 毛价

毛价指供应商的报价，可以因为某些因素加以折让。例如，供应商会因为超市采购金额较大，而给予超市某一百分率的折扣。如采购空调设备时，商家的报价已包含货物税，只要买方能提供工业用途的证明，即可减免增值税 50%。

7. 现货价

现货价指每次交易时，由供需双方重新议定价格，若签订有买卖合约，亦以完成交易后即告终止。在超市众多的采购项目中，采用现货交易的方式最频繁；买卖双方按交易当时的行情进行，不必承担预立约后价格可能发生的巨幅波动的风险或困扰。

8. 合约价

合约价指买卖双方按照事先议定的价格进行交易，合约价格涵盖的期间依契约而定，短的几个月，长的一两年。由于价格议定在先，经常造成与时价或现货价的差异，使买卖时发生利害冲突。因此，合约价必须有客观的计价方式或定期修订，才能维持公平、长久的买卖关系。

9. 实价

实价指超市实际上所支付的价格。特别是供应商为了达到促销的目的，经常提供各种优惠的条件给买方，例如数量折扣、免息延期付款、免费运送等，这些优待都会使超市的采购价格降低。

5.2 采购价格信息调查

一个企业所需使用的原材料，少的有八九种，多的有万种以上，按其性质划分，可分为“高价物品”、“中价物品”与“低价物品”三类。如果有人问：“怎样才能够有效降低采购成本?”正确的回答应是：“要做好采购价格调查!”由于采购物资种类繁多，规范复杂，有关采购价格资料的收集、调查、登记、分析十分困难。采购材料规格有差异，价格就可能相差悬殊。

5.2.1 调查的主要范围

在大型企业里，原材料种类不下万种，但限于人手，要做好采购价格调查，却又谈何容易。因此，企业要了解帕累托定理里所说的“重要少数”，就是通常数量上仅占10%的原材料，而价值却占全体总值的70%～80%。假如企业能掌握住80%左右价值的“重要少数”，那么，就可以达到控制采购成本的真正效益，这就是重点管理法。

根据一些企业的实际操作经验，可以把下列6大项目列为主要的采购调查范围：

（1）选定主要原材料20～30种，其价值占全部总值的70%～80%以上。

（2）常用材料、器材属于大量采购项目的。

（3）性能比较特殊的材料、器材（包括主要零配件），一旦供应脱节，可能导致生产中断的。

（4）突发时间紧急采购。

（5）波动性物质、器材采购。

（6）计划外资本支出、设备器材的采购，数量巨大、影响经济效益深远的。

上面所列6大项目，虽然种类不多，但却是所占价值的比例很大，或影响经济效益甚广的。其中（1）、（2）、（5）三项，应将其每日行情的变动记入记录卡（如表5－1所示），并于每周或每月做一个“周期性”的行情变动趋势分析。由于项目不多，而其金额又占全部采购成本的一半以上，因此必须做详细细目调查的记录。至于（3）、（4）、（6）三项，则属于特殊性或例外性采购范围，价格差距极大，也应列为专业调查的重点。

表5－1　　调查记录卡

原材料名称	今日价格	昨日价格	增减幅度（%）	上周价格	上月价格

制表人：　　　　日期：

在一个企业中，为了便于了解占总采购价值80%的“重要少数”的原材料价格的变动行情，应当随时记录，真正做到了如指掌。

5.2.2 信息收集方式

据统计，采购人员约有27%的时间从事收集，足见采购信息的重要性。信息收集可

分为三类：

1. 上游法

上游法即了解拟采购的产品是由哪些零部件或材料组成的，换言之，查询制造成本及产量资料。

2. 下游法

下游法即了解采购的产品用在哪些地方，换言之，查询需求量及售价资料。

3. 水平法

水平法即了解采购的产品有哪些类似产品，换言之，查询替代品或新供应商的资料。

5.2.3 信息收集渠道

信息的收集，常用的渠道有：

（1）杂志、报纸等媒体。

（2）信息网络或产业调查服务业。

（3）供应商、顾客及同业。

（4）参观展览会或参加研讨会。

（5）加入协会或公会。

不过由于商情范围广阔，来源复杂，加之市场环境变化迅速，必须筛选正确有用的信息以供决策。

最近几年，随着我国国际贸易的发展，企业对于国外采购信息的需求越来越迫切，除依赖企业派人亲赴国外收集，亦可利用外贸协会信息处资料收集组的书刊（名录、企管新知、电话簿、统计资料、市调、报告等）、期刊（报纸、杂志）、非文字资料（录音带、录像带、磁盘等）及其他小册子、宣传品、新书通告、DM 等。此外，国外驻中国使馆或文化经济交流协会等机构，也能提供采购商情。而通过互联网也能更为直接地阅览国外产品的信息。

5.3 价格谈判的程序

采购人员的主要工作之一，就是要降低成本，因此必须懂得价格谈判。价格谈判的程序一般包括询价、报价、比价、议价等几部分。

5.3.1 询价

1. 采购询价内容

为了避免日后造成采购方与供应商在质量认证等方面的差异，对于询价时应提供资料的准备绝不能马虎，应提供给供应商足够的资料，因为完整及正确的询价文件可帮助供应商在最短时间提出正确、有效的报价。一个完整的询价文件至少应该包括下列几个主要部分（如图5－1所示）。

采购询价内容：
1. 询价项目的品名与料号
2. 询价项目的数量
3. 询价项目的规格书
4. 询价项目的质量要求
5. 询价项目的报价基础要求
6. 买方的付款条件
7. 询价项目的交期要求
8. 询价项目的包装要求
9. 运送地点与交货方式
10. 采购人员与技术人员的姓名及联络方式
11. 供应商的报价到期日
12. 保密协定的签署
13. 询价项目的售后服务与保证期限要求

图5－1　采购询价内容

（1）询价项目的品名与料号

询价项目的品名与料号是在询价单上必备的最基本资料。供应商必须知道品名及其所代表的料号，这也是买卖双方在日后进行后续追踪的一个快速查询以及检索的依据。品名的书写应尽量能从其字面上看出产品的特性与种类。对每个客户料号都有其独特的代表性，料号中一个位数的不同可能会导致版本的不同，甚至可能变成另一个产品的料号，因此，在使用上要特别注意其正确性。

（2）询价项目的数量

通常供应商在报价时都需要知道买方的需求量，因为采购量的多少会影响到价格的计算。数量信息通常包括：年需求量、季需求量甚至月需求量；每一次下单的大约订购数量；不同等级的需求数量；产品生命周期的总需求量等。除了让供应商了解需求量及采购的形态外，也可让供应商分析其自身生产能力。因此，对需求量的信息应实事求是地与供应商沟通，同时采购方也可拿出市场预测来说服供应商，如此才能达到长期配合、持续供货的目的。

（3）询价项目的规格书

规格书是描述采购产品质量的工具，应包括最新版本的工程图、测试规格、材料规格、样品等有助于供应商报价的一切信息。如果是国际采购，应附上国际通用语言——英文的译名以利于沟通。如果可以利用电子档案方式提供工程图，则必须询问供应商接受的程度，在提供时应注意以国际通用的档案格式，以方便供应商转换存档。

（4）询价项目的质量要求

采购经理很难单独使用一种方式便能完整表达对产品或服务的质量要求，应该依据产品或服务的不同特性，综合使用数种方式进行。表达询价项目质量规范要求通常可以使用

表5－2几种方式。

表5－2　询价项目质量规范要求表述方式

方式	说　明
品牌	使用品牌的产品对采购而言不仅能节省采购时间、降低采购费用，同时也能降低品质检验的手续，因为只需确认产品的规格，数量即可。不过，品牌产品价格通常也比较高，购买数量不多时使用品牌方式采购反而比较有利
同级品	同级品指的是具有能达到相同功能的产品，是否允许使用可替代的同级品报价也应在询价时注明，使用同级品必须得到使用单位的同意
商业标准	商业标准对于产品的尺寸、材料、化学成分、制造工艺等都有一个共同的完整描述。对于一般标准零件、电子零配件，使用商业标准可以免除对品质的误解
材料与制造方法、规格	对材料或制造方法有特定的要求时，必须注明其适用的标准
性能或功能、规格	此类规格较常用于采购高科技产品以及供应商先期参与的情况。供应商只被告知产品所需要达到的性能或功能，至于如何制作才能达到要求的细节部分则留给供应商来解决
工程图	工程图最能用来描述所需要产品的品质
市场等级	通常用于如木材、农产品，烟草，食品等方面的品质要求，由于市场等级的划分界限无法很明确地被一般人所辨识，采购人员通常会被要求具有鉴定所购产品属于何种市场等级的能力
样品	样品对供应商了解买方的需求有很大的帮助，尤其是对颜色，印刷与市场等级的要求上使用得比较普遍
工作说明书	一份完整的工作说明书除了简单明了外，对于所应达到的工作品质也应尽量以量化的方式来规范其绩效的评估。工作说明书的内容必须保障买方能获得满意的服务，也同时要保留足够的弹性，让供应商发挥创造工作上的附加价值

(5) 询价项目的报价基础要求

报价基础通常包括报价的币值与贸易条件，国内买卖比较单一，通常都以人民币交易，贸易条件不是以出厂价就是以到厂价来计算。国际贸易则比较复杂，报价币值方面供应商多以美元为计价基础，至于是否以采购当地币值计价，则视汇率的稳定与否有弹性而定。

国际贸易通常的贸易条件有 Ex－Work（工厂交货）、FOB（船上交货）、FAS（船边交货）或 CIF（运保费在内交货）等，在不同条件下，买卖双方所负担的责任风险是不同的。在 FOB 条件下，卖方必须负担装船的风险，但买方则需负责船运、海险等费用。在 CIF 条件下，卖方除了必须负担装船的风险，还要负担货物运至指定目的港口所需的运费及保险费。

（6）买方的付款条件

有关付款条件，虽然买卖双方都有各自的公司政策，买方希望付款时间越晚越好；相反，卖方希望付款时间越早越好。买方有义务让卖方了解其公司内部的标准付款条件，卖方也可在报价时提出不同的要求，最后的付款条件则需买卖双方协议后确定。

处于买方市场时，在竞争性市场中供给超过需求，货品和服务可容易地被取得，商业的经济力量倾向于导致价格接近采购的预估价值，买方通常能以较优惠的付款条件要求卖方配合。但处于卖方市场时，因为需求超过供给甚多，情况则恰好相反，卖方一般会选择较短的付款期来要求买方，如选择货到付款或预付货款。

另外，对于付款条件尚需要明确注明其付款起算日。

（7）询价项目的交期要求

交期的要求包括买方要求卖方需要多少时间来准备样品、采购产品需要的时间、正常时间下单生产及第一批小量生产所需要的时间。供应商虽然可配合买方的要求，不过交期的长短关系着采购产品的价格，买方应视实际需要提出要求，而非一味地要求及时供货。

（8）询价项目的包装要求

包装方式在供应商估算价格时占有很大的比重，除了形状特殊或体积庞大的客户定制品外，供应商都有固定使用的包装材料。如果没有另外提出特殊的包装要求，供应商都会以其标准的包装方式来进行估价。

（9）运送地点与交货方式

运送地点的国家、城市、地址及联络电话与传真都必须要清楚地告诉供应商。国内买卖的交货方式常以铁路、公路为主，国际采购中的运送地点与交货方式则决定了价格的计算，而且随运送距离的远近会有不同的计费方式。

（10）采购人员与技术人员的姓名及联络方式

如果采购的项目复杂且技术性较强，则需将采购人员与技术人员的姓名及联络方式告诉供应商，以供咨询，澄清规格要求。联络电话以公司的电话为宜，尽量避免透露采购人员或技术人员家里或私人的电话号码，防止供应商可能在私下互相授受的嫌疑。

（11）供应商的报价到期日

为了方便采购比价，应该让供应商对报价的到期日有所了解，对于较复杂的产品，应该给予供应商足够的时间进行估价。

（12）保密协定的签署

在一些新产品开发的询价上，由于牵涉业务机密，为了不让竞争对手知道而错失商机，在对外询价时会让供应商签署一份保密协定，要求供应商在规定的年限内不能将新产品计划的名称，采购数量预测，询价的技术要求、规格、图纸等信息向外界透露。

（13）询价项目的售后服务与保证期限要求

在采购一些机器设备，如冲床、测试仪器、半导体封装设备等时，供应商一般都会提供基本的售后服务与保证期限。如果此时有特殊要求应明确提出，因其牵涉采购总成本。

2. 采购询价的方式

采购人员询价通常有口头与书面询价两种方式，具体如下：

（1）口头询价

采购人员以电话、电子邮件或当面向供应商说明采购商品的品名、规格、单位、数量、交货期限、交货地点、付款及报价期限等资料。

口头询价的方式相当便捷，可以免除以书面方式询价所需耗费的邮寄时间；不过，询价的商品应以双方经常交易，且规格简单、标准化者为宜。

（2）书面询价

鉴于口头询价可能发生语言沟通上的错误，且口说无凭，若将来发生报价或交货规格上的差错，不但浪费时间，也容易引起交易纠纷。因此，对于规格复杂且不属于标准化的产品，应采用书面询价为宜。但为了节省双方通信时间，目前许多公司皆使用传真机或电脑将询价单送发给供应商，不但翔实而且快速。

在询价的过程中，为使供应商不致发生报价上的错误，通常采购人员应简附辅助性的文件，例如商品规格书、商品分期运送的数量明细表。

询价单的参考格式如表 5－3 所示。

表 5－3　询价单

编号

请购编号	商品编号	规格说明	单位	数量	附注

1. 报价须知

（1）交货期限：□①需于　年　月　日以前交清

□②订购后　天内交清

（2）交货地点：

（3）付款办法：□交货验收合格后付款　□交货后 3 个月内付款

（4）订购方法：□①分项订购　□②总金额为准

2. 报价期限

上面报价单请于　年　月　日以前报价以便洽购为荷。

注：报价有效期间请保留至上列日期算起 10 天以上。

○○○○超市　　采购课

地址：

电话：　　　　年　月　日

5.3.2 报价

1. 采购报价的原则

供应商接到询价单后，会做出报价。报价可以说是采购行为的第一步。就采购诱因的观点来看，有供应商主动报价的，有因顾客需求而超市主动寻求报价的，也有因超市本身商品结构的需要而寻求报价的，因此，可将报价归纳为主动报价及被动报价两种情况。就国内目前的商业环境而言，供应商主动报价大约占了90%，超市主动询价大约只占10%。然而这种做法并非十分正确，超市采购人员应有主动出击寻求质优价廉的供应来源的能力与意愿。因此，超市设计采购制度时，应预留一点弹性空间，让采购人员充分发挥，千万别过分限制，这样才能制定出良好且健全的采购标准。

不过，真正能做好采购业务的人才尚属凤毛麟角，这导致超市很难放心地把采购业务授权，甚至设置重重障碍。要打破这种现象，还需要超市以耐心、决心培养采购人才，而采购人员也应随时加以进修，强化自己的商品知识、营销技巧及管理知识。只有这样，超市才能安心授权，让采购人员真正发挥长处，使企业获利。

而从另一个角度——采购来源来看，产品有国内产品、国外产品之区分；此外，还可分为刚上市的新品及已上市的商品，可见报价的商品极为复杂。以下列举几个接受报价的原则供参考：

（1）分类报价原则。将不同类的商品分开处理。

（2）定期报价原则。每周定一天或两天为报价日，接受供应商报价。

（3）资料齐全原则。接受报价时，应把商品的基本资料建立齐全，故必须详细规定供应商应提供哪些资料。

（4）报价单规范化原则。各部门所采用的报价单要规范化，以利管理。

（5）样品提供与保管原则。接受供应商报价时最好要求供应商提供实物样品，以便采购人员判断商品质量，同时还要存档一份，作为质量基准。

2. 采购报价的方式

采购报价的方式有以下两种具体形式：

（1）口头报价

口头报价是由供应商以电话或当面向采购人员说明报价内容。报价的商品则是买卖双方经常交易、规格简单且不易产生错误的商品。这种报价方式系基于双方的互信，“言出必行”，可以节省书面报价所必需的书写或邮寄时间。

（2）书面报价

供应商以自备的报价单或超市采购部门的投标单或报价单，将价格、交货日期、付款方式、交货地点等必要资料填入后，寄给超市采购部门；但金额较大时，有些公司规定报价单必须以密封方式，寄给稽核或财务单位，以便将来公司拆封比价。

若以供应商报价的内容而言，可分为：

①确定报价。它是指在报价有效期限内，一经买方承诺，交易行为即告确立。因此发

出确定报价的各项条件，即成为日后买卖契约的主要内容。

②附有条件报价。此种报价通常是指卖方的价格可随时变更，无须通知买方，或报出价格，须经过卖方确认后才能生效；或当卖方以一批货物同时向两个以上顾客报价，如其中一人接受，对其他买主的原报价或任何其他附带条件的报价即失效力。

5.3.3 比价

比价主要是指把供应商的报价与采购的底价，供应商过去的报价，供应商商品的成本以及其他供应商的价格相比较，以全面地了解供应商的价格，判断其价格是否合理。

1. 与超市底价相比较

所谓底价就是超市打算支付的最高采购价格。底价的制定使采购人员对价格的确定与取舍有据可依，但是底价的制定往往需要超市内部数位很懂行的人士甚至聘请超市外部的专家来完成，许多中小超市无法做到。底价制定得太高或太低对超市都不利，若制定得太低，很多本来可以入围的优秀供应商被拒之门外，这样超市就会丧失很多机会成本；若底价制定得太高，就失去了制定底价的意义。一个合理底价的制定不仅需要制定人有丰富的与商品相关的知识，还要尽可能多地收集相关材料，譬如参考类似商品中的购买价格、参考专业期刊公布的价格、上因特网查询、从中立的采赊调查研究机构获取等。

2. 与其他供应商的价格相比较

可能的话，可以尽量多找几家供应商报价，来自不同供应商的报价可以让采购人员了解所购商品的大致市场价格。最终选定的供应商可能只有一两家，但其他供应商的报价为采购人员做出正确选择功不可没。找多家供应商报价会增加采购人员的工作量，但是是值得的。

3. 与商品成本相比较

将供应商的商品成本与其报价相比，看其报价是否合理，同时可以将商品成本细分为人工、原料、外包、制造费用、管理费用、利润，看其成本是否偏高。

4. 与供应商过去的报价相比较

了解供应商过去有多少产品项目价格上涨（何时上涨、通报方式），比较供应商的价格上涨模式与该产业的模式（是否比同业涨得快，涨得多）。了解商品价格上涨的真正原因是成本上涨，还是质量的提高及服务的增多，其上涨是否合理，其下降是否意味着质量的下降与服务的减少。

5.3.4 议价

1. 谈判策略

采购人员比价之后，对商品价格已是相当了解，这时就应和供应商面对面地议价。议价最好定期实施，如固定在每月的某几日为议价日，或每周的某一天为议价日。例如：每月5号、15号、25号为议价日，或每周二为议价日。并制定一套议价日制度供供应商遵循，同时也要求内部人员遵守。

将通过市场调查的商品在议价日安排供应商来议价。当然在议价之前要有充分的准备，将要谈的条件列举在表格内，作为谈判的底线。若在底线之外，则退回；如果在底线之内，则将商品谈判的结果呈给采购管理人员裁决。为了使议价能更为顺利地进行，采购人员应寻求更多的供应商来源（包括海外）：即使仍向原来的供应商采购，但更多的供应来源可增强议价能力。

收集成本与价格资料并对其进行分析，最好能有成本分析师的帮助。

限制供应商谈判能力。即提供对方越少的信息越好。尽量让对方发表意见，仔细聆听并从中找出对策。

了解供应商的价格底线：需耐心地透过种种渠道求得（谈判过程也是渠道之一）。

此外，还应掌握以下的谈判策略：

(1) 涨价时让销售人员当面提出。通常书面通知的涨价比电话中容易。而面对面通常是最难以启齿的，耐心地等待销售人员提出涨价后的妥协。

(2) 双重退避。当销售人员报价时，采购人员应表示惊讶得难以接受，同时他的上级也应如此。这样才能让对方明白他们无法接受高报价的立场，否则下次供应商可能会毫无所获。

(3) 不要马上谈到正题。如此供应商会承受一股无形的压力而变得焦虑，这样议价对采购人员较有利。

(4) 声东击西。先要求对方给一些不是你真正想要的好处，然后再拿这些来交换你真正想要的。

(5) 不要轻易第一次给供应商很大的好处。当想提供时，最好预留余地以供讨价还价，同时要求对方有所回报。

2. 制定议价策略的基本步骤

图 5－2　制定采购议价策略的基本步骤

(1) 明确议价目标

以最低的价格购进物料。

(2) 收集相关数据

了解供应商在价格立场等方面的详细情况，并对所购物资的成本进行分析。

(3) 确定客观情况

找出希望达成协议真实可信的数据信息。

(4) 找出议价中的矛盾点

就是议价中讨论的重点问题，也就是采购的价格问题。

(5) 明确自身的优势和劣势

分析实力帮助采购方确立议价要点，避免产生不切实际的愿望，并且为制定策略出谋划策。

(6) 分析自己在矛盾中的地位

根据所得数据估计供应商在每个矛盾中的地位，明确谁在议价中处于更有利的地位及哪些要点可以使双方都得到最大的好处。

(7) 制定议价策略

为每一个目标确立议价范围和指标，从而制定采购谈判人员感觉能够实现的合理目标。策略的制定应该建立在形势和议价策略正确理解的基础之上。采取的策略要使供应商感觉采购方或者合同的结果是积极的，那么他们就会致力于协议的达成或者解决签订合同期间所产生的任何问题。

3. 采购议价的阶段

通常议价过程包括议价前、议价中、议价后三个阶段。

(1) 议价前

议价前的主要工作就是做议价准备，如果没有充分的准备，即使口齿伶俐、能说会道也只能收效甚微。

做好议价准备步骤，如图5-3所示。

①确立自己的目标。具体定下价格、质量、服务、运输、规格、支付等要求并写在文件上。

②分析对方的方案。评估价格、运输、规格、付款等任何与企业的要求不一致的地方。

③分析对方的立场。估计对方可能的立场，有利于预测供应商的议价策略。至此企业可以预测出议价的大致范围。

④定下方案。每个问题都要制订最佳方案，目标方案以及最坏的方案，帮助企业制定相应的策略。

⑤定出议价的议程。预先确定要讨论哪些问题，谁来讨论以及会议的议程，而且要确定议价对手是否有决定权。

⑥选择议价团队。选出团队的队长，其他成员必须明确自己的任务并支持、配合队长

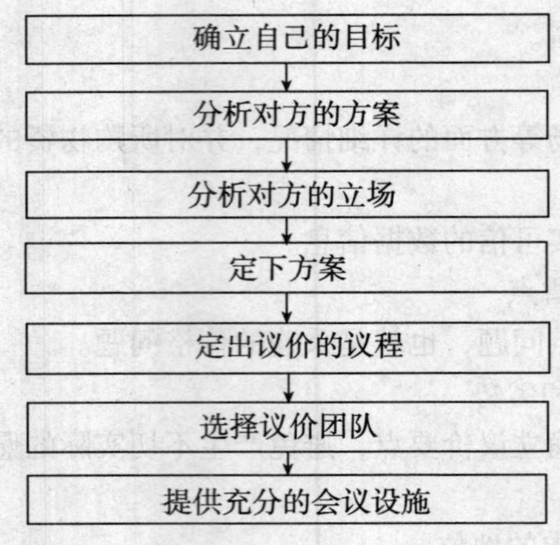

图 5-3　议价准备的步骤

的工作。

⑦提供充分的会议设施。充分的会议设施能使会议流程顺利，让会议更加圆满。

（2）议价中

①对供应商进行判断，采取相应策略

（a）通过观察供应商的表情、神态判断对手的心理状态。

（b）集中注意力，倾听供应商的发言，在倾听对方的发言时直视其眼睛。

（c）供应商的弱点是他们没有关键问题的任何信息。

（d）识别谈判对手的领导者。当他们犹犹豫豫地讨论问题时，很有可能是他们的弱点所在。

②议价策略

（a）坐在首席取得支配权，可以在心理上使对手处于被动地位。

（b）确定供应商代表的职权范围，掌握对手每一位议价者的情况，评估供应商承受能力的最大限度。

（c）保持平静，积极地进行谈判，陈述问题要简单明了，并且积极主动地给予对手答复，要注意千万不要打断对方发言。

（d）议价要在主体范围内进行。从最简单的问题开始，态度明确，不能模棱两可。对于完全不能接受的地方最好保持沉默。

（e）在确保大局的前提下，在某些次要的方面可以做出让步，并可以要求供应商做出相应的回报。

（f）承诺要控制在自己的职权范围内。

③议价战术

（a）当自己缺乏足够信息时，可以先试探对方的观点，避免一开始就涉及本方立场。

（b）当自己拥有足够信息和了解对方的方案时，可以直接讲出最理想的方案。

（c）当自己处于弱势但又有能力说服对方时，可以先直接讲出最理想的方案，紧接着讲出目标方案。

5.4 价格谈判的技巧

采购价格谈判无非是采购人员与供应商之间讨价还价的过程，包括还价、杀价与让步三部分。

5.4.1 还价技巧

1. 还价要有弹性

在价格谈判中，还价要讲究弹性。对于采购人员来说，切记不要漫天还价，乱还价格；也不要一开始就还出了最低价。前者让人觉得是在“光天化日下抢劫”，而后者却因失去弹性而处于被动，让人觉得有欠精明，使价格谈判毫无进行的余地。

2. 化零为整

采购人员在还价时可以将价格集中开来，化零为整，这样可以在供应商心理上造成相对的价格昂贵感，以收到比用小数目进行报价更好的交易。

在报价时，不妨将价格换个说法，化零为整，化大为小，从心理上加重商品价格的昂贵感，给供应商造成大的心理压力。

这种报价方式的主要内容是换算成大单位的价格，加大计量单位，如：将“千克”改为“吨”，“两”改为“千克”；“月”改为“年”，“小时”改为“天”，“秒”改为“小时”等。

3. 过关斩将

所谓“过关斩将”，即采购人员应善用上级主管的议价能力。

通常供应商不会自动降价，必须由采购人员据理力争，但是，供应商的降价意愿与幅度，视议价的对象而定。如果采购人员对议价的结果不太满意，此时应要求上级主管来和供应商议价。因为，高层主管不但议价技巧与谈判能力高超，且社会关系多及地位高，甚至与卖方的经营者有相互投资或事业合作的关系，因此，通常只要招呼一声，就可获得令人意想不到的议价效果。

4. 压迫降价

所谓压迫降价，是买方占优势的情况下，以胁迫的方式要求供应商降低价格，并不征询供应商的意见。这通常是在卖方处于产品销路欠佳，或竞争十分激烈，以致发生亏损和利润微薄的情况下，为改善其获利能力而使出的撒手锏。采购人员通常遵照公司的紧急措施，通知供应商自特定日期起降价若干；若原来供应商缺乏配合意愿，即行更换供应来源。当然，此种激烈的降价手段，会破坏供需双方的和谐关系；当市场好转时，原来委曲求全的供应商不是“以牙还牙”抬高售价，就是另谋发展，供需关系难以维持良久。

5. 敲山震虎

在价格谈判中，巧妙的暗示对方存在的危机，可以迫使对方降价。

通过暗示对方不利的因素，使对方在价格问题上处于被动，有利于自己提出的价格获得认同，这就是这种还价法的技巧所在。但必须“点到为止”，而且要给人一种“雪中送炭”的感觉，让供应商觉得对方并非在幸灾乐祸，趁火打劫，而是真心诚意的想合作、想给予帮助——当然这是有利于双方的帮助，那么还价也就天经地义了。

5.4.2 杀价技巧

（1）开低走高。即一开始就赶尽杀绝，三百的一杀就是一百五，然后逐档添价，步步进逼，一百六、一百七，并故作大方状：“已添了这么多的价钱，你还好意思不卖?”

（2）欲擒故纵。价钱杀不下来，索性不买了，掉头就走，借此迫使对方让步。人给叫回来，买卖就成交了。

（3）疲劳轰炸、死缠不放。即考验耐力，不断唇枪舌剑磨价钱，今天不成，明天再来，谁能坚持最后五分钟，谁就是此舌战之胜利者。

（4）百般挑剔。即把产品数落一番，东说这不好，西说那不好，指出毛病一箩筐，借此挫低卖方士气，杀价目的或许可得逞。

（5）博人同情。譬如，和供应商杀价时，可以这样说：“这种商品十全十美，中意极了，可惜我们资金有限，只能出这个价。”只要供应商心一软，价钱就好谈了。

（6）施以哄功。即循循善诱，希望其算便宜点，保证给其介绍大客户，予以利诱，使其立场软化，降低价格。

5.4.3 让步技巧

美国的谈判学家卡洛斯曾进行了一系列不同让步形式的试验。得出的结果是：在谈判过程中，较能控制自己让步程度的谈判者总是处于较有利的地位，特别是当谈判快要陷入僵局时。

成功的谈判者所做的让步，通常都会比对方做出的让步幅度小，但他们善于“放大”这种让步，善于渲染夸张让步的艰难性。

卡洛斯从他的实验中归纳出某些结论，或许可以给采购人员一些启发：

（1）开价较低的买主，通常也能以较低的价格买入。

（2）让步太快的卖主，通常让步的幅度积累起来也大，成交价也较低。

（3）小幅度地让步，即使在形式上让步的次数比对手多，其结果也较有利。

（4）在重要的问题上先让步的一方，通常是最终吃亏的一方。

（5）如果将自己的预算告诉对方，往往能使对方迅速做出决定。

（6）交易的谈判进程太快，对谈判的任何一方都不利。

（7）要么不让，要么大让者，失败的可能性也较大。

除此之外，采购人员对供应商所做出的让步应是供应商所需要的。如果在不能满足供应商需要的方面让步，不仅不能获得对方的响应，也白白地损失了自己的利益。

因此，一个采购人员在与供应商接洽业务、谈判价格时，要善于以最小的让步，最理想的让步来达成交易。让步可以附加某些可以增加你的收益的条件，如：

如果我们在订货数量上增加50%，那你们能再优惠多少？

如果我们以每台500元的优惠价格成交，那么我们能买下2000台。

这种投石问路的让步方法，对于试探供应商可能的价格承受能力和成交量是较为有效的。并且以假设的语气，商谈双方的价格让步，给双方都留有了余地。

5.4.4 讨价还价技巧

1. 直接谈价技巧

(1) 欲擒故纵

由于买卖双方势力均衡，任何一方无法以力取胜，因此必须斗智；采购人员应该设法掩藏购买的意愿，不要明显表露非买不可的心态，否则若被供应商识破非买不可的处境，将使己方处于劣势。所以，此时采购人员应采取“若即若离”的姿态，以试探性的询价着手。

(2) 差额均摊

由于买卖双方议价的结果存在着差距，若双方各不相让，则交易告吹；采购人员无法取得必需的商品，供应商丧失了获取利润的机会，双方都是输家。因此，为了促成双方的交易，最好的方式就是采取“中庸”之道，即将双方议价的差额，各承担一半，结果双方都是赢家。

(3) 迂回战术

在供应商占优势，正面议价通常效果不好，此时应采取迂回战术才能奏效。现举一例说明如下：

某超市自本地之总代理购入某项化妆品，发现价格竟比同业某公司的购入价贵，因此要求总代理说明原委，并比照售予同业的价格。未料总代理未能解释个中道理，也不愿意降价。因此，采购人员就委托原厂国的某贸易商，先行在该国购入该项化妆品，再转运至超市。因为总代理的利润偏高，此种转运安排虽然费用增加，但总成本还是比通过总代理购入的价格便宜。

当然，此种迂回战术是否成功，有赖于运转工作是否可行。有些原厂限制货品越区销售，则迂回战术之执行就有困难。

(4) 直捣黄龙

有些单一来源的总代理商，对采购人员的议价要求置之不理，一副“姜太公钓鱼，愿者上钩”的姿态，使采购人员有被侮辱的感觉。此时，若能摆脱总代理商，寻求原制造商的报价将是良策。现举一例说明如下：

某超市拟购一批健身器材，经总代理商报价后，虽然三番两次邀约前来议价，总是推三阻四，不得要领。后来，采购人员查阅产品目录时，随即发送要求降价 12% 的传真给原厂，事实上只是存着姑且一试的心理。不料次日原厂回电同意降价，使采购人员雀跃不已，欣喜若狂。

(5) 哀兵姿态

在超市居于劣势情况下，采购人员应以“哀兵”姿态争取供应商的同情与支持。由于采购人员没有能力与供应商议价，有时会以预算不足作借口，请求供应商同意在其有限的费用下，勉为其难地将货品卖给他，而达到减价的目的。一方面采购人员必须施展“动之以情”的议价功夫，另一方面则口头承诺将来“感恩图报”，换取供应商“来日方长”的打算。此时，若供应商并非血本无归，只是削减原本过高的利润，则双方可能成交。若采购人员的预算距离供应商的底价太远，供应商将因无利可图，不为采购人员的诉求所动。

(6) 釜底抽薪

为了避免供应商处于优势下攫取暴利，采购人员只好同意供应商有“合理”利润，否则胡乱杀价，仍然给予供应商可乘之机。因此，通常由采购人员要求供应商提供所有成本资料。以国外货品而言，则请总代理商提供一切进口单据，借以查核真实的成本，然后加计合理的利润作为采购的价格。

供应商要抬高价格时，由于处在环境的快速变迁情况下，如国际局势动荡、原料的匮乏（例如稀有金属、铬等取得困难）等，往往造成供应商有机可乘，占有优势，形成卖方市场，并进而提高售价。此时采购部门责任更为重大，若能发挥议价协商的技巧，则能针对卖方所提高的售价，予以协议商谈，实现降价。在议价协商的过程中，采购人员可以采用直接方式或间接方式，对价格进行谈判。

即使面临通货膨胀，物价上涨，直接议价仍能达到降低价格的目的。可以采用下列四种技巧来进行协商。

①面临售价的提高，采购人员仍以原价订购。当供应商提高售价时，往往不愿意花太多时间在重复议价的交涉上，因此若为其原有之顾客，则可利用此点，要求沿用原来价格购买。

②采购人员直接说明预设底价。在议价过程中，采购人员可直接表明预设的底价，如此可促使供应商提出较接近该底价的价格，进而要求对方降价。

③不干拉倒。此技巧是一个较激进的议价方式，此法虽有造成火暴场面的可能，但在特定情况下仍不失为一个好的议价技巧，此法适用于：当采购人员不想再讨价还价时。当议价结果已达到采购人员可以接受的价格上限时。

在上述两种情况下，采用“不干拉倒”的强硬手段，往往能扭转供应商的态度，进而使供应商有所让步。

④要求说明提高售价的原因。供应商提高售价，常常归因原料上涨、工资提高、利润太薄等原因。采购人员在议价协商时，应对任何不合理之加价提出质疑，如此可掌握要求供应商降价的机会。

2. 间接议价技巧

在议价的过程中，好的开始便可说是成功的一半。所以不需一直采用直接议价方式，有时也可以采用迂回战术，即以间接方式进行议价。采购人员可用下列三种技巧来进行协商。

（1）议价时不要急于进入主题。

（2）运用“低姿势”。

（3）尽量避免书信或电话议价，而要求面对面接触。

在进行议价协商的过程中，除了上述针对价格所提出的议价技巧外，采购人员亦可利用其他非价格的因素来进行议价。以下列举三项议价协商技巧：

（1）在协商议价中要求供应商分担售后服务及其他费用。

（2）善用“妥协”技巧。在供应商价格居高不下时，采购人员若坚持继续协商，往往不能达到效果，此时可采取妥协技巧，在少部分不重要的细节，可做让步，再从妥协中要求对方回馈。

（3）利用专注的倾听和温和的态度，博得对方好感。

本章介绍了采购价格中信息调查、采购价格谈判的程序、采购价格谈判的技巧等内容。采购价格谈判的程序主要包括询价、报价、比价、议价四个环节；采购价格谈判的技巧主要介绍了还价技巧、杀价技巧、让步技巧和讨价还价技巧。

思考题

1. 影响采购价格的因素主要有哪些？
2. 采购价格信息收集方式主要有哪些？
3. 简述采购价格谈判的程序。
4. 制定议价策略的基本步骤是什么？
5. 讨价还价的技巧主要有哪些？除了书中介绍外还能举出其他例子吗？

6 供应商选择与管理

采购就是和供应商打交道，从供应商那里获得各种物品和服务的过程。采购管理是实现采购的一个至关重要的过程，有效的采购管理可以为公司节省成本。采购管理的一个重要环节就是供应商管理。通过本章学习，明确供应商管理的意义。了解供应商调查、考核以及监控的主要内容和主要方法。掌握供应商选择标准，原则以及供应商评估指标体系。熟悉供应商关系管理。

6.1 供应商调查与开发

供应商管理的首要工作就是要了解供应商，了解资源市场，因为采购工作的好坏从根本上来说取决于供应商所提供的产品质量、价格、性能等。不管是采用一般采购或者招标采购，也不管选择国产物料还是进口物料，选择供应商将成为采购部门实施计划的首要工作，良好的供应商可以保证供应物料的顺畅、物料质量的稳定、交货期和交货数量等。要选择好的供应商，首先要做好供应商调查。

6.1.1 供应商调查

供应商调查，在不同阶段有不同的要求，具体可以分为三种：第一种是初步供应商调查；第二种是资源市场调查；第三种是深入供应商调查。

1. 初步供应商调查

所谓初步供应商调查，主要是对供应商的名称、地址、生产能力、能提供什么产品、能提供多少、价格如何、质量如何、市场份额有多大、运输进货条件如何等基本情况的调查。

(1) 调查的目的

初步供应商调查，是为了了解供应商的一般情况。一是为选择最佳供应商做准备；二是为了解、掌握整个资源市场的情况。

(2) 调查的特点

一是调查的内容浅，只是对供应商的名称、地址、联系人、信用度等一些简单的、基本的调查；二是调查面广，为了全面掌握资源市场的基本情况，做好能对资源市场中所有的供应商都有所调查、有所了解。

（3）调查的方法

供应商调查的基本方法，可以采用访问调查法，即通过访问相关人员而获得信息。通过访问建立供应商卡片。

供应商卡片是采购管理的基础工作。在采购工作中，可以利用供应商卡片来选择优秀的供应商。但是，供应商卡片也要根据情况的变化，经常进行维护、修改和更新。

在实行了计算机信息管理的企业中，供应商管理应纳入计算机管理中。把供应商卡片内容输入到计算机中，利用数据库进行操作、维护和利用。

在初步供应商调查的基础上，利用初步供应商调查的资料进行供应商分析。初步供应商分析的主要目的，是比较各个供应商的优势和劣势，选择适合于企业所需要的供应商。

（4）供应商分析的主要内容

①供应商的产品品种、规格和质量水平是否符合企业的需要，价格水平如何。只有产品的品种、规格、质量水平适合企业，才能算得上企业可能的供应商，才有必要进行下一步的分析。

②供应商的实力、规模如何。产品的生产能力如何，技术水平如何，管理水平如何，供应商的信用度如何。

供应商的信用度，是指供应商对客户、对银行等的诚信程度。表现为供应商对自己的承诺和义务认真履行的程度。特别是产品的质量保证、按时交货、往来账目处理等方面能够以诚相待，一丝不苟地履行自己的责任和义务。

对供应商信用度的调查，在初步调查阶段，可以采用访问制，从中得出一个大概的、定性的结论。在详细调查阶段，可以通过大量的业务往来统计分析供应商的诚信程度，这样可以得到定量的结果。

③供应商产品是竞争性产品还是垄断性产品？如果是竞争性产品，则调查供应商的竞争态势如何，产品的销售情况如何，市场份额如何，产品的价格水平是否合适。

在进行分析的基础上，为选定供应商提供决策支持。

2. 资源市场调查

（1）资源市场调查的内容

初步供应商调查是资源市场调查的主要内容之一，但资源市场调查不仅包含供应商调查、资源市场调查，还包括以下的基本内容：

①资源市场的规模、容量、性质。例如，资源市场究竟有多大范围？有多少资源量？有多少需求量？是卖方市场还是买方市场？是完全竞争市场还是垄断市场？是一个新兴成长的市场还是一个陈旧没落的市场？

②资源市场的环境。例如，市场的管理制度、法制建设、市场的规范化程度、市场的经济规模、政治环境等外部条件、市场的发展前景等。

③资源市场的各个供应商的情况，即前面进行的初步供应商调查所得到的情况，资源市场的生产能力、技术水平、管理水平、可供资源量、质量水平、价格水平、需求状况以及竞争性质等。

(2) 资源市场分析的内容

进行资源市场调查，其目的就是要进行资源市场分析。进行资源市场分析，对于企业制定采购策略以及产品策略、生产策略等都有很重要的指导意义。

①要确定资源市场是紧缺型市场还是富余型市场，是垄断型市场还是竞争型市场？对于垄断型市场，应当采用垄断型采购策略；对于竞争型市场，应当采用竞争型采购策略。如采用投标招标制、一商多角制等。

②要确定资源市场是成长型市场还是陈旧没落型市场？如果是陈旧没落型市场，要趁早准备替换产品，不要等到产品被淘汰了才去开发新产品。

③要确定资源市场总的水平，并根据整个市场水平来选择合适的供应商。通常要选择在资源市场中处于先进水平的供应商，选择产品质量优而价格低的供应商。

3. 深入供应商调查

深入供应商调查，亦即实地考察。是指对经过初步调查后，准备发展为自己的供应商的企业进行更加深入仔细的考察活动，这种考察，是深入到供应商企业的生产线、各个生产工艺、质量检验环节甚至管理部门，对现有的设备工艺、生产技术、管理技术等进行考察，看看所采购的产品能不能满足本企业所应具备的生产工艺条件、质量保证体系和管理规范要求。有的甚至要根据所采购的产品的生产要求，进行资产重组，并进行样品试制，试制成功以后，才算考察合格。只有通过这样深入的供应商调查，才能发现好的供应商，并与之建立起比较稳定的物资采购供需关系。

进行深入供应商调查，需要花费较多的时间和精力，调查的成本高，但并不是对所有的供应商都是必需的，它只有在以下情况才需要：

(1) 准备发展为紧密型关系的供应商。例如在进行准时化采购时，供应商的产品准时、免检、直接送上生产线进行装配，这样的供应商就像已经成了企业一个生产车间一样。如果要选择紧密型关系的供应商就必须深入供应商调查。

(2) 寻找关键零部件产品的供应商。如果所采购的是一种零部件，特别是精密度高、加工难度大、质量要求高、在企业的产品中起核心作用的零部件产品，在选择供应商时就要特别小心，要进行反复认真的深入考察审核，只有深入调查证明确实能够达到要求时，才确定发展其成为企业的供应商。

除以上两种情况外，对于一般关系的供应商，或者是非关键产品的供应商，一般可以不必进行深入调查，只要进行简单的初步调查就可以了。

6.1.2 供应商开发

所谓供应商开发就是要从无到有地寻找新的供应商，建立起适合企业需要的供应商队伍。

1. 供应商信息来源

供应商越多，供企业选择供应商的机会就越大。供应商信息主要来源如下：

(1) 国内外采购指南。

（2）国内外产品发布会。

（3）国内外新闻传播媒体，包括：报纸、刊物、广播电台、电视、网络等。

（4）国内外产品展销会。

（5）政府组织的各类商品订货会。

（6）国内外行业协会会员名录、产品公报。

（7）国内外企业协会。

（8）国内外各种厂商联谊会或同业协会。

（9）国内外政府相关统计调查报告或刊物，如工业统计资料、产品或相关研究报告。

（10）其他各类出版物的厂商名录。

（11）整体性的媒体招商广告。

（12）同行试调。即采购人员可以到同行业的供应商店内试着调查，可发现优良商品供应商的信息来源：包装上的制造商或进口代理公司的电话联络。如果没有电话，可利用包装上的制造商或进口代理公司的名称，向114查询电话号码联络。

（13）厂商介绍。对想要引进的商品向同行厂商询问，厂商可提供相关信息。

（14）供应商自己找上门介绍。

2. 供应商开发的步骤

（1）将采购物料分类

①将主生产物料和辅助生产物料等按采购金额比重分成A、B、C三类，求出关键物资、重点物资，进行重点管理。对于重点物资、关键物资，要和供应商建立紧密的关系；对于非重点物资，可以和供应商建立一般关系，甚至不必建立固定关系。

②按采购材料的性质或性能分类，如塑料类、五金类、电子类、化工类、包装类等，确定资源市场的类型性质。

（2）供应商调查

根据材料的分类，收集生产各类物料的厂家，每类产品在5～10家，填写在供应商调查表上。也可以编制供应商调查表，用传真或其他方式请供应商企业自己填写并反馈回来。

（3）资源市场调查

要走访供应商、客户、政府主管部门或经济统计部门，了解资源市场基本情况，包括供应量、需求量、可供能力、政策、管理规章制度、发展趋势等。

（4）分析评估

①成立供应商评估小组。由副总经理任组长，采购部门、产品质量管理部门、技术管理部门的经理或主管、工程师组成评估小组。

②供应商分析。把反馈回来的供应商调查表进行整理核实，如实填写供应商资料卡，将合格厂商分类按照顺序统计记录。然后由评估小组进行资料分析比较和综合评估，按照ABC物料采购金额的大小，按照供应商规模、生产能力等基本指标进行分类，对每个关键物资、重点物资初步确定1～3家供应商，准备进行深入调查。

③资源市场分析。在供应商分析的基础上，结合资源市场调查的有关资料分析资源市场的基本情况，包括资源能力分析、供需平衡情况、竞争情况、管理水平、规范化程度、发展趋势等。并根据资源市场的性质，确定相应的采购策略、产品策略和供应商关系策略。例如，对于垄断性市场，采用合作和据理谈判策略；对于竞争性市场，采用招标竞争策略。

(5) 深入调查供应商

对于初步调查分析合格、被确定为备选的1~3家供应商，要采取深入调查。深入调查一般分为三个阶段：

①第一阶段——送样检查。通知供应商生产一批样品，随即抽样检查。检查合格进入第二阶段。检查不合格，允许再改进生产一批检验，抽检合格也可以进入第二阶段。再检查不合格，供应商落选，到此结束。

②第二阶段——考察生产工艺、质量保证体系和管理体系等生产条件是否合格。合格者中选供应商，到此结束。考察不合格进入第三阶段。

③第三阶段——生产条件改进考察。原意改进并限期达到了改进效果的中选，不愿意改进或愿意改进但在限期内未达到改进效果者落选。深入调查阶段结束。

(6) 价格谈判

对送样或小批量合格的产品、材料，要评比质量等级，并进行比价和议价，确定一个最优的价格性能比。

进行价格谈判的指导思想，是要合理，要“双赢”，自己不要吃亏，也不让供应商吃亏，要考虑长期合作。实事求是地进行计算，确定一个合理价格，大家都不吃亏，才能得到共同发展，才会有共同的长远合作和长远利益。

价格谈判成功后，就可以签订试运行协议，进入物资采购供应试运作阶段。试运作阶段一般是3个月到1年不等。

(7) 供应商辅导

试运作阶段的供应商，将与企业建立一种紧密联系，参与试运作。这时企业要积极参与辅导、合作。企业应当根据自身的需要，也要根据供应商的可能，共同设计规范相互之间的作业协调关系，制定一定的作业手册和规章制度。为使供应商适合企业需要，要在管理、技术、质量保证等方面进行辅导和协助。

(8) 追踪考核

在试运作阶段，要对供应商的物资供应业务进行追踪考核。主要考核供应商产品质量是否合格，交货是否准时，交货数量是否满足要求，信用度情况等指标。

(9) 供应商选择

以上指标每个月考核一次，一个季度或半年综合考核评分一次。各个指标加权评分总合，按照评分结果分为优秀、良好、一般、较差几个等级。对于优秀的供应商，可以签订正式合同，使之成为正式的供应商，与其建立比较稳定的供需关系，其他的供应商，则结束考核，终止供需关系。

(10) 供应商使用

当正式的供应商确定以后，开始正常的物资供应业务运作。在业务运作开始阶段，要加强指导与配合，要对供应商的操作提出明确的要求，有些大的工作原则、守则、规章制度、作业要求等应当以书面的形式规定下来，有些还可以体现在合同协议中。要不定期对供应商进行检查，发现问题，及时协商改进，以使双方的业务运作健康有序进行。

(11) 供应商的激励和控制

在供应商的物资供应过程中，有必要制订一些激励和控制措施。这样，既能使供应商积极主动搞好物资供应工作，又可约束、防范供应商的不正当行为给企业造成损失。

6.2 供应商选择

作为一家制造企业，在区分核心业务和非核心业务以后，把非核心业务外包已经成为了一条必经之路，至此，制造企业也就迈出了甄选供应商的步伐。但值得注意的是，许多制造企业在选择供应商的过程中，往往是“为了选择而选择”，企业的内部缺乏一套健全的供应商选择评估体系，甚至，大多数的企业对供应商的要求只是“低廉的价格”，其结果也极有可能导致决策的失误。

其实，无论是从外包的角度或是企业经营的角度出发，几乎每一项的外包业务都对其自身的生产或者经营产生影响，相关的案例表明如果采取了不恰当的外包策略，纵使企业能够有效地对自身的生产和经营行为进行管理，但由于供应商方面所出现的问题，其结果也往往不尽如人意。

在此，笔者认为，从价值创造的思维对业务外包策略进行定位，其得益往往要高于只是单纯从价格的一维角度进行的定位，而在选择供应商过程中对其价值创造方面的预测则是根据其专业程度来评估的。

一个具备相应专业能力的供应商，其主要的能力将分别体现在业界的经验，以及成本的最优化两个方面。

6.2.1 供应商选择过程

供应商选择一般包括采购需求分析、潜在供应商初选、初步制定谈判策略、起草并发送询价协议、分析供应商回复、谈判及签订合作协议，最后还需要将新的供应商数据进行更新，用以对供应商进行评估分析。

1. 采购需求分析

采购需求分析是选择供应商的依据，企业需要确切了解自己采购的物品、物品的分类、每种物品对主营业务的重要性等，并形成采购需求分析报告。

2. 潜在供应商初选

依据采购需求分析报告，企业对供应市场进行动态的跟踪与分析，并依据一定的选择标准挑选潜在的供应商，用以进一步联系。

3. 制定初步的谈判策略

依据采购需求以及遴选的潜在供应商信息，制定与潜在供应商谈判的初步策略，包括谈判内容、谈判步骤、谈判中的意外问题处理措施等。

4. 起草并发送询价协议

确定询价的报表，包括结构、材料、范围等，将询价报表发送给潜在供应商寻求答复。

5. 分析供应商回复

根据供应商对询价的答复，主要分析供应商的报价、供应能力等，同时还需分析与供应商相关的政治、地理环境等风险，必要时应对供应商进行拜访，更深入地了解供应商信息，最后确定谈判的对象。

6. 谈判

根据供应商回复的分析结果，与入选的供应商就价格、质量、供应形式、合同等进行谈判。谈判往往是循环反复的过程，并将持续到合同的签订。企业应将谈判的结果尽快反馈给相关供应商，以保持及时的沟通与开展后续事宜。

7. 签订合作协议

与入选的供应商签订合作协议，并对企业内部的供应商数据进行更新，用以为后续的供应商评估分析提供信息。

在供应商选择过程中，采购需求分析及潜在供应商初选是两项重要的活动，这两者的确定将直接决定后续的谈判策略及活动的效果。

6.2.2 供应商选择标准

判断供应商优秀与否的标准，最根本的就是其产品是否好。而产品好，又表现在：一是产品的质量过硬；二是产品的价格合适；三是产品先进、技术含量高、发展前景好；四是产品货源稳定、供应有保障。这样好的产品，只有有实力的企业才能够生产出来。因此，一个好的供应商需要具备以下一些条件：

1. 技术水平

技术水平是指供应商提供的商品的技术参数是否达到要求。供应商是否拥有一支技术队伍和有能力去创造和供应所需的产品？供应商有产品开发和改进项目的能力吗？这些问题都很重要，选择具有高技术水准的供应商，对企业的长远发展是有好处的。

2. 产品质量

供应商提供的产品质量是否可靠，是一个很重要的评估指标。供应商的产品必须能够持续稳定地达到产品说明书的要求。供应商必须有一个良好的质量控制体系。对供应商提供的产品除了在工厂内作质量检验以外，还要考虑实际使用效果，即检查在实际环境中使用的质量情况。

3. 供应能力

供应能力即供应商的生产能力，企业需要核准供应商是否具有相当的生产规模与发展能力，这意味着供应商的制造设备必须能够在数量上达到一定的规模，能够保证供应所需数量的产品。

4. 价格

供应商应该能够提供有竞争力的价格。这并不意味着必须是最低的价格。这个价格是考虑了要求供应商按照所需的时间，所需的数量、质量和服务后确定的。供应商还应该有能力向购买方提供改进产品成本的方案。

5. 地理位置

供应商的地理位置对库存量有相当大的影响。如果物品单价较高，需求量大，距离近的供应商有助于管理。购买方总是期望供应商离自己近一点，或者至少要求供应商在当地建立库存。地理位置近，送货时间就短，意味着紧急缺货时，可以快速送到。

6. 可靠性

可靠性是指供应商的信誉。在选择供应商时，应该选择那些有较高声誉的、经营稳定的以及财务状况良好的供应商。同时，双方应该相互信任，讲究信誉，并能把这种关系保持下去。

7. 售后服务

良好的售后服务是建立和维护供需双方战略合作伙伴关系的关键；同时，也能使供需双方对产品质量等其他方面的信息交流提供条件。

8. 供货提前期

为了应对一些紧急缺货现象的发生，不论在传统条件下，还是在供应链管理条件下，供应商的提货都应当有一个合理的提前期。而在供应链管理的环境下，这种供货的提前期大大缩短了。

9. 交货准确率

由于供应双方间的信息沟通及时，战略伙伴关系的建立，供应商供应的商品的返还率也比以往大幅度降低，交货的准确率大幅度提高。

10. 快速响应能力

随着信息技术在供应链管理中的应用，供应商对客户的需求信息的响应力远远高于传统管理下的供应商的响应力，从而大大提高了供应商对客户需求变化的适应能力，所以供应商对客户信息的响应能力如何是评价供应商的一项重要因素。

6.2.3 供应商选择原则

1. 目标定位原则

目标定位原则，要求应当注重对新供应商进行考察的深度和广度。应依据所购商品的质量特性、质量保证和采购数量要求选择供应商，使建立的采购渠道能够保证质量要求。减少采购风险，并有利于本企业的产品打入目标市场。让客户对本企业生产的产品充满信心。

2. 共同发展原则

市场竞争越来越激烈，若供应商能有荣辱与共的精神来支持企业的发展，把双方的利益捆在一起，这样就能对市场的风云变幻做出更快速、更有效的反应，并能以更具竞争力的价位争夺更多的市场份额。

3. 择优录取原则

在相同的报价及交货承诺下，要选择那些企业形象好、可以给世界知名企业供货的厂家作为供应商。因为信誉好的企业更有可能兑现许下的承诺。

6.2.4 供应商选择的一般步骤

1. 成立供应商评选小组

供应商的选择涉及企业的生产、技术、计划、财务、物流、市场等部门，对于技术要求高、重要的采购项目来说，特别需要设立跨职能部门的供应商选择小组。供应商选择小组应由各部门有关人员组成，包括研究与开发部、技术支持部、采购部、物流管理部、市场部、计划部等。

2. 收集全部的供应商名单

通过供应商信息数据库，以及采购人员、销售人员或行业杂志、网络等渠道了解市场上能提供所需物品的供应商。

3. 决定评审的项目

由于供应商之间的条件存在差异，因此，必须有客观的评分项目，作为选拔合格供应商的依据。通常包括以下各项：

（1）一般经营状况

①公司成立的历史；

②负责人的资历；

③注册资本数；

④员工人数；

⑤完工记录及实绩；

⑥主要客户；

⑦财务状况。

（2）制造能力

①生产设备是否新颖；

②生产能力是否已经充分利用；

③厂房空间是否足够；

④厂房距离的远近；

⑤作业的人力是否充足。

（3）技术能力

①技术是自行开发还是依赖外界；

②有无与国际知名机构的技术合作；

③现有产品或试制样品的技术评估；

④技术人员人数和受教育程度。

（4）管理制度的绩效

①生产管理流程是否顺畅合理，产出效率如何；

②物料管理流程是否实现了计算机化，生产计划是否经常改变；

③采购作业流程是否能确实掌握材料来源及进度；

④会计制度是否对成本计算提供良好的基础。

（5）质量能力

①质量管理制度的推行是否落实、是否可靠；

②有无质量管理手册；

③有无制订质量保证的作业方案；

④有无政府机构的评鉴等级。

4. 确定评审项目的权重

确定代表供应商服务水平的有关因素，据此提出评估指标。评估指标和权重对于不同行业和产品的供应商是不尽相同的。

5. 逐项评估每个供应商的履行能力

为了保证评估的可靠，应该对供应商进行调查。在调查时一方面听取供应商提供的情况；另一方面尽量对供应商进行实地考察。考察小组由各部门有关人员组成，技术部门进行技术考察，对企业的设备、技术人员进行分析，考虑将来质量是否能够保证，以及是否能够跟上企业所需技术的发展，满足企业变动的要求；生产部门考察生产制造系统，了解人员素质、设备配置水平、生产能力、生产稳定性等；财务部门进行财务考核，了解供应商的历史背景和发展前景，审计供应商并购、被收购的可能性，了解供应商经营状况、信用状况，分析价格是否合理以及能否获得优先权。

6. 综合评分并确定供应商

在综合考虑了多方面的因素后，就可以给每个供应商打出综合评分，选择出合格的供应商。

6.3 供应商管理

采购是一个动态的、持续性的过程，主要包括三层业务，即战略采购、采购执行和供应商管理。其中战略采购是定期性的活动，采购操作是日常性的活动，而供应商管理则贯穿始终，是衔接战略采购实现与采购执行的重要组成部分，供应商管理的主要目的就在于通过甄选和管理供应商，取得优质、优价的采购物品．形成双方之间的合作、互动关系，借此推动公司采购优化目标的全面实现。由此可见，供应商管理在采购业务中具有重要的作用，企业必须给予充分的关注。

出于传统买卖关系的对立意识形态，企业过去经常把与供应商的关系置于你进我退的单赢局面，供应商管理的核心主要集中在如何降低采购价格上。这种敌对的状态的持续最终往往导致供应商关系的彻底破裂，对企业的正常运营造成很大的影响。

如今，企业逐步认识到了供应链一体化在竞争中的重要性，于是把与供应商的协同共赢提上了管理的日程。尽管与供应商的关系取得了很大的发展，但在很多企业，对供应商的管理依旧存在着很多的问题，例如：

(1) 企业很少把采购及供应商管理纳入企业的整体战略之中，缺少长期的供应商发展规划；

(2) 没有对供应市场进行有效跟踪和分析；

(3) 更多关注谈判技巧和一味地压价，过于注重短期利益，缺乏长远互赢观念；

(4) 缺乏供应商分类体系与完整的业绩评估体系，供应商数量庞大，无法获知每个供应商的具体表现；

(5) 缺少日常的供应商关系管理机制；

(6) 缺少战略性供应商合作伙伴，与供应商只停留在采购交易关系层面；

(7) 缺少信息技术的有力支持，手工操作很难进行供应市场以及与供应商交易的评估、分析和智能化决策。

这些问题的核心在于很多企业都缺乏一套完善的供应商管理机制，这不仅给企业的采购业务带来了很多负面的影响，也使得企业很难建立起真正意义上的敏捷供应系统，很难提升在市场上的竞争力。

6.3.1 实施供应商管理的策略

1. 用供应链管理新思维重新定位与供应商的关系

实施有效的供应商管理就是要将危害供应链运作的冲突因子消灭于萌芽，最根本的办法是消除引起冲突的土壤。具体做法可以从以下几方面进行尝试：

(1) 建立有效的供应链组织机制。

(2) 建立公正、合理的供应链协议。

(3) 立足于长期的合作关系。

2. 建立利益共享机制

在供应链的利益共享机制中，直接的点对点企业之间合理的利益分配机制是供应链企业利益共享机制的基础。问题是点与点之间企业的利益分配很容易失衡，交易双方中一方利益的过度获取必然是另一方的过度付出，付出方的成本加重将损害其竞争力，由此将引起整体供应链竞争力的波动。解决的方法是供应商与需求商之间建立共同的利益获取与约束机制，在共性层面上，以供应链协议的利益分享机制为基础，在点的层面上，需求商与供应商之间的利益分配可以采取灵活的协商方式，确保双方能够共赢。

3. 建立有效的双向激励机制

供应商激励的方法有以下几种：

（1）订单激励，对于表现优秀的供应商，需方可以通过加大订单的方式进行激励，这是供应商最乐于见到的，也是需方最为有效的对供应商进行激励的手段。

（2）付款方式的激励，通过提供更有诱惑力的付款方式来激励优秀的供应商。

（3）开辟免检通道，对所供应物品长期保持优异质量的供应商，需方给予免检待遇，这对供应商具有长期、广泛的外部影响，特别是对竞争对手具有强大的震撼作用。

（4）商誉激励，需方对表现优秀的供应商，可通过供应链信息平台进行发布，以获取广告效应。

激励是一种双向的行为，需方根据供应商的表现给予激励，供应商同样对可信赖的需方也能够进行激励：

（1）价格激励，需方由于提供更多的订单以及其他的激励，供应商在价格上将给予需方更为有利的价位，如给予低价位或价格折扣等。

（2）提供更周全的服务项目等，如一次采购按需发（送）货（相当于提供免费仓储服务）、上门服务、长期的技术支持等。

（3）允许需方改变订单需求数量，甚至取消某些订单。

（4）向需方提供更简单的采购业务流程，减少采购作业成本，这需要需方有可靠的信用保证为前提。

（5）提供更为宽松的付款条件。

4. 建立良好的沟通管道

信息在现代社会中已上升为企业的最重要的资源，谁掌握更新、更准确、更全面的信息，谁就争得了更为有利的竞争地位。在供应链平台上，企业之间信息的沟通主要是通过可共享的信息在供应链信息网络的发布而获得，这是获得关联企业信息的主要渠道。除此管道之外，还应努力地开发其他沟通管道，尤其是具有感情效应的关联企业之间的中高层人员的互访，是核心企业与供应商之间建立互信机制的重要基础。

5. 建立共同的质量观念

这里的质量是一个广义的概念，是围绕客户需求而展开的有形产品质量和无形服务质量。供应链要保持有效的运作，必须建立在共同认可的质量观的基础上才有保证，具体而言可以归纳为如下质量诉求：

（1）供应商要向需求商提供质量满意的产品。

（2）准时、按量供货，不出差错。

（3）运输、装卸、仓储、流通加工各环节必须维持或提升产品质量。

（4）供应商要强化服务质量，以保证供需双方接触的人员共同的满意。

（5）供应商要努力提升创新能力以满足需方不断增长的新需求，需方必须提供必要的帮助与合作。

（6）供需双方都要向对方提供可靠的信用保证并持之以恒。

6.3.2 供应商评估与发展

供应商评估是供应商管理的核心，供应链评估的结果将直接决定后续的供应商发展战略，并为整个采购战略的有效实施提供依据。供应商评估的目的是为了更好地管理供应商，并与供应商一道致力于取得更好的供应链绩效。而以往的供应商评估往往只侧重于判断供应商是否合格，这就违背了供应商评估的初衷。

企业应该建立一套供应商评估体系，基于统一的评估范畴和评估标准对所有业务领域和经营范围的重要供应商进行评估并实施有效的管理。一般而言，供应商评估体系应包括评估标准的建立、供应商绩效信息的收集统计、打分、公布评估结果、供应商奖惩以及制定供应商改进目标和措施等。

1. 建立评估标准

建立供应商绩效评估指标是供应商评估的关键，评估的指标将直接反映企业的采购与供应商管理的战略。

2. 供应商绩效信息收集

根据评估指标收集与供应商发生交易的所有相关数据或信息，这是评判供应商绩效优劣的依据，有赖于建立有效的信息系统加以支撑。

3. 打分

根据评估指标及获取的供应商的相关数据信息对供应商进行打分，形成评估的结果。

4. 公布评估结果

企业应该在内部的供应商评估系统中公布评估的结果，对所有供应商做到公开、公正、公平。企业应同时将评估的结果更新到供应商数据库中。

5. 供应商奖惩

根据评估的结果对供应商进行奖惩，包括重新评级（等级的不同往往意味着关系和交易优惠的差异），对表现好的供应商给予物质或精神的奖励，对表现欠佳的供应商发出警告甚至取消合作等。供应商的奖惩不是目的，而应作为激励供应商发展的措施。

6. 明确改进目标

根据供应商评估的结果，与供应商一起讨论制定下一期的改进目标。

在供应商评估的所有活动中，评估标准的建立是供应商评估的核心。企业应根据自身的采购战略来设定一套评估的标准体系。对供应商整体的评估因素可以有很多种，包括总体情况、生产制造、研究开发、质量管理、物流交付等。而企业在评估供应商绩效时，采用的评估因素一般包括成本、质量、物流交付和服务等。

例如：M 公司根据评估的结果，将所有的供应商分为四类：

A 类供应商：90 ~ 100 分；

B 类供应商：70 ~ 89 分；

C 类供应商：50 ~ 69 分；

应剔除的供应商：<50 分。

在后续的采购中，M公司将根据供应商分类的结果调整策略。企业在实施供应商分类管理的时候，一般依据80/20原则。

供应商发展是供应商管理的重要活动之一，其主要目的在于取得更好的综合成本和效率优势。供应商发展的活动主要包括根据供应商评估结果，与供应商一起分析存在的不足，提出改进的目标及改进措施，提升与重要供应商的合作关系，并有针对性地剔除不合格供应商。

在供应商评估之后，首要的任务是明确供应商发展策略。发展策略的确定可以根据采购商品的战略意义以及供应商等级两个维度来进行分类。

例如M公司供应商发展的策略分为三种：积极的合作，设定目标积极发展，减少采购量及剔除。这三种策略的实施，其宗旨都在于供应商结构的优化、质量的提升，并最终降低采购的总体成本。

对于减少采购量及剔除的供应商，将成为企业缩减供应商数量的主体部分。对于列入设定目标积极发展的供应商，企业将致力于同其一起探讨改进的目标和措施，并通过专家支持、培训、讨论活动甚至派出顾问入住供应商的方式，推动供应商绩效的不断提升。企业与供应商一起致力于供应链绩效的提升，也有助于自身采购价值的最大化。

对于列入积极的供应商，企业将主要通过供应商自身不断向预先设定的目标进行自我完善，并逐步与其建立深入合作的战略联盟关系。

下表给出的是M公司某供应商评估改进表示例。

M公司某供应商评估改进表示例

评估结果：75分	类别：B
主要优势	良好的质量状况
主要缺陷	相对于市场竞争的价格劣势 特别差的供货可靠性
建议的发展措施	自我完善； 一般管理费用的优化（M公司提供咨询服务）
预期的改进 （到下一次评估）	评分80分； 成本下降潜力：300000
时间计划：2004.10	
参与者：供应商K	

设法降低供应商的数量是供应商发展的重点之一，目前很多大型企业都在这方面做出了努力，庞大的供应商数量为企业的采购与日常的管理带来了很多的问题。降低供应商数量有助于提高企业在供应商各个环节的讨价还价能力，并降低材料成本，可以建立长期的、更紧密的合作关系。

降低供应商数量的方法有很多种，除了通过供应商评估，逐步淘汰供应商外，还可以通过以下措施来实现：

（1）推行标准化工程，减少专用件的数量，尽可能多地采取通用件，从而降低物料的品种；

（2）调整采购策略，采购风险越小的、可控性越强的产品供应商越少，并详细分析供应商结构，根据不同的采购需要，逐步推行“唯一供货”、“独家供货”、“两家供货”、“多家供货”等策略；

（3）通过目标定价的方式，促使供应商优化其成本结构，剔除不能达到目标的供应商。

与重要的供应商需求建立战略联盟是供应商发展的另一项重要活动。战略联盟是供求双方的高级合作形式，企业与供应商之间通过战略联盟，可以建立非常紧密的合作关系，包括技术共享、联合开发、业务集成、信息共享等，从而与供应商形成利益的共同体，打造强大的供应链网络。

借助信息技术，实现高效的供应商管理，例如：

（1）企业可以通过网络在全球范围内选择供应商，并通过信息系统实现全球化的采购招标等，可以有效改善供应商的结构及质量。

（2）企业可以通过信息系统实现与供应商的实时沟通，例如在线询价与答复、在线咨询与问题处理等，大大提高与供应商沟通的效率。

（3）企业可以通过信息系统业务集成与信息共享，例如电子采购、电子支付、协同开发等，并可以通过信息共享提升与重要供应商的战略联盟。

（4）信息系统还提供了智能化的分析。它可以记录与供应商相关的各种数据信息，包括供应商基本信息、每一笔采购信息、供应商交付信息、采购成本及费用等。企业可以根据这些数据进行多维的查询和分析，例如每个供应商的交易统计、采购物品的价格分布、变化趋势等。这些数据的收集和智能化的分析为供应商评估提供了有力的支撑，也大大减轻了管理人员的工作量。

6.3.3　供应商监控

企业的不断发展要求企业逐步走上合作、联盟的道路。但不难看出，在行业供应链的各个节点企业之间或多或少都存在利益上的矛盾。这里，主要从需方角度出发提出如何控制供应商和防止供应商控制的一些方法。

1. 控制供应商的方法

（1）完全竞争控制

完全竞争控制是正常交易模型中的典范，主要通过采购企业对其上游供应商的控制来引起其供应商之间的竞争。这种竞争可以提高产品质量并且降低产品购买价格。这种控制供应商的做法类似于“招标”方法，但在内容和形式上比招标方法更加灵活。仅适用于买方垄断的市场。

（2）合约控制

合约控制是采购企业通过与供应商进行谈判、协商，根据双方的利益达成某种一致，并由双方签署框架协议。它的目的是使双方在今后的具体购销活动中能更好地履行各自的权利和义务，基于该合同产生的一切买卖行为都要以框架协议的规定为准。这种方式的特点是：供需双方的关系比完全控制密切，但又不像股权控制和管理输出控制那样紧密。现在，很多大型企业都通过合约控制方式来进行供应商管理。

(3) 股权控制

市场竞争的激烈使得采购企业日趋与供应商建立一种比较亲密的伙伴关系，从而达到对供应商控制的目的，同时供应商也希望能够与企业进行较长期的合作，实现稳定销售及发展。在这种情况下，双方就可以通过协商的方式互相购买对方的股份进行股份交换。此外，还要在信息、技术、数据和人员等方面进行交换，以实现对对方的监督和控制。这个过程看起来简单，但实际操作起来是相当烦琐和复杂的。因为合作的决策需要经过长时间的论证、分析才能确定；另外，合作对象也要经过深思熟虑和长期、细致的调查研究后才能确定。

(4) 管理输出控制

管理输出控制往往与股权控制并存。股权合作的实质是合作的企业之间存在着相互融合、交换和帮助。近几年来，由于企业之间合作和并购的快速发展，参股日益增加，人们对企业合作有了新的认识，开始由企业产权控制走向企业管理控制，并慢慢演变为管理输出控制。管理输出控制是在股权控制和其他形式合作的企业之间，通过向对方企业输出管理人员，进行技术和管理支持，实现对对方企业状况的掌握、信息的了解，这实际上为企业之间的实质性合作提供了一个载体或媒介。管理输出控制使得合作企业双方的关系更加密切，降低了双方的交易成本，达到对采购物流控制的目的。

(5) 供应商激励机制

要和供应商保持长期的供需合作关系，对供应商的激励是非常重要的。没有有效的激励机制，就不可能维持良好的供应关系。这种供应商激励的方法日益被现代企业管理者所接受，尤其是在供应链管理思想出现以后，得到了快速的发展和广泛的应用。

2. 防止供应商控制的方法

许多企业对某些重要材料过于依赖同一家供应商，这家供应商常常能左右采购价格，对采购企业施加极大的影响。这时采购企业已落入供应商垄断供货的控制之中。企业只有唯一的一家供应商，或者说该供应商受到强有力的专利保护，或者采购企业处在进退维谷的两难境地，因为另换供应商不划算。如计算机系统，若要更换供应商，则使用的软件可能也要做出相应的变动。因此，防止供应商控制是企业采购管理的一个重要方面。

(1) 全球采购

当企业得到许多商家的竞价时，如有 30 家供应商，企业只要 3 家报价，这就很有把握找到最佳供应商。全球采购往往可以打破供应商的垄断行为。

(2) 再找一家供应商

独家供应有两种情况，一是供应商不止一家，但买方企业只向其中一家采购，大多是由买方造成；二是仅此一家，是由卖方造成，如独占性产品的供应商或独家代理商等。

对于第一种情况，只要“化整为零”变成由多家供应，会造成卖方企业间的竞争。西门子公司的一项重要采购政策就是：除非技术上不可能，每个产品会有两个或更多供应商供应，规避供应风险，保持供应商之间的良性竞争。

(3) 增强相互依赖性

多给供应商一点业务，就会提高供应商对采购企业的依赖性。

(4) 更好地掌握信息

更清楚了解供应商对采购企业的依赖程度。有家公司所需的元件只有一家货源，但它发现自己在供应商仅有的三家客户中是采购量最大的一家，供应商离不开这家公司，结果在要求降价时供应商做出了相当大的让步。

(5) 利用供应商的垄断形象

一些供应商为自己所处的地位而惴惴不安。在受到指责利用垄断地位时，他们都会极力辩解，即使一点点不利宣传的暗示也会让他们坐卧不安。

(6) 注意业务经营的总成本

供应商知道采购企业没有其他的供应源，可能会咬定价格不放，但采购企业可以说服供应商在其他非价格条件下做出让步。采购企业应注意交易中的每一个环节，全都加以利用，总成本中的每个因素都可能使企业节约费用。如在送货上，洽谈合适的送货数量和次数，可以降低仓储和货运成本；在付款条件上，立即付款则要求给予一定的折扣。

(7) 一次性采购

如果采购企业预计所采购的产品的价格可能要上涨时，一次性采购的做法方可实行。根据相关的支出和库存成本，权衡一下将来价格上涨的幅度，与营销部门紧密合作，获得准确的需求数量，进行一次性采购。

(8) 协商长期合作

长期需要某种产品时，可以考虑订立长期合同，一定要保证持续供应和价格的控制，采取措施预先确定产品的最大需求量以及需求增加的时机。

(9) 与其他用户联手

与其他具有同样产品需求的公司联合采购，由一方代表所有用户采购会惠及各方。垄断供应商被多家公司联合采购攻克的例子很多。只有那些产出不高、效率低的独家供应商，才是采购方应该痛下杀手的对象。

6.3.4 供应商关系管理

供应商关系与客户关系一样是企业与生俱来的。在产业整个供需链条的每个中间环节，都是由客户—供应商连接起来的，企业与其供方之间关系的复杂性与管理的艰巨性，使得任何一端的失误，都会造成企业经营的失败。这不但要求我们要将供应商关系作为企业供应链上重要的一环加以强调，还需要系统地总结供应商关系管理独特的规律，并且采用信息技术作为现代企业供应商关系管理的基础。

供应商关系管理（Supplier Relationship Management，SRM），是企业供应链（Supply Chain）上的一个基本环节，它建立在对企业的供方（包括原料供应商、设备及其他资源供应商、服务供应商等）以及与供应相关信息完整有效的管理与运用的基础上，对供应商的现状、历史，提供的产品或服务，沟通、信息交流、合同、资金、合作关系、合作项目以及相关的业务决策等进行全面的管理与支持。

1. 关系与沟通

关系与沟通包括人之间的，以及组织之间的，这不仅仅是对有关的对象相关信息的系统管理与应用，也包括对多种多样的沟通渠道（例如各种基于网络的新型通讯/互动方式，电子信件，实时通信，视频会议，远程的小组协同工作等）的直接集成与支持，以及对业务、事件、计划的跟踪管理等。

在供应商关系管理体系中，不一定独立的实现这些功能，而是与相应的企业信息系统功能，例如分布式的企业办公环境相集成。

2. 业务流程与业务类型

除了传统的“采购”业务之外，供应商关系管理需要关注所有与供方相关的业务，比如供应商的选择与评估，战略合作关系的建立与协调，共同开发计划，对供方设计过程的直接参与，建立有效的沟通方法与渠道，意外处理的流程等。近些年来的趋势是，作为“客户”的买方越来越深入供方的业务流程，例如，通过建立基于信息技术的业务模式，使二者之间的供需业务如同在一间公司内的生产计划和送货安排一样及时和有效，甚至将买方的原料仓与供方的成品仓合为一体。

供应商关系管理体系的一个基本目标，是将企业内部的工作流与供方的工作流直接衔接，以及直接处理跨越二者的综合业务，形成跨越组织界限的高效率的业务流程。

3. 项目管理

与供应商合作的简单方式，是直接采购。而今天一个典型的供需合作，往往不限于单纯采购供货，还包括以项目方式提供服务，合作开拓/开发产品或服务项目，乃至指导协助供应商进行的改进计划，督察供方内部为需方进行的项目，例如设计开发等。因此，供应商关系管理应当包括或者集成项目与计划管理的功能。

4. 决策管理与支持

业务决策的两个最基本的要素是数据和规则。供应商关系管理系统应当提供准确、及时与充足的数据以及分析手段，并有效地实现与管理企业设定的规则，使得决策变得更加有效、透明和易于控制。

5. 信息技术

对于小型的，产品简单、供应关系单纯的企业，供应商关系管理的难度可能不会充分体现出来，而稍大型的，产品构成复杂，尤其是注重竞争优势、品牌营销策略的企业，常需要与大量分散的供应商建立长久的合作关系。此时，首先需要一个良好的，动态更新，充分共享，支持地理分散的应用与协同工作，并且易于管理的供应信息系统，进而，在完整、准确、及时的信息基础上，就可以进一步开发和利用各种统计分析、信息发掘或计划项目管理、业务规则管理与决策支持工具等，帮助各个层次的业务人员迅速准确地了解需要的信息，高效率地做出决策或反应。这样的系统，只有运用信息技术才能有效地实现。

6. 电子数据交换与电子商务

与供应商之间的电子数据交换（EDI），是供应商关系管理系统所追求的基本功能。企业的 CRM 与 SRM 应当包含接口功能，支持标准化的数据交换与业务规则，二者分别与上游及下游的伙伴系统连接，构成了完整的、企业间集成的 SCM 管理系统，这可以说是对所谓"B2B"电子商务的一个操作性诠释。真正的 EDI，需要建立在一些标准的商务模式，包括信息交换的标准之上，传统的 EDI 在这方面经过了多年的探索，但并没有向最初预期的那样迅速普及。目前，新一代的信息交换标准技术 XML 已经被确立，并正在迅速地成熟与完善起来，可以预见，EDI 的真正普及实现，很可能将体现为基于 XML 技术、标准商务规则的 SRM 与 CRM 的集成。

7. 供应商关系管理与供应链

传统的经营管理，主要注重企业内部的管理，对外则作为一种被动式的关系。20 世纪后期以来，伴随环境的变化，企业经营管理的策略有了明显的进化，在追求自身的灵敏性与竞争优势的同时，主动地去建立、改进与客户、供应商之间的战略同盟（或虚拟企业），处于领导地位的企业不是被动地与客户、供应商打交道，而是主动地引导、改变、管理它们之间的合作关系与业务模式，而这种对合作关系的"主动管理"，更多地体现在供应关系上。

与客户关系相比较，供应商的关系处于第二位，然而在供应链之中，它们永远是并举的两端。正如前面所说，未来的 SRM 应当能够与对方的 CRM 直接连接或集成，加上企业内部的系统（例如制造业的 MRPⅡ/ERP 系统，包括 CRM 系统），就构成了全面开放、集成的虚拟企业信息系统或电子商务模式。

长期以来，供应商和买家由于交易行为就是纯粹的买卖关系，内容简单，双方的交易关系一般在货物交付、货款结清时就基本结束。在其他条件不变时，交易价格就成为双方磋商的焦点。传统的供应商关系中，产品的供应价格被视作一项主要成本；供应商管理的核心内容是如何降低价格。20 世纪 90 年代中后期，发达国家的供应商与买家的关系开始发生战略性的变化。供应商关系管理的内容也远远不限于压低价格。

建立合作伙伴关系已成为趋势。在密切的共同利益驱动下，游戏规则从单赢变成了双赢。调查显示：与 10 多年前相比，大部分企业的供应商数目还不到原来的 1/3，有些跨国企业更有过之而无不及。在合作伙伴关系下，供应链的双方有了共同目标。供应商成本的各项组成都成为买家的供应商管理的内容。

供应商关系管理的技巧在中国的应用还处于初级阶段。但随着市场竞争的加剧，不稳定的供应商关系将给企业带来越来越大的经营风险。实践证明，供应商关系管理作为企业战略采购解决方案让企业能够实现一个协同的环境，在整个产品生命周期过程中更好地支持成本管理，从而让企业更好地参与整个供应链流程。这样的结果是：缩短设计过程，使企业能够以更快、更好的效益推出新产品，最终提高（价值）顶线和降低（成本）底线

以获得竞争优势。

供应商选择与管理是采购管理中的重要环节，也是采购可持续发展的基础。本章从供应商管理的基本原则和方法出发，主要介绍了供应商调查与开发、供应商选择过程与方法、供应商管理策略与办法等方面的内容。

思考题

1. 什么是供应商管理？试简述供应商管理的意义。
2. 什么是初步供应商调查？进行供应商分析的主要内容有哪些？
3. 选择供应商的标准有哪些？应遵循的原则有哪些？
4. 选择供应商的步骤有哪些？
5. 进行供应商评估的指标体系有哪些？
6. 企业对供应商分类的方法有哪些？企业与供应商的关系表现为哪几种？

7 采购谈判与合同管理

7.1 采购谈判概述

谈判是由两个人或多个人通过面对面或电子方式或书面形式，就一个或多个问题寻求协议、进行正式沟通的过程。谈判的中心内容是每一方都试图说服另一方做出最有利于自己的决策。商务谈判，是当事人为了完成某项交易或实现一定的经济目标，而与其他目标影响者就交易的条件进行协商的过程。

1. 采购谈判的概念

采购谈判是商务谈判的一种，是指企业在货物购买过程中为了实现与供应商交易这一经济目标，就交易的条件进行协商的过程。购买方想以自己比较理想的价格、货物质量和供应商提供其他优良的服务保证条件来获取供应商的货物，而供应商则想以自己希望的价格和服务条件向购买方提供自己的货物。当两者不完全统一之前，就需要通过不断的协商、讨价还价来使意向趋于一致，这就是采购谈判。

2. 采购谈判的特点

（1）目的性。采购谈判是为了最终获取本单位或部门所需，保障本单位或部门及时持续的外部供应。

（2）经济效益性。采购谈判讲求经济效益。在谈判中，买卖双方争议最激烈的问题往往是货物的价格问题，对采购者而言，当然是希望以最低的价格获得所需货物。

（3）利益协调性。采购谈判是一个买卖双方通过不断调整各自的需要和利益而相互接近，最终在某些方面达成共识的过程。

（4）合作和冲突的相融合性。采购谈判蕴涵了买卖双方合作与冲突的对立统一关系。双方都希望最终能够达成协议，这是合作的一面；但双方同时又希望通过协议能够获得尽可能多的利益，这是冲突的一面。

（5）科学性。在采购谈判中，掌握谈判的基本知识和一些常用策略技巧能使谈判者有效地驾驭谈判的全过程。最终达成的协议所体现的利益主要取决于买卖双方的实力和当时的客观形势。

（6）艺术性。谈判结果受谈判当事人谈判技巧和艺术的影响，因此采购人员应掌握谈判的策略，懂得谈判的艺术是维护公司利益的必要条件。

3. 采购谈判的目的和内容

（1）采购谈判的目的

采购谈判是为了达到以下的目的：

①希望获得供应商质量好、价格低的货物；

②希望获得供应商比较好的服务保障条件；

③希望在发生货损、货差时，获得合理的赔偿；

④当货物质量、数量等问题发生纠纷、产生赔偿争议时，能够妥善解决。

（2）采购谈判的主要内容

在采购谈判中，谈判双方主要就货物交易条件进行磋商，具体包括：

①货物的数量条件

货物的数量是采购合同不可缺少的主要条件之一，也是交易双方交接货物的依据，必须根据供方和需方的实际情况磋商确定。

②货物的质量条件

只有明确了货物的质量条件，谈判双方才有谈判的基础，也就是说谈判双方首先应当明确双方希望交易的是什么货物。在规定货物质量时，可以用规格、等级、标准、产地、型号和商标、货物说明书和图样等方式来表达，也可以用一方向另一方提供货物实样的方式来表明己方对交易货物的质量要求。

③货物价格条件

在国内货物买卖中，谈判双方在货物的价格问题上主要就价格的高低进行磋商。而在国际货物买卖中，货物的价格表示方式除了要明确货币种类、计价单位以外，还应明确以何种交易术语成交。

④货物的交货条件

交货条件是指谈判双方就货物的运输方式、交货时间和地点等进行磋商。而货运的保险条件的确定需要买卖双方明确由谁向保险公司投保、投保何种险别、保险金额如何确定，以及依据何种条款办理保险等。

⑤货款的支付

主要涉及支付货币和支付方式的选择。在国际货物买卖中使用的支付方式主要有：汇付、托收、信用证等。不同的支付方式，买卖双方可能面临的风险大小不同，在进行谈判时，应根据具体情况慎重选择。

⑥检验、索赔、不可抗力和仲裁条件

有利于买卖双方解决争议，保证合同的顺利履行，维护双方的权利，是国际货物买卖谈判中必然要商议的交易条件。

4. 采购谈判的分类

（1）按当事人之间的关系

按照谈判当事人之间的关系可分为初次交易谈判和多次交易谈判。

①初次交易谈判

因为是初次交易，彼此都为陌生人，因此在谈判中要注意以下两点：

首先，摸清对方底细。初次见面不可轻易言语或行动，要首先摸清对手以下特征：对手的性格、对手的好恶、对手的权力和在谈判中的地位。

其次，留有余地。留有余地表示不要做事或说话没有回旋的余地，留有余地也是一个量化的概念，一个度的概念。它包括：待人不应过于热情；说话不可过绝过满，以防走火，覆水难收；出手的条件不宜过快、过高，以防勾起对手更高的欲望，使谈判进入死胡同；处理谈判分歧，不宜过激过软，以防误解和损失等。

②多次交易关系

多次交易关系是指与谈判对手已有过交往，并成就过交易的老关系。是熟人、老朋友的有利体现在心中有底；其不利，就是透明度高，无处藏身。这类谈判给谈判当事人提出了如何运用熟关系的课题。突出点是：

首先，扬长避短。在老朋友面前，彼此强弱已有所了解，已是“知己知彼”，但不等于“百战不殆”。中间必须插入“扬长避短”，只有以己之长，方可克其之短。

此外，在多次交易关系中可能是交恶甚深。倘若明智，可在调兵遣将上选派合适人选；倘若立足于“不打不相识”、将矛盾转化，变消极为积极的态度时，也可不换人，让老相识、老对手在相逢时自觉地谨记“前车之鉴”，相互“扬长避短”，以取得良好谈判效果。

其次，坚持公开性。老朋友在谈判中有某种“身份”，即该关系对于己方与对方来说均有种无形的影响。这种影响力无论在谈判手主观意识上，还是在周围人的眼中均会占有一定的评价分量，使人们喜欢公开炫耀这种关系，利用其价值。

谈判当事人均会有意识地让他人知道朋友的关系，甚至乐道其历史渊源。在谈判中，经常会拿友谊换取条件。

（2）按交易谈判的范围

按交易谈判的范围可分为国内谈判和国际谈判。

①国内谈判是交易双方都在一国范围内进行的采购谈判。它和国际谈判是相对而言的。

②国际谈判是不同国家的交易双方进行的谈判活动。随着国际采购的发展，跨文化的谈判大幅度增加。各方具有不同的语言、习俗、法律和文化，增加了谈判的复杂性。准备国际谈判的时候，必须为翻译、旅行和国外业务的其他需要另外制订计划。

7.2 采购谈判的前期工作

7.2.1 谈判前的准备

准备工作做得如何在很大程度上决定着谈判的进程和结果。一些规模较大的重要谈判，往往提前几个月甚至更长时间就开始进行精心的准备。

在谈判进行时，人们关心的三个主要问题是：

第一，我们想要的是什么？是更低的价格、改善的关系、更大的折扣，还是更快的交货、质量的改变？

第二，我们每一项“想要的”对我们有多大价值。比如即时交货 = 高的优先权、较低的价格 = 中等优先权、质量改变 = 低优先权。

第三，什么是我们的进入点和退出点？进入点其实就是你的“开价”。一旦暴露无遗，你就不可能再行提高，所以显然要对开价进行仔细的考虑。退出点是你“走开”的位置。要避免中止讨价还价这种可能性，因此在筹备阶段确认、理解这一点是很重要的。

所以，围绕着这三个主题，谈判前的准备阶段所需要做的具体工作就是：明确谁将参加谈判、谈判中的主要问题是什么、将在何时何地进行谈判、怎样进行谈判。计划谈判包括这些步骤。许多谈判相对简单，仅需要基本的准备和计划；另外一些谈判可能比较复杂，需要数月的准备。不管怎样，如果买方为谈判做了充分的计划与准备通常会产生较好的效果。

谈判前的准备和分析工作包括以下几个方面：确定具体谈判目标，分析各方的优势和劣势，谈判相关信息资料的收集，认识对方的需要，识别客观情况和问题，为每一个问题设定一个成交位置，谈判方案的制订，让其他人员简要了解谈判内容，谈判队伍的组选，开发谈判战略与策略，谈判预演等。

1. 确定谈判目标

制订有意义的目标对谈判成功至关重要，所以准备工作的第一步就是确立希望通过谈判达到的明确目的，是未来通过谈判工作力图实现的愿望或图景。

采购谈判的基本目标是就所要采购的产品或服务达成协议。对于稀缺资源，达成一致的可能性不大，双方就不必进行谈判了。这并不意味着所有的谈判都会成功，由于问题的成交位置没有重叠，许多谈判最后以僵局告终。但是，在谈判真正开始之前，通常双方相信他们能够达成协议。如果双方不这样认为，他们就不会浪费时间和精力来准备谈判了。

谈判的另一个重要目标是在买卖双方之间以公平合理的价格达成协议，通常还会包括前置时间的确定，质量指标，双方建立何种关系等。必须注意，尽管谈判有众多目标，但并不是所有的目标都同等重要，因此，买方必须确认每个目标的重要程度。一般可把各目标按重要性分为必须实现目标、中等目标、最高目标三类。

(1) 必须实现目标

对于采购谈判来讲，首先是为了获得需要的零部件或原材料等货物，所以，谈判就以能满足本企业（地区、行业或单位）对零部件或原材料的需求数量、质量和规格等作为谈判追求的目标，也就是谈判“必须实现”的目标。

(2) 中等目标

采购谈判还要以价格水平、经济效益水平等作为谈判的目标。这可作为中等目标。

(3) 最高目标

采购谈判还要考虑供应商的售后服务情况。例如，供应商的送货、安装、质量保证、技术服务活动等，这是采购谈判追求的最高目标。

2. 收集采购谈判的相关信息资料

要分析自己和对手的优势劣势，需要收集信息，如果卖方和买方原先有过采购合同的谈判，这个过程就不那么困难，买方可能已经对许多重要问题有了答案。比如双方发生了什么，和我们谈判的是原先那些人还是其他人，对供应商来说重要的问题是什么、意见不同的领域有哪些、谈判规则有没有我们想要改进的地方。

如果买方并不了解供应商，则公开发行的信息是可以利用的公共信息源。这些信息包括行业杂志、其他商业出版物、行业协会数据、政府报告、年度报告、财务评价（如D&B 报告）、商业数据库、直接询问供应商以及通过互联网获得信息。在谈判前，买方也可能已经通过供应商提供的报价单而获得信息。

(1) 采购需求分析

采购需求分析就是要在采购谈判之前弄清楚企业需求什么、需求多少、需求时间，最好能够列出企业物料需求分析清单。

(2) 资源市场调查

在做出采购需求分析之后，就要对资源市场进行一番调查分析，获得市场上有关物料的供给、需求等信息资料，为采购谈判的下一步决策提供依据。

(3) 对方情报收集

①资信情况

调查供应商的资信情况，包括以下两个方面：

首先，要调查对方是否具有签订合同的合法资格，在对对方的合法资格进行调查时，可以要求对方提供有关的证明文件。

其次，要调查对方的资本、信用和履约能力。

②对方的谈判作风和特点

谈判作风实质是谈判者在多次谈判中表现出来的一贯风格。

③了解对方的需要

谈判中的买方和卖方在许多方面互为影子。各方都想达成有利于长期成功合作的协议。当买方收集供应商信息时，确认这些问题对供应商非常重要。

3. 资料整理和分析

在通过各种渠道收集到以上有关信息资料后，还必须对它们进行整理和分析。在这里主要做两个方面的工作：

第一，鉴别资料的真实性和可靠性，即去伪存真。在实际工作中，由于各种各样的原因和限制因素，在收集到的资料中往往存在着某些资料比较片面、不完全，有的甚至是虚假的、伪造的，因而必须对这些初步收集到的资料作进一步的整理和甄别。

第二，鉴别资料的相关性和有用性，即去粗存精。在资料具备真实性和可靠性的基础上，结合谈判项目的具体内容与实际情况，分析各种因素与该谈判项目的关系，并根据它们对谈判的相关性、重要性和影响程度进行比较分析，依次制订出具体的切实可行的谈判方案与对策。

4. 识别实际情况

做谈判准备工作时要求区分实际情况。谈判双方应对什么是实际情况、要谈判的问题较早达成一致。实际情况是现实或真实的情况，是不必讨论的条件，它可以清晰地描述，比如买方想购买一套设备，就不必和供应商商谈买方是否真的需要一套设备（尽管设备的具体型号是需要讨论的未定问题）。相反，问题是要在谈判中解决的条款或主题。例如，确定价格与设备交货日期都属于问题范围。谈判问题的确认非常重要，因为正是在这些问题上需要双方达成协议。除了价格，谈判双方还可以讨论许多问题。计划过程要确认双方想通过谈判来解决的主要问题。

5. 设定问题成交位置

谈判各方必须要为每个即将讨论的问题设定一个成交位置，这个成交位置应当具有弹性。因此，谈判者应当建立一系列的成交位置。通常有最小可能接受的结果、最大或理想结果和最有可能的目标成交位置。如果这一问题是价格，卖方会有一个目标价格，以此价格把产品卖给买方。当然，如果买方愿意支付，卖方愿意索取更高的价格。成交位置范围的关键是卖方愿意将产品卖给买方的最低价格，采购方必须在谈判前仔细确定这一范围。

6. 介绍谈判内容

采购谈判通常会影响公司里的其他部门，进行谈判的个人或团队应当向这些部门作简要介绍，确保它们了解并赞同谈判目标。在简要介绍中也可以简明谈判的主要问题以及对这些问题设定成交位置。在谈判前让其他人员简要了解谈判内容，可以让人们对谈判做好心理准备

7.2.2 采购谈判队伍

采购谈判能否取得预期的效果，取决于谈判人员能否审时度势，正确合理地运用谈判策略。采购谈判队伍的组选就是指在对谈判对手情况以及谈判环境诸因素进行充分分析研究的基础上，根据谈判的内容、难易程度选择谈判人员，组织高效精干的谈判队伍。

在谈判中，人的因素显然是不可忽视的，人是谈判中的关键因素。谈判的参与者除了要具备谈判者所需的知识与技能之外，还应该具有谈判时的团队合作精神。

1. 谈判队伍组选的原则

为了保证谈判达到预期的目标，有更高的工作效率，提高谈判的成功率，在确定谈判队伍阵容时，应着重考虑谈判主体的大小、重要性和难易程度等因素。对于较小型的谈判，谈判队伍可由 2~3 人组成，有时甚至由一人全权负责。而对于内容较为复杂且较重要的大型谈判，由于涉及的内容广泛、专业性强、资料繁多、组织协调的工作量大，配备人数要比小型谈判多。

2. 谈判人员的选择和配备

在通常情况下，参加采购谈判的人数往往超过一人而构成谈判小组。对于复杂的较为重要的谈判来讲，首先，可以满足谈判中多学科、多专业的知识需求，取得知识结构上的互补与综合优势；其次，可以群策群力，集思广益，形成集体的进取与抵抗的力量。在实际谈判中应注意：

(1) 在确定具体谈判人选时，要以上述对谈判人员的素质要求为指导思想，尽量选择“全能型的专家”。所谓“全能”，即通晓技术、经济、法律和语言四个方面的知识，“专家”即指能够专长某一个方面。

(2) 在确定谈判小组具体人数时，要以上述谈判队伍组选的原则为指导思想，合理确定谈判小组的规模，同时也要兼顾谈判小组的工作效率。一般情况下，谈判小组由 3~5人组成。

3. 地点的选择

一般而言，谈判地点的选择不外乎三种情况：己方所在地、对方所在地、双方之外的第三地。对于最后一种情况往往是双方在参加货物展销会时进行的谈判。三种地点选择各有利弊。

(1) 在己方所在地进行谈判

其主要优点是：以逸待劳，无须熟悉环境或适应环境这一过程；随机应变，可以根据谈判形势的发展随时调整谈判计划、人员、目标等；创造气氛，可以利用地利之便，通过热心接待对方，关心其谈判期间的生活等问题，显示己方的谈判诚意，创造融洽的谈判气氛，促使谈判成功。

其主要缺点是：要承担烦琐的接待工作；谈判可能会受己方领导的制约，不能使谈判小组独立地进行工作。

(2) 在对方所在地进行谈判

其主要优点是：不必承担接待工作，可以全心全意地投入到谈判中去；可以顺便实地考察对方的生产经营状况，取得第一手资料；在遇到敏感性问题时，可以推说资料不全而委婉地拒绝答复。

其主要缺点是：要有一个熟悉和适应对方环境的过程；谈判中遇到困难时，难以调整自己，容易产生不稳定的情绪，进而影响谈判结果。

(3) 在双方之外的第三地进行谈判

其优点是：对于双方来说在心理上都会感到较为公平合理，有利于缓和双方的关系。

其缺点是：由于双方都远离自己的所在地，因此，在谈判准备上会有所欠缺，谈判中难免会产生争论，影响谈判的成功率。

4. 采购谈判方案的制订

谈判方案是指在谈判开始前对谈判目标、谈判议程、谈判对策等预先所作的安排。谈判议程即谈判的议事日程，它主要是说明谈判时间的安排和双方就哪些内容进行磋商。

（1）采购谈判主题的确定

要进行一次谈判，首先就要确定谈判的主题，凡是与本次谈判相关的、需要双方展开讨论的问题，都可以作为谈判的议题。可以先一一罗列出来，然后根据实际情况，确定应重点解决哪些问题。对于采购谈判来讲，最重要的也就是采购货物的质量、数量、价格水平、运输等方面，所以，应把这些问题作为谈判议题重点加以讨论。

（2）采购谈判时间的安排

谈判时间的安排，就是要确定谈判在何时举行，为期多久。若是系列谈判需要分阶段进行的话，还应对各阶段的谈判时间做出安排。一般来说，在选择谈判时间时，要考虑以下几个方面的因素：

准备的充分程度。要注意给谈判人员留有充分的准备时间，以防仓促上阵；

要考虑对方的情况。不要把谈判安排在对对方明显不利的时间进行；

谈判人员的身体和情绪状况。要避免在身体不适、情绪不佳时进行谈判。

（3）谈判备选方案的制订

通常情况下，在谈判过程中难免会出现意外的事情，令谈判人员始料不及，影响谈判的进程。为了预防这种情况的发生，在接到一个谈判任务时，应对整个谈判过程中双方可能做出的一切行动作正确的估计，并依次设计出几个可行的备选方案。

（4）谈判预演

有经验的谈判者会在正式谈判前进行排练或预演，方法之一就是模拟谈判过程。例如，采购部门以外的工作人员可以分别扮成供应商，在谈判预演中，对方所提出的问题可能是买方原先没有想到的，提醒买方及早准备，这会对正式谈判有所帮助。

7.2.3　谈判前的分析工作

一个组织的采购业务的工作是非常复杂和细致的，对于每一项采购活动，都需要进行大量细致的调查和准备工作。从需求入手，经过内部谈判，除制订采购计划，搜寻供应商、分析市场环境和竞争、建立成本模型外，还要进行谈判战略目标的制定，采用行之有效的谈判手段和技巧，达到谈判的目标，最后对供应商的绩效进行评估。作为采购经理对产品和服务的采购程序非常清楚，而作为谈判前期的准备工作中的重要的组成部分“市场分析”也将成为采购经理必须具备的基本谈判技能。

著名的管理学家迈克尔·波特认为，供应市场的“市场分析”对采购商来说是非常重要的，特别是对于高价值的、经常性的采购业务。只有对供应市场有深刻的理解和透彻的感悟，才会在采购谈判中立于不败之地。迈克尔·波特认为在供应市场中存在五种竞争力，分别为：采购商、供应商、潜在的进入者、替代商品和竞争环境。

1. 采购商

采购商的竞争力取决于其议价能力和在市场中的竞争地位。采购商对于供应商来讲是心中永远的“痛”，特别是在目前这样一个买方市场的情况下。如果采购商属于少数几个大的市场垄断者，那么他的议价能力就会很强，他对供应商的影响会很大，很多供应商就会积极地与其发展关系，哪怕不赚钱也要做。例如：波音和空中客车等公司采购航空发动机，沃尔玛、家乐福集团采购零售商品，大众、通用、丰田、本田等汽车生产商采购汽车零配件等都非常能说明垄断的采购商议价势力的强势问题。同样，如果采购商的业务量很小，企业组织也不大，采购商的业务对大多数供应商企业不重要，这个时候采购商在谈判中的议价势力和地位就会很低，对于这样的供应市场，采购商的采购谈判战略也会发生改变。绝不会“自作多情”地“积极”地和供应商发展“战略伙伴”关系，而是尽量地提高采购效率，降低采购成本。

2. 供应商

供应商的立场和利益是由其自身的能力和地位决定的，他的竞争力有的时候也是非常强的。例如，波音和空中客车公司对于大型的航空器的供应市场都具有非常大的垄断能力，如果采购方需要高质量的大型航空器产品和服务，就要和这样的供应商协商，这样的供应商在采购谈判中就会具有比较强的议价能力和比较强势的谈判地位，也就是在一定的范围内可以左右市场价格。反之，对于同质化供应众多的产品，例如汽车、计算机、星级酒店、酒店用品、文化生活用品等这样的产品，供应商在和采购商谈判中，就会处于比较低的竞争地位和谈判势力，在谈判中他可能为采购商提供更好的折扣、服务来增加营业额，就会在很大范围内做出一定的让步和妥协。为了规避企业发展的风险，这类供应商一般会和众多的采购商建立良好的长期的合作关系，乃至松散的战略合作关系，以便保持企业的良好的销售收入和良好的主业发展。

3. 潜在的进入者

它是指那些可以随时加入到这个市场竞争中的企业进入这个市场的可能性大小。供应商市场所处行业进入的门槛（或者条件），包括技术水平、知识产权、资本势力、改变客户的成本、规模经济的程度，以及使用渠道的难易程度等方面。如果这个门槛设置得很高，那么进入这个供应市场就会比较困难，需要大量的巨额资本、需要达到很大的生产规模、更先进的技术和丰富的客户资源等，这样的供应商在市场的竞争就会相对稳定，供应商在谈判中的议价势力就会很强，地位也会很高；采购商在采购谈判中的议价势力就会很弱，谈判地位也不高。例如，组织要进入房地产行业、汽车行业、石油能源、大型化工行业等都会非常困难。反之，一些组织进入这样的供应商市场将会比较容易，市场的竞争就会加剧。例如组织要进入计算机、食品、饮料等行业则会相对容易。这时的采购商在采购谈判中就会有比较大的议价能力，同时具有比较高的谈判地位。采购经理也会取得很好的谈判业绩。

4. 替代商品

非常简单，就是在市场中存在很多的同质化的替代产品或者服务。例如：出远门的时候我们的选择就很多，自己开车、长途汽车、火车、飞机、轮船等，都是可以达到同样的目的和结果，尽管成本上会有一些差别。在非常具有吸引力的服务和条件下，采购商会改变原来的计划改选其他的替代产品和服务。改变火车运输而采用公路汽车运输，以满足客户对准确的时间的要求，一些大量的产品可以选用价格更低的轮船运输等，如果可以，不住五星级酒店而改住四星级酒店等，在满足使用的条件下，酒店选用价值更低一些的易耗品等，都是可以接受的由于竞争条件改变而产生的市场竞争结果。这样的供应商市场中，采购商在谈判中具有非常高的谈判议价能力和谈判地位。

5. 竞争环境

每个供应商也是采购商。例如，汽车生产企业不仅为世界的消费者提供高质量的各种汽车产品和服务，同时也是汽车零配件的全球采购商。对于发动机、车架、轮胎、电子发动机控制系统、安全玻璃等生产企业，汽车生产企业是最直接的采购商，而各大汽车公司之间则为了赢利而展开激烈的竞争。而在充分的市场竞争中，组织所采用的竞争策略也是非常重要的。例如：成本领先策略，就是同类商品中的低价策略。格兰仕微波炉就是最著名的例子；商品差异化策略：记住与那些不同于竞争者的产品和服务，例如：同一档次的轿车之间的竞争，而差异化往往只是一些感觉，而并不是真实的看得见的。还有一个策略就是可靠性策略。重点在质量、交货和支持服务等方面。而当前市场为买方市场的情况下，组织可能采用多种竞争方式进行竞争。采购商在谈判中也要对供应商的竞争策略有非常明确地认识和了解，根据供应商不同的竞争策略采取相对的采购策略，只有这样才会立于不败之地。

迈克尔·波特认为，供应市场中的这五种竞争力对采购经理都是有非常大的影响，而这五种竞争力也不是单一的，都是相互作用，相互影响，没有一个采购业务是单一竞争力影响的结果。作为组织的采购经理，学会“市场分析”理论，就会对组织的采购产品和服务在供应市场中的地位和谈判实力有很清楚地认识和评价，对于工作中的采购谈判的战略制定，战略目标的确立，以及组织谈判团队都有非常重要的指导意义。例如，采取 L-I-M 方式制定采购战略和采购目标，英国皇家采购与供应学会 CIPS 的理论认为，提前制定合适的采购谈判战略和采购目标将会对我们的采购活动创造积极的影响和起到非常重要的作用。L-I-M 也是非常重要的实用技术。

7.3 谈判的技巧

7.3.1 谈判应做到的 17 点

1. 谈判前要有充分的准备

知己知彼，百战不殆。采购人员必须了解商品的知识、品类市场及价格、品类供需情况状况、本企业情况、本企业所能接受的价格底线与上限，以及其他谈判的目标，这里不赘述。但提醒大家一定要把各种条件列出优先顺序，将重点简短地写在纸上，在谈判时随时参考，提醒自己。

2. 只与有权决定的人谈判

谈判之前，最好先了解和判断对方谈判人员的权限。采购人员接触的对象可能有：业务代表、业务各级主管、经理、副总经理、总经理甚至董事长，依供应商的大小而定。这些人的权限都不一样，采购人员应尽量避免与无权决定事务的人谈判，以免浪费自己的时间，同时也可避免事先将本企业的立场透露给对方。

3. 尽量在本企业办公室内谈判

零售商通常明确要求采购员只能在本企业的业务洽谈室里谈业务。除了提高采购活动的透明度、杜绝个人交易行为之外，最大的目的其实是帮助采购人员创造谈判的优势地位。在自己的地盘上谈判，除了有心理上的优势外，还可以随时得到其他同事、部门或主管的必要支援，同时还可以节省时间和旅行的开支，提高采购员自己的时间利用率和工作效率。

4. 对等原则

不要单独与一群供应商的人员谈判，这样对己方极为不利。谈判时应注意“对等原则”，也就是说：我方的人数与级别应与对方大致相同。如果对方极想集体谈，先拒绝，再研究对策。

5. 不要表露对供应商的认可和对商品的兴趣

交易开始前，对方的期待值会决定最终的交易条件，所以有经验的采购员无论遇到多好的商品和价格，都不过度表露内心的看法，让提供商得到一个印象：费九牛二虎之力，终于获取了你一点宝贵的进步！永远不要忘记：在谈判的每一分钟，要一直持怀疑态度，不要流露与对方合作的兴趣，让供应商感觉在你心中可有可无，这样可以比较容易获得有利的交易条件。对供应商第一次提出的条件，有礼貌地拒绝或持反对意见。采购员可以说：“什么!?”或者“你该不是开玩笑吧?!”从而使对方产生心理负担，降低谈判标准和期望。

6. 放长线钓大鱼

有经验的采购员会想办法知道对手的需要，因此尽量在小处着手满足对方，然后渐渐

引导对方满足采购人员的需要。但采购员要避免先让对手知道我公司的需要，否则对手会利用此弱点要求采购人员先做出让步。因此采购人员不要先让步，或不能让步太多。

7. 采取主动，但避免让对方了解本企业的立场

善用咨询技术，“询问及征求要比论断及攻击更有效”，而且在大多数的时候，我们的供应商在他们的领域比我们还专业，多询问，我们就可获得更多的市场信息。故采购员应尽量将自己预先准备好的问题，以“开放式”的问话方式，让对方尽量暴露出其立场。然后再采取主动，乘胜追击，给对方足够的压力。对方若难以招架，自然会做出让步。

8. 必要时转移话题

若买卖双方对某一细节争论不休，无法谈判，有经验的采购人员会转移话题，或暂停讨论喝个茶，以缓和紧张气氛，并寻找新的切入点或更合适的谈判时机。

9. 谈判时要避免谈判破裂，同时不要草率决定

有经验的采购人员，不会让谈判完全破裂，否则根本就不必谈判。他总会给对方留一点退路，以待下次谈判达成协议。但是，采购人员须说明：没有达成协议总比达成协议的要好，因为勉强达成的协议可能后患无穷。

很多人在谈判时大方向是知道的，但有经验的采购人员是把整个谈判内容化整为零，谈完了一点耗得你筋疲力尽时，他又突然跳到另一点，有时会绕回刚才那一点。这时，厂家就不一定在每个环节上都知道自己最好的选择和底线是什么了。

其次，对于厂商，你要不断地告诉他，你已经为他做些什么，让他感觉到你已经付出了很多。如果谈不拢不要着急暂时终止谈判，不要害怕主动终止会带来什么负面效应，你要“斗争”到底。适当的时候，你也要做出一些让他们吃惊的行为，让他们重视你。这并不是说你要坚持不让步，“斗争”的主要目的是找到一个双赢的策略（只不过我要尽力赢多一点）。

10. 尽量以肯定的语气与对方谈话

在谈判的中盘，对于对方有建设性的或自认为聪明的意见和发言，如果采取否定的语气容易激怒对方，让对方没面子，谈判因而难以进行，而且可能还会在你的背后下黑招。故采购人员应尽量肯定对方，称赞对方，给对方面子，这样对方也会愿意给你面子。

11. 尽量成为一个好的倾听者

一般而言，供应商业务人员总认为自己能言善道，比较喜欢讲话。采购人员知道这一点，应尽量让他们讲，从他们的言谈举止之中，可听出他们的优势和缺点，也可以了解他们谈判的立场。

12. 尽量站在对方的立场说话

很多人误以为在谈判时，应赶尽杀绝，毫不让步。但事实证明，大部分成功的采购谈判都要在彼此和谐的气氛下进行才可能达成。在相同交涉条件下，要站在对方的立场上去说明，往往更有说服力。因为对方更会感觉到：达成交易的前提是双方都能获得预期的利益。

13. 以退为进

有些事情可能超出采购人员的权限或知识范围，采购人员不应操之过急，不应装出自己有权或了解某事，做出不应作的决定。

此时不妨以退为进，请示领导或与同事研究弄清事实情况后，再答复或决定也不迟，毕竟没有人是万事通。草率仓促的决定通常都不是很好的决定，智者总是深思熟虑，再作决定。古语云："三思而后行"或"小不忍则乱大谋"，事情拖到下次解决可能会更好——要知道往往我们能等而供应商不能等。这样，在谈判要结束时，你就声称须由上级经理决定，为自己争取到更多的时间来考虑拒绝或重新考虑一份方案。

14. 交谈集中在我方强势点（销售量、市场占有率、成长等）上

告诉对方我公司目前及未来的发展及目标，让供应商对我公司有热忱、有兴趣。不要过多谈及我方弱势点，供应商方的谈判高手会攻击你的弱点，以削减你的强项。

在肯定供应商企业的同时，指出供应商存在的弱点，告诉供应商："你可以，而且需要做得更好。"不断重复这个说法，直到供应商开始调整对他自己的评价为止。

15. 以数据和事实说话，提高权威性

无论什么时候都要以事实为依据。这里说的事实主要是指：充分运用准确的数据分析，如销售额分析、市场份额分析、品类表现分析、毛利分析等，进行横向及纵向的比较。

用事实说话，对方就没办法过分夸大某些事情，从而保护住你的原则。首先，作为零售商的采购人员，在谈判前，需明确自己的目标是什么。你一定要坚持公司的原则，即使在不得不让步的情况下，也要反复强调该原则，而且这一原则是有数据和分析支持的。你要永远保持职业化的风格，让对手在无形中加深"他说的是对的，因为他对这方面很内行"的感觉。

16. 控制谈判时间

估计的谈判时间一到，就应真的结束谈判离开，让对方紧张，做出更大的让步。可能的话，把他的竞争对手也同时约谈过来，让你的助理故意进来告诉你下一个约谈的对象（即他的竞争对手）已经在等待。

17. 不要误认为 50/50 最好

一谈双赢，有些采购员认为谈判的结果是 50/50（二一添做五）最好，彼此不伤和气，这是错误的想法。事实上，有经验的采购人员总会设法为自己的公司争取最好的条件，然后让对方也得到一点好处，能对他们的公司交代。因此站在零售采购的立场上，若谈判的结果是 60/40、70/30，或甚至是 80/20，不应有什么"于心不忍"的。

7.3.2 谈判应避免的 14 点

1. 准备不周

缺乏准备，首先无法得到对手的尊重，你心理上就矮了一截；同时无法知己知彼，漏洞百出，很容易被抓住弱点——然后就是你为了挣开这一点，就在另一点上做了让步。

2. 缺乏警觉

对供应商叙述的情况和某些词汇不够敏感，无法抓住重点，无法迅速而充分地利用洽谈中出现的有利信息和机会。

3. 脾气暴躁

人在生气时不可能做出好的判断。盛怒之下，往往做出不明智的决定，并且需要承担不必要的风险。同时由于给对方非常不好的印象，在对方的心目中形成成见，使你在日后的谈判中处于被动状态。

4. 自鸣得意

骄兵必败，原因是骄兵很容易过于暴露自己，结果让对手看清你的缺点，同时失去了深入了解对手的机会。同时骄傲会令你做出不尊重对方的言行，激化对方的敌意和对立，增加不必要的矛盾，最终增大自己谈判的困难。

5. 过分谦虚

过分谦虚只会产生两个效果：一个可能就是让别人认为你缺乏自信，缺乏能力，而失去对你的尊重。另外一个可能就是让人觉得你太世故，缺乏诚意，对你有戒心，产生不信任的感觉。

6. 不留情面

赶尽杀绝，会失去对别人的尊重，同时在关系型地区，也很有可能影响自己的职业生涯。

7. 轻诺寡信

不要为了满足自己的虚荣心，越权承诺，或承诺自己没有能力做到的事情。不但使个人信誉受损，同时也影响企业的商誉。你要对自己和供应商明确这一点：为商信誉为本，无信无以为商。

8. 过分沉默

过分沉默会令对方很尴尬，往往有采购人员认为供应商是有求于自己，自己不需要理会对方的感受。对方若以为碰上了木头人，不知所措，也会减少信息的表达。最终无法通过充分的沟通了解更多的信息，反而让你争取不到更好的交易条件。

9. 无精打采

采购人员一天见几个供应商后就很疲劳了，但这时依然要保持职业面貌。不要冲着对方高昂的兴致泼冷水，这可能让我们失去很多的贸易机会。

10. 仓促草率

工作必须是基于良好的计划管理，仓促草率的后果之一是：被供应商认为是对他的不重视，从而无法赢得对方的尊重。

11. 过分紧张

过分紧张是缺乏经验和自信的信号，通常供应商会觉得遇到了生手，好欺负，一定会好好利用这个机会。供应商会抬高谈判的底线，可能使你一开始就无法达到上司为你设定的谈判目标。

12. 贪得无厌

工作中，在合法合理的范围里，聪明的供应商总是以各种方式迎合和讨好采购人员，遵纪守法、自律廉洁是采购员的基本职业道德，也是发挥业务能力的前提。采购人员应当重视长期收益，而非短期利益。

13. 玩弄权术

不论是处理企业内部还是外部的关系都应以诚实、客观的处事态度和风格来行事。玩弄权术最终损害的是自己，因为时间会使真相暴露，别人最终会给你下一个结论。

14. 泄露机密

天机不可泄露，严守商业机密，是雇员职业道德中最重要的条件。对手会认为你是可靠与可尊敬的谈判对象。所以时刻保持警觉性，在业务沟通中要绝对避免披露明确和详细的业务信息。当你有事要离开谈判座位时，一定要合上资料、关掉电脑，或将资料直接带出房间。

7.4 采购合同的订立与主要内容

采购合同是指采供双方在进行正式交易前为保证双方的利益，对采供双方均有法律约束力的书面文件，有的企业也称之为采购协议。采购合同要由具有法人资格的购销双方当事人共同商定，所定的条款必须符合合同法的有关规定。在实际操作中，采购合同一般由采购方提出签订。有的企业因制度不完善或供应商与企业有某种特殊关系而没有签订合同，一旦出现经济纠纷便会纠缠不清。新合同法规定，合同既可以是书面形式，也可以是口头形式和其他形式。其中书面形式既可以是合同书、信件，也可以是数据电文（如电报、EDI、电子邮件等）。

7.4.1 采购合同的签订

商品采购合同是具有法律效力的文件，它确认供需双方之间的购销关系和权利与义务。合同依法订立后，双方必须严格执行。因此，采购人员在签订合同前，必须审查供应商的合同资格、资信及履约能力，按合同法要求，逐条订立购货合同的各项必备条款。

订立采购合同的资格审查：

1. 审查供应商的合同资格

为了避免和减少采购合同执行过程中的纠纷，在正式订立合同前，采购人员首先应审查供应商作为合同主体的资格。所谓合同资格是指订立合同的当事人及其经办人，必须具有法定的订立合同的权力。审查供应商的合同资格，目的在于确定对方是否具有合法的签约能力，它直接关系到所签订合同是否具有法律效力。

(1) 法人资格审查

审查供应商是否属于经国家规定的审批程序成立的法人组织。法人是指拥有独立的必

要财产、有一定经营场所、依法成立并能独立承担民事责任的组织机构。判断一个组织是否具有法人资格，主要看其是否持有工商行政管理部门颁发的营业执照。经过工商登记的国有企业、集体企业、私营企业、各种经济联合体、实行独立核算的国家机关、事业单位和社会团体，都可以具有法人资格，成为合法的签约对象。

在审查供应商法人资格时应注意：没有取得法人资格的社会组织、已被吊销营业执照取消法人资格的企业或组织，无权签订购货合同。要特别警惕不能与一些根本没有办理工商登记手续、旨在骗取购货方的货款或订金的所谓“公司”签订合同。同时，要注意识别那些没有设备、技术、资金和组织机构的“四无”企业，它们往往在申请营业执照时弄虚作假，以假验资骗取营业执照，虽签订供货合同并收取货款或订金，但根本不具备供货能力。

（2）法人能力审查

法人能力主要是指审查供应商的经营活动是否超出营业执照批准的范围。超越其业务范围的经济合同属于无效合同。法人能力审查还包括对签约的具体经办人的审查。购货合同必须由法人的法定代表人就是法人的主要负责人，如厂长、总经理等，他们对外代表法人签订合同。法人代表也可以授权业务人员，如推销员、采购员作为承办人，以法人的名义订立购货合同。承办人必须有正式授权证明书方可对外签订购货合同。法人的代表人在签订购货合同时，应出示身份证明、营业执照或副本，法人委托的经办人在签订购货合同时，应出示本人的身份证明、法人的委托书、营业执照或副本。

2. 供应商的资信和履约能力审查

资信，即资金和信用。供应商的资信和履约能力审查是指审查卖方当事人的资信情况，了解供应商对购货合同的履约能力，这对于在购货合同中确定权利和义务条款，具有非常重要的作用。

（1）资信审查

具有固定的生产经营场所及生产设备和生产经营规模相适应的资金，特别是拥有一定比例的自有资金，是一个法人对外签订购货合同起码的物质基础。在签订购货合同时，采购人员应向卖方当事人提供自己的资信情况说明，同时也要认真审查卖方的资信情况，从而建立相互信赖的关系。

（2）履约能力审查

履约能力是指当事人除资信以外的技术和生产能力、原材料与能源供应、工艺流程、加工能力、产品质量、信誉高低等方面的综合情况，即了解对方有没有履行购货合同所必需的人力、物力、财力和信誉保证。

如果经审查发现卖方资金短缺、技术落后、加工能力不足、无履约供货能力或资信不佳，都不能与其签订购货合同，审查卖方的资信和履约能力的主要方法有：通过卖方的开户银行了解其债权、债务情况和资金情况；通过卖方的主管部门了解其生产经营资产、技术装备、产品质量情况；通过卖方的其他用户了解其产品质量、供货、维修情况；通过卖方所在地的工商行政管理部门了解其是否具有法人资格和注册资本、经营范围、核算形式；通过有关的消费者协会和法院、仲裁机构了解卖方的产品是否经常遇到消费者投诉，是否曾经牵涉诉讼；对于大批量的性能复杂、质量要求高的产品或巨额的机器设备的采购，在上述审查的基础上，还可以由采购人员、技术人员、财务人员组成考察小组，到卖方的经营加工场所实地考察，以确切了解卖方的资信和履约能力。采购人员在日常工作中，应当实地注意收集这方面的信息，作为以后签订合同的参考依据。

7.4.2 采购合同的主要内容

一份完整的采购合同包含许多内容，从大的方面来讲包括三部分：头部、正文、尾部。

1. 头部

①合同名称。

②合同编号。

③采供双方的企业名称。

④签订地点。

⑤签订时间。

2. 正文

合同正文的主要内容包括以下几项：

（1）商品名称。商品名称是指所要采购物品的名称。

（2）质量规格。质量是指商品所具有的内在质量与外观形态的结合，包括各种性能指标和外观造型。该条款的主要内容有：技术规范、质量标准、规格、品牌。质量控制的方法有两种：使用实物或样品，使用设计图纸或说明书。在使用实物或样品确定质量时，供应商提供的物品质量要同样品的质量完全一致；使用设计图纸或说明书来确定商品质量时，供应商提供的物品质量要符合设计图纸或说明书的要求。

（3）货物数量。是指用一定的度量制度来确定买卖商品的重量、个数、长度、面积、容积等。该条款的主要内容有交货数量、单位、计量方式等。必要时还应该清楚地说明误差范围以及支付数量超出或不足等。

（4）货物的包装。包装是为了有效地保护商品在运输、存放过程中的质量和数量，并有利于分拣和环保而把货物装进适当容器的操作。该条款的主要内容有：包装标识、包装方法、包装材料要求、包装费用和运输标识等。

（5）单价和总价。价格是指交易物品每一计量单位的货币数值。该条款的主要内容包括：

①计量单位的价格金额；

②货币类型；

③国际贸易术语（例如：FOB、CIF、CPT 等）；

④物品的定价方式（如固定价格、滑动价格、后定价格）。

（6）装运。装运是指把货物装上运输工具并运送到交货地点。该条款的主要内容有：

运输方式、装运地与目的地、装运方式（分批、转运）和装运通知等。

（7）到货期限和地点。到货期限是指约定的到货最晚时间。到货期限要以不耽误企业生产为标准。到货地点是指货物到达的目的地。到货地点的确定并不一定总是以企业的生产所在地为标准。有时为了节约运输费用，在不影响企业生产的前提下，也可以选择交通便利的港口等。

（8）付款方式。它包括的内容有：

①支付手段。货币或汇票，一般是汇票。

②付款方式。银行提供信用方式（如信用证）、银行不提供信用但可作为代理方式（如直接付款和托收）。

③支付时间。预付款、即期付款、延期付款。

④支付地点。付款人指定银行所在地。

（9）保险条款。保险条款主要包括险种与选择保险公司及保险额；在我国，签订进口合同时一般由采购方投保。

（10）商品检验。在一般的买卖交易过程中，物品检验是指按照事先约定的质量、数量、包装等条款进行检查和验收。在国际贸易中，商品检验指商品检验机构对进出口商品的质量、数量、重量、包装、标记、产地、残损、环保要求等进行检验分析与公证鉴定，并出具检验证明。

（11）违约责任。对供货方来讲违约责任主要是指不能在规定的时间内把质量合格的货物交到采购方手上，对采购方来讲主要是指不付款或未在规定的日期前付款。

（12）仲裁。仲裁条款主要明确仲裁机构、仲裁地点、仲裁规则、仲裁效力等内容。

（13）不可抗力。不可抗力是指在合同执行过程中发生的不能预见的人力难以控制的意外事故，如战争、洪水、台风、地震等，致使合同执行被迫中断。遭遇不可抗力的一方可因此免除合同责任。不可抗力条款的主要内容包括：

①不可抗力的含义；

②适用范围；

③法律后果；

④双方的权利和义务等。

3. 尾部

合同尾部的主要内容包括：

（1）合同份数及生效日期；

（2）签订人的签名；

（3）采供双方的公司公章。

对大批量、大金额、重要设备及项目的采购合同，要求全面详细地描述每一条款；对于金额不大、批量较多的小五金、土特产等，而且买卖双方已签有供货、分销、代理等长期协议（认证环节完成）的，则每次采购交易使用简单订单合同，索赔、仲裁和不可抗力等条款已经被包含在长期认证合同中。

7.5 采购合同管理

采购合同管理是采购管理机关、监督机关和采购机构依据法律和行政法规，对采购合同的订立和履行进行的组织、指导协调和监督检查活动，是采购管理的重要组成部分。从实际工作来看，一些采购单位对合同管理还没有引起足够的重视，管理制度不健全、监督检查不力、合同条款不完备、责任不明确、文本不规范、用词不严谨等问题仍普遍存在，亟须加强政府采购合同管理。笔者认为，当前加强采购合同管理应着重解决以下几个问题：

1. 明确采购合同管理范围

（1）合同订立前的管理。主要是检查监督合同签订前的资源调查、市场预测和采购决策等准备工作是否按规定的程序进行，调查预测的结果是否形成了文书材料。这是采购合同管理不可忽视的一个环节。

（2）合同签订中的管理。主要在于检查监督供应商的法人资格、资信情况和履约能力；合同的条款是否完备准确；签约过程是否符合法定手续和程序等，并对资格审查、资信材料和谈判签约等资料进行认真的整理。

（3）合同履行中的管理。主要是组织落实采购合同任务；监督检查货物质量、交货进度和接收合同标的物；进行价格审核和货款结算；处理合同纠纷等，以此来保证采购合同全面履行。

2. 建立采购合同管理组织

建立和健全采购合同的组织机构，是加强采购合同管理的组织保证。采购部门应成立专门的合同管理部门，统一组织本单位采购合同的管理工作。主要包括：成立合同管理委员会，指定合同归口管理部门，配备专职或兼职合同管理人员。当然，落实采购合同管理组织也要根据采购部门的实际情况来进行，如果人力、财力允许，可以配备专职的合同管理人员；如果条件不允许，则可以由其他人员兼职合同管理。

3. 健全采购合同管理制度

一个采购单位要健全采购合同管理制度，应包括以下几个方面：

（1）工作责任制度。具体规定本系统具有采购合同管理任务的单位、部门和合同管理人员的工作范围、应负的责任及拥有的权限。

（2）监督检查制度。具体规定采购合同从订立到履行过程监督检查的内容、程序和方法。包括合同审查、审批制度、检查制度等。

（3）统计考核制度。具体规定采购合同统计与考核的内容、时间与方法。包括统计报表、考核制度、定期与不定期的分析总结制度等。

（4）合同档案管理制度。具体规定采购合同档案的内容、归档时间和保存期限。按每一份独立的合同分别建档，履行完毕的采购合同均应按年度分类整理归档入卷，并把它

作为单位文书档案的一个重要组成部分，妥善保管。

4. 加强采购合同订立与履行的监督

采购合同订立与履行的监督在实施过程中，应重点把握3点：

（1）重视合同的审核。要以法律、法规为依据对采购合同进行全面审核，层层把关，使签订的合同合法、有效，确保合同条款全面、准确、具体。发现合同条款有问题，应进行修改或重新订立。

（2）检查合同的履行。要依据采购合同的约定，采购部门对供应商提出的货物数量、质量、价款、交货时间、包装发运等进行全程跟踪检查，及时处理合同履行中发生的问题。

（3）严格货物的验收。要按照合同的规定，对供应商交付的货物进行全面验收，重点是质量验收。验收办法和标准应按合同规定执行。

本章小结

采购谈判是采购的重要环节，应该做好谈判的前期组织与分析，根据有关技巧和经验控制好谈判过程，最后订立并做好采购合同管理。

思考题

1. 采购谈判前需要做什么准备？
2. 从哪几方面分析采购任务？
3. 采购谈判需要什么技巧？应该掌握什么技巧？
4. 采购合同的主要内容是什么？
5. 如何进行采购合同管理？有哪些方面的工作要做？

8　采购质量管理

本章重点论述产品的类别、产品质量、产品质量管理的原则、产品质量定位标准、产品检验、不合格品管理和产品质量原理的实施等方面的问题。

在采购工作中，需方要求供应商能够按照合同的规定，按时、按质、按量将采购的商品送达企业。而在日益激烈的市场竞争中，产品变得异常丰富，顾客选择商品的空间越来越大，对产品质量的要求也越来越高，所以现在的市场竞争不仅是产品价格的竞争，更是产品质量的竞争。由于外购产品的质量在很大程度上影响或决定企业最终产品的质量，因此，加强采购质量管理，越来越引起企业经营者的重视。

8.1　产品与产品质量

8.1.1　产品的定义和类别

1. 产品的定义

产品即过程的结果。从定义中可以看出，"过程"也就是产出"产品"的活动。"产品"是活动力的结果。"产品"这一常用词汇在传统意义上指厂商有意提供的实物形态的产品。而在采购管理中，任何活动或过程的结果均可以称为产品。产品可以是有形的，也可以是无形的，还可以是两者的结合；可以是预期的（如提供给顾客），也可以是非预期的（如污染或不愿有的后果）。包括实物、服务、场所、组织、思想等多种形式。

2. 产品的类别

国际标准化组织把产品分成了四个大类：

（1）服务

服务是为满足顾客的需要，在供方和顾客之间的界面上的活动以及供方内部活动所产生的结果。服务业部门所提供的产品大多属于这类产品，如餐馆、旅店的接待服务；机场、公路、电信和邮政部门所提供的交通与通信服务；银行、保险企业所提供的金融服务；供水、供电、能源供应等部门所提供的公用事业服务。但服务产品并不局限于服务部门，其他几类产品的提供同样也会伴随着服务的提供。

（2）软件

软件是通过承载媒体表达的信息所组成的知识产品。软件可以表现为概念、程序等形

式：计算机程序是软件产品的一种特定类型。设计部门、法律事务所、咨询机构和培训机构等所生产的产品一般都可以看做软件。

（3）硬件

硬件是具有特定形状的可分离的有形产品。通常由制造的、建造的或装配的零件、部件和组件组成。机械制造、建筑、施工、轻工等行业主要以生产硬件类产品为主。如汽车、机械、标准件、房屋和各种设施。

（4）流程性材料

通过将原材料转化成某一预定状态所形成的有形产品。流程性材料的状态可以是液体、气状、粒状材料、块状、线状或板状。通常制造电缆、织布、造纸、酿酒、轧钢和生产石油制品等均属于流程性材料的生产。

某一具体的产品可以由上述几类的产品所构成，其本身属于哪类产品则取决于其主导成分。如汽车专卖店销售的车辆为硬件产品，其本身又包括了流程性材料（燃油）、软件（发动机控制软件、驾驶手册）和服务（销售人员的说明）。

本章讨论采购的产品质量问题，主要包括硬件产品和流程性材料产品的质量问题。

8.1.2 产品质量与产品质量管理

1. 产品质量与工作质量

质量管理中所说的质量，是一个广义的概念。按照国家标准的规定，质量是指产品或服务满足规定或潜在要求（或需要）的特征和特性的总和。可见，质量不仅指产品质量，而且也包括过程质量、服务质量。对于过程质量和服务质量，可以统称为工作质量。

产品质量是指产品的适用性，也就是指产品的使用价值，产品适合一定用途，能够满足人们的某种需要所具备的特性。不同的产品，由于适用性的要求不同，其质量特性也不相同。对于耐用产品，特别是现成产品，其质量特性可以概括为：

（1）产品的性能，是指产品应达到使用功能的要求。

（2）产品的寿命，是指产品在规定的条件下，满足规定功能要求的工作期限。

（3）产品的可靠性，是指产品在规定时间内送达。

（4）产品的安全性，是指产品在流通和使用过程中保证安全的程度。

（5）产品的经济性，是指产品寿命周期总费用的大小。即不仅注重制造成本，还要注重产品的使用成本。

在以上五个方面的特性中，产品的性能是产品质量的根本要求。其他几项都是产品质量的延伸和发展，是随着生产力的发展、科学技术的进步而逐步提出来的要求。产品性能可以企业的现场检验做出判断，而其他特性都需要在使用过程中做出判断。产品的质量特性，有些是可以直接定量的，如载重汽车的发动机功率（马力）、载重量、耗油量等；而有些在大多数情况下很难用直接定量表示，如某些产品的精度、灵敏度、舒适度等。这就要对产品进行综合的和分零部件的试验研究，以便某些技术参数明确规定下来，形成技术文件。产品质量标准，也称技术标准，它是衡量产品质量的技术依据。

工作质量包括过程质量和服务质量，是指企业中与产品质量直接有关的工作，对于稳定地保证产品质量和提高产品质量的保证程度。

工作质量一般很难像产品质量那样具体直观，也难以定量化表示，但它却客观地存在于企业的生产经营活动之下，始终通过企业的工作效率、产品质量和经济效果等工作成果表现出来。我国一些企业在实践中总结出一套工作标准，并结合经济责任制来衡量和考核工作质量。

产品质量与工作质量是两个不同的概念。但它们之间的关系是密切相关的，产品质量是企业工作质量的综合反映，企业工作质量是一定产品质量的基础和保证。因此，企业在质量管理中，应当把相当一部分精力用在抓工作质量上，以不断改进和提高工作质量来保证和提高产品质量。对于采购工作来说，就是要以采购工作的高质量确保采购产品的高质量。

2. 质量管理的概念

质量管理就是为了实现组织质量目标而进行的计划、组织、领导与控制的活动。ISO 9000 标准中定义质量管理为：在质量方面指挥和控制组织协调一致的活动。在质量方面的指挥和控制活动通常包括：①制定质量方针和质量指标。②质量策划，即制定质量目标并规定必要的运行过程和相关资源以实现质量目标。③质量控制，致力于满足质量。④质量保证，致力于提供质量要求会得到满足的信任。⑤质量改进，致力于增强满足质量要求的能力。

朱兰博士认为："要获得质量，最好从建立组织的'愿景'以及方针的目标开始，目标向成果的转化（使质量得以实现）是通过管理过程来进行的，过程也就是产生预期成果的一系列活动。在质量管理活动中频繁地应用着三个这样的管理过程，即质量计划、质量控制和质量改进。这些过程被称为'朱兰三部曲'。"

（1）质量计划，指旨在明确组织的质量方针和质量目标，并对实现这些目标所必需的各种行动进行规划和部署的过程；

（2）质量控制也就是实现质量目标、落实质量措施的过程。广泛应用统计方法来解决质量问题是质量控制的主要特征之一；

（3）质量改进，是指实现前所未有的质量水平。

在质量管理的"三部曲"中，质量计划明确了质量管理所要达到的目标以及实现这些目标的途径，是质量管理的前提和基础；质量控制确保组织的活动按照预订的计划进行，是实现质量目标的保障；质量改进则意味着质量水准的飞跃，标志着质量活动是以一种螺旋式上升的方式在不断攀登和提高。朱兰三部曲的具体内容如表 8－1 所示。

表8－1 朱兰三部曲

质量计划	质量控制	质量改进
设定质量目标 辨识顾客是谁 确定顾客的需要 开发应对顾客需要的产品特征 开发能够生产这种产品特征的过程 建立过程控制措施，将计划转入实施阶段	评价实际绩效 将实际绩效与质量目标对比 对差异采取措施	提出改进的必要性 做好改进的基础工作 确定改进项目 建立项目小组 为小组提供资源，培训和激励，以便：诊断原因、设定纠正措施、建立控制措施以巩固成果

还应当指出的是，上述三个管理过程要能够有效的实施必须具备一个前提，这就是组织必须建立起一个完善而有效的质量管理体系。

质量管理的三个过程不仅是对产品的制造而言，对于产品的采购同样具有指导意义。要想保证采购产品的质量，同样要制订质量计划，实施质量控制，根据生产和销售的需要不断提升采购产品的质量。

8.2 产品质量定位标准

8.2.1 优良质量应具备的特性

优良质量应该具备以下10个特性：

（1）符合设计品的特性——把产品企划的目标质量表现出来。

（2）质量稳定性——各批成品的质量差距小。

（3）性能可靠性——操作容易，并能发挥预期的效益。

（4）修护性——若有故障，能迅速修复。

（5）服务性——零件补给容易，技术服务良好。

（6）安全性——使用时或发生故障时无危险性。

（7）制品责任性——不会使使用的人及其他周围的人增加困扰或伤害。

（8）节省性——不会耗用大量的资源和能源。

（9）环境非破坏性——不影响现在及将来的人类社会环境。

（10）经济性——产品从制成到使用后废弃，其成本符合经济效益。

8.2.2 质量的定位标准

在企业及机关的采购中，质量的定义是全然不同的，质量通常与合适性及成本有关，而不是产品的内在表现。最佳质量的货物是以最低的成本符合需求的货物。质量的定位要恰当地处理质量与成本、供应、服务等要素之间的关系。不同物料、不同应用场合其质量定位的标准不同，不能采取“一刀切”的方法。

质量与成本之间的关系最常用的是使用“性价比”来衡量。前面已经提到过质量并不是越高越好，若过高会产生质量过剩，并使成本大大增加。作为认证人员应该严格掌握质量标准，在认证准备期间认真阅读“技术规范”等项目资料，在供应商试制、中试期间监控质量实施情况时，慎重选择每一项物料。

质量与供应之间的关系也应恰当处理。对大批量的供应来说，由于对质量的过高要求，可能会导致供应商加工周期过长，严重时可能会导致缺货，特别是对于自动化不连续的机械产品供应商，只要物料不影响产品质量，就不要像精品一样逐个检验物料。

质量与售后服务之间的关系也较为密切。由于产品组成部件的质量问题导致故障频繁出现，不仅使产品在用户心目中的印象较差，而且给售后服务带来麻烦，增加服务成本。所以，质量是检验供应商的第一道关卡。

“质量”是一个较为抽象的名词，通常必须以“规格”做较详细的界定。规格是对采购的物品或服务的要求条件所做的精确说明，是生产制造的标准及交货验收的依据。规格内容除了包括物品或服务的名称、外观（形状）、尺寸、材料成分、强度、精密度、耗损率、不良率、色泽、表面处理、性能要求、重量、容积、安全保护、包装方式和单位包装量、标志内容或方法、验收要项、检验方法、接收水准、结构蓝图及交货安装等各种质量（硬件）的特性外，还包括各种服务（软件）的特性，如服务效率、服务质量、次数、地点、方式、技术资料文件及训练、电脑软件及技术管理顾问的咨询服务与其权利义务等。换言之，规格是买方将采购产品的要求质量及一切条件告知卖方的文书说明，亦为验收时可否予以接收的依据。

8.3 质量管理的实施

采购部门在质量管理方面的作业要点可分为事前规划、事中执行与事后考核三大部分。每个部分的详细内容如表 8－2 所示。

表 8－2　质量管理的实施步骤

事前规划	事中执行	事后考核
决定质量标准并开列公平的规格 买卖双方确认规格及图样 了解供应商的承制能力 要求供应商实施质量管理制度（品管认证等级） 准备核正检验工具或仪器	检视供应商是否按照规范施工 提供试制品以供质量检验 派驻检验员抽查在制品的质量 品管措施是否落实到位	解决买卖双方有关质量分歧 严格执行验收标准 提供质量异常报告 要求卖方承担保证责任 淘汰不合格供应商

8.3.1 质量管理的事前规划

在事前规划方面，主要着重于产品规格的制定、供应商的选择和合约控制等。

1. 制定产品规格

就制定规格而言，应同时考虑设计、生产要素、商业及行销4种不同的因素。设计需求的考虑，即尽可能在不改变原设计的情况下，获得符合需求的原物料规格；生产因素的考虑即为配合机器设备的操作要求，选择适当规格的物料；而行销因素的考虑则着重于消费者的接受程度，如环保要求及购买力等；而考虑到商业性采购因素时，采购人员必须进行下列几项调查：①研究质量的需求状况；②确定质量需求已经完整且明确地在规格说明有所规定；③调查供应商合理成本；④确定质量是以一般通用的规格写成，让有潜力的供应商也能参与竞争；⑤决定合适的质量是否可由现有的供应商来制造；⑥确定监督与测试的方法，维护良好的质量水准。

规格设计应遵循如下基本原则：

（1）通用原则

一般性物料，尽量采用国际性及通用性的规格，其理由如下：

①符合标准化要求，可保证质量优良；

②假如不使用通用规格，必须特别加工，势必提高成本；

③容易把握料源，后续补充也容易。

（2）新颖原则

规格设计力求新颖，并以适应新发明的原料及制造方法为原则，这是因为：

①寿命周期较短，且旧产品可能不再供应；

②符合时代要求，旧产品性能落伍，必被淘汰或沦为二流产品。

（3）标准公开原则

①易于获得。没有合理的公差，厂商多不愿承制；

②可获得较合理的价格。无公差之产品，厂商无交货把握，定会提高报价以避免风险；

③可迅速交货。这是因为有了合理公差，就容易掌握制造质量，容易控制时效。

（4）区分规格原则

主要规格力求清晰和明确；次要规格应具有弹性，避免严苛。这是因为：主要规格，如不明确开列，定得过于简单粗陋，不但失去设定质量标准的意义，而且供应商亦失去其制造的依据，日后交货检验，必生争端；次要规格应避免有不必要的限制，如果指定厂牌，厂商无法供应。规格恰当与否是采购成败的关键因素之一，然而，制定规格并不容易，可以参考一些通用的规格，其采用的顺序如下所述：

①国内采购规格选用顺序。一是国家标准，凡有国家标准可用者，原则上不应使用其他规格采购；二是各公会或协会制定的标准。如无国家标准可用时，则可考虑使用国内各公会或协会、委员会制定的标准。

②国外采购规格选用顺序。一是国际通用规格，凡有国际通用规格可采用者，不得使用其他规格采购；二是美国联邦规格，或其他国家规格具有通用性质者；三是美军军品规格而且为其他国家使用者。

③补助规格之使用及限制。一是厂商设计规格，如买方本身无能力编订规格时，可考虑国内具有工业水准及检验能力的厂商代为设计规格。厂商设计的规格，最好先经过专业人员审订后才能使用。二是以产品性能采购。采购时如无规格可供采用，可以性能作为采购物的要求条件，要求厂商先行提供规格，经选定可用规格后，再要求规格可用的厂商进行比价，决标签约。经选定的厂商规格，决标、签约、交货情形良好者，此种规格可列为日后采购的参考。三是蓝图、照片、说明书，仅能作为规格的补助资料，不能单独用以作为采购的唯一依据。

当质量标准与规格决定之后，应予以书面化，包括“规格说明书”或“规格规范手册”，作为买卖双方签订契约的依据。

2. 选择优秀的供应商

采购在质量管理事前规划的另一个重点是供应商的选择。许多公司能够把他们的原料质量问题减至最低，就是因为他们在开始就选择了有能力而且愿意合作的供应商，因此质量水准得以维持并提升。

3. 合约控制

企业与供应商之间应通过合约控制来保证产品质量符合要求，具体措施如表 8－3 所示。

表 8－3　合约控制的具体措施

协议名称	目的	具体内容
质量保证协议	明确规定供应商应负的质量保证责任	信任供应商的质量体系 随发运的货物提交规定的检验/试验数据及过程控制记录 由供应商进行 100% 的检验/试验 由供应商进行批次接收抽样检验/试验 实施本企业规定的正式质量体系 由本企业或第三方对供应商的质量体系进行定期评价 内部接收检验或筛选
验证方法协议	与供应商就验证方法达成明确的协议，以验证产品是否符合要求	规定检验项目 检验条件 检验规格 抽样方法 抽样数据 合格品判断标准 供需双方需交换的检测资料 验证地点

续 表

协议名称	目的	具体内容
解决争端协议	解决供应商和本企业之间的质量争端，就常规问题和非常规问题的处理做出规定	常规问题，即不符合产品技术标准的一般性质量问题 非常规问题，即产品技术标准范围之外的质量问题或成批不合格或安全特性不合格等 制定疏通本企业和供应商之间处理质量事宜时的联系渠道和措施等

8.3.2 质量管理的事中执行

质量检验不只是生产与质量管理部门的责任，采购部门也必须恪尽职守，不仅要检视供应商是否按照规范施工，还要派驻检验员抽查供应商在制品的质量，提供试制品以供质量检测，以及检视供应商的质量管理措施是否落实，确保采购原物料的质量没有异常状况。采购部门对执行质量管理必须有所依循，这是与供应商签订合作契约中的主要部分。在契约书中必须提到“质量保证协定”。这份协定主要是买卖双方为确保交货物品的质量，相互规定必须实施的事项，并根据这些事项，执行质量检验，对于双方的合作，生产效率与利润的提高均有助益。

在质量保证协定中，首先要把质量规格的内容说明清楚，包括有关材料、零部件的质量规格及其检验标准与方法；其次，双方必须成立能充分实施质量管制的组织。在采购、制造、检验、包装、交货等作业中，建立彼此协调的标准作业程序，以便双方能按照作业标准来完成合作事宜。

供应商的质量检验作业应包括以下 3 个阶段：

1. 进料检验

供应商为了提供买方所需物品，而外购的材料、零件，必须实施验收。当买方想了解进货的质量时，应提供相关的资讯，也就是买方应追踪供应商购料的质量，以确保物品的质量水准。

2. 制造过程中的质量管制

买方对于供应商加工及设备的保养，标准化作业的实行及其他必要的项目实施检查，防止制造过程中产生不良产品。也就是要派驻厂检验员抽查在制品的质量及检视供应商是否按规范施工。

3. 制成品出货的质量管制

采购部门在供应商进行大量生产以前，可以要求供应商提供试制品工程人员进行质量检测，供应商在制成品出货时，必须按照双方谈好的标准实施出货检验，并且要附上相关材料（如制造商的试验检查表），让质量管制达到环环相扣的境界。

一般而言，采购部门对于供应商运送来的物料，会先进行检验才可入库。然而，若事先对供应商的质量管制做得相当彻底，就可以省略此步骤而直接入库，以便节省人力与检验成本。当然，这种做法是建立在彼此对质量管理都非常严谨，而且合作无间的基础上的。目前盛行的全面质量管理就试图达到这样的地步。大部分的采购部门对于进货的物品仍实施检验。

在进货检验中，有以下几项重点：

(1) 制定抽样检验的标准与程序，作为双方配合的依据；

(2) 根据检验标准，针对供应商发来的物品进行检验、比对，以决定合格、退回修改或退回废弃；

(3) 在检验时，发现有不合格的地方，应要求供应商迅速调查原因，并报告处理对策。

8.3.3 质量管理的事后考核

采购部门对于供应商质量管理的考核，在于严格执行验收标准，提高质量异常报告，要求供应商承担保证，以积极的态度解决双方有关质量分歧的问题。考核的结果可作为淘汰不合格供应商的依据。因此，买卖双方在签订合作契约之前，要保证正确的质量管理信念，了解彼此的要求，共同研讨相关规范，避免日后产生质量方面的争端。以下 10 项质量管理原则是买卖双方在制定质量保证协定时应该遵守的重要准绳。

(1) 买方和卖方具有相互了解对方的质量管理体制，协力实施质量管理的责任。

(2) 买方和卖方务必互相尊重对方的自主性（双方对等、相互尊重）。

(3) 买方有责任提供给卖方有关产品的充分资讯。

(4) 买方和卖方在交易开始时，对于有关质、量、价格、交货期、付款条件等事项，须订合理的契约。

(5) 卖方有责任保证产品是买方使用上可满足的质量，必要时有责任提供必要的客观资料。

(6) 买方和卖方在订契约时，务必订定双方可接受的评价方法。

(7) 买方和卖方对于双方之间的各种争议解决方法及程序，务必于订约时订定。

(8) 买方和卖方应相互站在对方的立场，交换双方实施质量管理所必要的资讯。

(9) 买方和卖方，为了双方的关系能够更圆满顺利，对于订购作业、生产计划、存货计划等，应经常做妥善管理。

(10) 买方和卖方在交易时，都应充分考虑最终消费者的利益。

买卖双方根据上述质量管理的原则建立彼此认同的质量规范，并依据这项协定做日后的考核与评价。

质量考核的目的在于通过对供应商的奖惩，期望质量能日益精良，对于绩效优的厂商给予荣誉奖牌，提前付款、订购量提高及当有新产品开发时，列入优先考虑的合作对象；对于绩效差的厂商则降低采购价，加强辅导、扣款、降低使用量，甚至淘汰。

8.4 质量检验

8.4.1 质量检验的基本概念

质量检验是人们最熟悉、最传统的质量保证方法。时至今日，质量控制的重点虽然已经转移至产前阶段的设计、工艺工程和物料采购等各种预防活动上，但检验仍是各类组织质量体系中必不可少的质量管理要素。

1. 检验的含义和任务

检验是通过观察和判断，并结合测量、试验所进行的符合性评价。检验包括四个基本要素：

(1) 度量：采用试验、测量、化验、分析与感官检查等方法测定产品的质量特性；

(2) 比较：将测定结果同质量标准进行比较；

(3) 判断：根据比较结果，对检验项目或产品做出合格性的判定；

(4) 处理：对单件受检产品，决定合格放行还是不合格返工、返修或报废。对受检批量产品，决定接收还是拒收。对拒收的不合格批产品，还要进一步做出是否重新进行全检或筛选甚至报废的结论。

一般来说，质量检验有以下几项基本任务：

(1) 鉴别产品（或零部件、外购物料等）的质量水平，确定其符合程度或能否接收；

(2) 判断工序质量状态，为工序能力控制提供依据；

(3) 了解产品质量等级或缺陷的严重程度；

(4) 改善检测手段，提高检测作业发现质量缺陷的能力和有效性；

(5) 反馈质量信息，报告质量状况与趋势，提供质量改进建议。

为了做好质量检测，必须具备下述条件：

(1) 有一支熟悉业务、忠于职守的质量检验队伍；

(2) 有可靠和完善的检测手段；

(3) 有一套齐全明确的检测标准；

(4) 有一套既严格又合理的检测管理制度。

2. 质量检验的方式

在实践中，常按不同的特征对质量检验的方式进行分类。

(1) 按检验的数量特征划分

按检验的数量特征，检验方式可分为全数检验和抽样检验。

①全数检验。全数检验就是对待检产品批100%地逐一进行检验，又称全面检验或100%检验。

全数检验常用于下述场合：

第一，精度要求较高的产品和零部件；

第二，对后续工序影响较大的质量项目；

第三，质量不太稳定的工序；

第四，需要对不合格交验批进行100%重检及筛选的场合。

②抽样检验。所谓抽样检验，是按照数理统计原理预先设计抽样方案，从待检总体（一批产品、一个生产过程等）随机取得一个样本，对样本中每一个体逐一进行检验，获得质量特性值的样本统计值，并和相应标准比较，从而对总体质量做出判断（接收或拒收、受控或失控等）。一般地，抽样检验适用于全数检验不必要、不经济或无法实施的场合，应用非常广泛。

（2）按检验的质量特性值的特征划分

按检验的质量特性值的特征，检验方式可分为计数检验和计量检验。

①计数检验。

②计量检验。计数值质量数据不能连续取位，如不合格数、疵点数等。计数检验适用于质量特性值为计点值或计件值的场合；计量值质量数据可以连续取位，如长度、容积、重量等。计量检验适用于质量特性为计量值的场合。

（3）按检验方法的特征划分

按检验方法的特征，检验方式分为理化检验和感官检验。

①理化检验。理化检验是应用物理或化学的方法，依靠量具、仪器及设备装置等对受检物进行检验。理化检验通常测得检验项目的具体数值，精度高，人为误差小。理化检验是各种检验方式的主体，特别受到人们的关注。随着现代科学技术的进步，理化检验的技术装备不断得到改进和发展。如过去的破坏性试验有些已用无损检测手段来代替；钢材化学成分的快速分析由于光分析技术的发展而得到实现等。

②感官检验。感官检验就是依靠人的感觉器官对质量特性或特征做出评价和判断。如对产品的形状、颜色、气味、伤痕、污损、锈蚀和老化程度等，往往要靠人的感觉器官来进行检查和评价。但由于目前理化检验技术发展的局限性以及质量检验问题的多样化，感官检验在某些场合仍然是质量检验方式的一种选择或补充。

（4）按检验对象检验后的状态特征划分

按检验对象检验后的状态特征，检验方式分为破坏性检验和非破坏性检验。

①破坏性检验。

②非破坏性检验。

破坏性检验后，受检物的完整性遭到破坏，不再具有原来的使用功能。如寿命试验、强度试验以及爆炸试验等往往是破坏性检验。随着检验技术的发展，破坏性检验日益减少，而非破坏性检验的使用范围在不断扩大。破坏性检验只能采用抽样检验方式。

（5）按检验实施的位置特征划分

按检验实施的位置特征，检验方式分为固定检验和流动检验。

①固定检验。固定检验就是集中检验，是指在生产单位内设立固定的检验站。各工作

地上的产品加工以后送到检验站集中检验。固定检验站专业化水平高，检验结果比较可靠，但也有不足之处，如需要占有生产单位一定的空间，易使生产工人对检验人员产生对立情绪，以及可能造成送检零件之间的混杂。

②流动检验。流动检验就是由检验人员直接去工作地检验。流动检验的应用场合有其局限性，但由于不受固定检验站的束缚，检验人员可以深入生产现场，及时了解生产过程质量动态，容易和生产工人建立相互信任的合作关系，有助于减少生产单位内的在制品的占用。

（6）按检验目的的特征划分

按检验目的的特征，检验方式分为验收检验和监控检验。

①验收检验。验收检验广泛存在于生产全过程，如原材料、外购件、外协件及配套件的进货检验，半成品的入库检验，产成品的出厂检验等。验收检验的目的是判断受检对象是否合格，从而做出接收或拒收的决定。

②监控检验。监控检验也叫过程检验，目的是检验生产过程是否处于受控状态，以预防由于系统性质量因素的出现而导致的不合格品的大量出现。如生产过程质量控制中的各种抽样检验就是监控检验。

质量检验方式的分类还有其他方法，在此不一一列举。实际上，一种检验活动往往具有多种特征，因此，可以同时属于多种检验方式。

3. 质量检验的基本类型

实际的质量检验活动可以分成进货检验、工序检验、完工检验三种类型，具体如下：

（1）进货检验

进货检验是对外购货品的质量验证。即对采购的原材料、辅料、外购件、外协件及配套件等入库前的接收检验。为了确保外购货品的质量，进厂时的收货检验应由专职质检人员按照规定的检查内容、检验方法及检查数量进行严格的检验。

进货检验有首件（批）样品检验和成批进货检验两种。

①首件（批）样品检验。首件（批）样品检验是需方对供方提供的样品的鉴定性检验认可。供方提供的样品必须有代表性，以便作为以后进货的比较基准。

首件（批）样品检验通常用于以下三种情况：

（a）供方首次交货；

（b）供方产品设计或结构有重大变化；

（c）供方产品生产工艺有重大变化。

②成批进货检验。成批进货检验是对按购销合同的规定供方持续性后续供货的正常检验。成批进货检验应根据供方提供的质量证明文件实施核对性的检验。针对货品的不同情况，有如下两种检验方法：

第一，分类检验法。对外购货品按其质量特性的重要性和可能发生缺陷的严重性，分成 A、B、C 三类。A 类是关键的，必须进行严格的全项检查；B 类是重要的，应对必要的质量特性进行全检或抽检；C 类是一般的，可以凭供货质量证明文件验收，或做少量项目的抽检。

第二，接受抽样检验对正常的大批量进货，可根据双方商定的检验水平及抽样方案，实行抽样检验。

(2) 工序检验

工序检验有时称为过程检验或阶段检验。工序检验的目的是在加工过程中防止出现大批不合格品，避免不合格品流入下一道工序。因此，工序检验不仅要检验在制品是否达到规定的质量要求，还要检定影响质量的主要工序因素，以决定生产过程是否处于正常的受控状态。工序检验的意义并不是单纯剔除不合格品，还应看到工序检验在工序质量控制乃至质量改进中的积极作用。

工序检验通常有以下 3 种形式：

①首件检验。所谓首件，是指每个生产班次刚开始加工的第一个工件，或加工过程中因换人、换料、换活以及换工装、调整设备等改变工序条件后加工的第一个工件。对于大批量生产，“首件”往往是指一定数量的样品。实践证明，首件检验的制度是一项尽早发现问题，防止系统性质量因素导致产品成批报废的有效措施。

②巡回检验。巡回检验要求检验人员在生产现场对制造工序进行巡回质量检验。检验人员应按照检验指导书规定的检验频次和数量进行，并做好记录。工序质量控制点应是巡回检验的重点，检验员应把检验结果标示在工序控制图上。

③末件检验。末件检验是指主要靠模具、工装保证质量的零件加工场合，当批量加工完成后，对最后加工的一件或几件进行检查验证的活动。末件检验的主要目的是为下批生产做好生产技术准备，保证下批生产时能有较好的生产技术状态。

(3) 完工检验

完工检验又称最终检验，是全面考核半成品或成品质量是否满足设计规范标准的重要手段。由于完工检验是供方验证产品是否符合顾客要求的最后一次机会，所以是供方质量保证活动的重要内容。

完工检验必须严格按照程序和规程进行，严格禁止不合格零件投入装配，对有让步回用标识的零件经确认后才准许装配。只有在程序中规定的各项活动已经圆满完成，以及有关数据和文件齐备并得到认可后，产品才能准许发出。

4. 进货检验流程及内容

在现今的采购活动中，实施工序检验和完工检验的情况并不普遍，绝大多数企业对外购产品质量实施进货检验控制。通常的验收作业流程及内容如下：

(1) 验收准备

在仓库接到到货通知后，应根据商品的性质和批量做好验收前的准备工作，准备工作大致包括以下内容：

①人员准备。安排好负责质量验收的技术人员或用料单位的专业人员及配合数量验收的装卸搬运人员。

②资料准备。收集并熟悉待验收商品的有关资料，例如技术标准、订货合同等。

③器具准备。准备好验收用的检验工具，例如衡器、量具等，并校验准确。

④货位准备。确定验收入库时的存放货位，计算和准备堆码材料。

⑤设备准备。大批量商品的数量验收，必须有装卸搬运机械的配合，应做好设备的申请调用。

此外，对于有些特殊商品的验收，例如有毒品、腐蚀品、放射品等，还要准备相应的防护用品。

（2）核对凭证

入库商品必须具备下列凭证：

①入库通知单和订货合同副本，这是仓库接收商品的凭证。

②供货单位提供的材质证明书、装箱单、磅码单、发货明细表等。

③商品承运单位提供的运单，若商品入库前发现残损情况，还要有承运部门提供的货运记录或普通记录，作为向责任方交涉的依据。

（3）实物验收

所谓实物验收，就是根据入库单和有关技术资料对数量和质量进行检验。

①数量检验。数量检验是保证物资数量不可缺少的重要步骤，一般在质量验收之前，由仓库保管职能机构组织进行。按商品性质和包装情况，数量检验分为 3 种形式，即计件、检斤、检尺求积。

（a）计件是按件数供货或以件数为计量单位的商品，做数量验收时清点件数。

（b）检斤是按重量供货或以重量为计量单位的商品，做数量验收时的称重。

（c）检尺求积是以体积计量的商品，例如木材、沙石等，先检尺，后求体积的数量验收。

②质量检验。质量检验包括外观检验、尺寸检验、理化检验三种形式：

（a）外观检验。外观简言之，是通过人的感觉器官，检验商品的包装外形或装饰物有无缺陷；检查商品有无损伤；检查商品是否被雨、雪、油污等污染，有无受潮、霉腐、生虫等。

（b）尺寸检验。进行尺寸检验的商品，主要是金属材料中的型材、部分机电产品和少数建筑材料。

（c）理化检验。理化检验是对商品内在质量和物理化学性质所进行的检验。通常主要是对进口商品进行理化检验。对商品内在质量的检验，要求具备一定的技术知识和检验手段，所以，一般由专门的技术检验部门进行。应当指出的是，以上的质量检验是商品交货时或入库前的验收。仅此是不够的，因为检验中只要发现产品存在质量问题，会给供需双方带来较大的经济损失，所以单靠交货时的事后控制是不够的，在条件允许的情况下，采购产品的质量管理，应当提前到产品生产的加工和装配阶段，如果供需双方是供应链上的战略合作伙伴关系就更应当这样做了。

8.4.2　质量缺陷与不合格品管理

1. 产品质量缺陷严重性分级

产品加工制造过程中，不可能完全避免质量缺陷。对于不能满足预期使用要求的质量缺陷，在质量特性的重要程度、偏离规范的程度以及对产品适用性的影响程度等，客观上存在或大或小的差别。对这些质量缺陷实施严重性分级有利于检验质量职能的有效发挥，以及质量管理综合效能的提高。

表 8－4 给出了一个检验用产品质量缺陷严重性分级原则的模式，供实践中参考。

表 8－4　检验用产品质量缺陷严重性分级原则的模式

缺陷的级别 涉及的方面	致命缺陷 （A）	严重缺陷 （B）	一般缺陷 （C）	轻微缺陷 （D）
安全性	影响安全的所有缺陷	不涉及	不涉及	不涉及
运转或运行	会引起易于纠正的非正常情况	可能引起易于纠正的非正常情况	不会影响运转或运行	不涉及
寿命	会影响寿命	可能影响寿命	不影响	不涉及
可靠性	必然会造成产品故障	可能会引起易于修复的故障	不会成为故障的起因	不涉及
装配		肯定会造成装配困难	可能会造成装配困难	不涉及
使用安装	会造成产品安装困难	可能会影响产品安装的顺利进行	不涉及	不涉及
外观	一般外观缺陷构不成致命缺陷	使产品外观难于接受	对产品的外观影响较大	对产品外观有影响
下道工序	肯定会造成下道工序的混乱	给下道工序造成较大困难	对下道工序影响较大	可能对下道工序有影响
本系统内处理权限	总质量师	检验部门负责人	检验工程师	检验站、组长
检验合格性	100%严格检验 加严检验	严格检验 正常检验	一般正常检验 抽样检验	抽样检验 放宽检验

2. 检验指导书

检验指导书是产品检验规程在某些重要检验环节上的具体化，是产品检验计划的构成

部分。编制检验指导书的目的在于为重要的检验作业活动提供具体的指导。通常，对于工序质量控制点的质量特性的检验作业活动，以及关于新产品特有的、过去没有类似先例的检验作业活动都必须编制检验指导书。

检验指导书的基本内容如下：

(1) 检验对象

受检物的名称、图号及其在检验流程图上的位置（编号）。

(2) 质量特性

规定的检验项目、需鉴别的质量特性、规范要求、质量特性的重要性级别、所涉及的质量缺陷严重性级别。

(3) 检验方法

检验基准（或基面）、检测程序与方法、检测中的有关计算方法、检测频次、抽样检验的有关规定及数据。

(4) 检测手段

检验使用的工具、设备（装备）及计量器具，这些器物应处的状态，使用中必须指明。

(5) 检验判断

正确指明对判断标准的理解、判断比较的方法、判定的原则与注意事项、不合格的处理程序及权限。

(6) 记录与报告

指明需要记录的事项、方法和记录表式，规定要求报告的内容与方式、程序与时间要求。

(7) 对于复杂的检验项目

检验指导书应给出必要的示意图表及提供有关的说明资料。

3. 不合格品管理

不合格品的管理是质量检验，也是整个质量管理中的重要问题。

(1) 不合格品的确定

ISO 9000：2000 中对不合格品的定义为“未满足要求”。在质量检验工作中对可疑的不合格品，必须认真加以鉴别。

对质量的鉴别有两种标准：一种是符合性标准，即产品是否符合规定的技术标准。这种鉴别有明确的标准可以对照，是质量检验人员及机构的经常性工作。另一种是适用性标准，即产品是否符合用户要求。用户要求往往因人、因时、因地而异，较多个性而较少共性，因此，产品质量的适用性标准可能会超出质量鉴定的范畴。从现代质量观来看，产品质量的符合性标准和适用性标准在本质上应该是一致的。但在现实生活中这两种标准未必总能合拍。一个完全符合质量标准的产品对某些用户可能会觉得并不称心如意，而一个不完全符合质量标准的产品对某些用户反而觉得其性能和质量正合心意。但不管怎样，为了真正发挥质量检验的把关和预防职能，任何情况下都应坚持质量检验的“三不放过”原则，即“不查清不合格原因不放过，不查清责任者不放过，不落实改进措施者不放过”。

（2）不合格品的管理

不合格品的管理不仅包括对不合格品本身的管理，还包括对出现不合格品的生产过程的管理。

当生产过程的某个阶段出现不合格品时，决不允许对其作进一步的加工。同时，根据“三不放过”的原则，应立即查明原因。如果是由生产过程失控造成，则在采取纠正措施前，应暂停生产过程，以免产生更多的不合格品。根据产品质量缺陷的性质，可能还需对已生产的本批次产品进行复查全检。

对于不合格品本身，应根据不合格品管理程序及时进行标识、记录、评价、隔离和处置。

所谓对不合格品的标识和记录，是指应按产品特点和质量体系程序文件的规定进行。对不合格品的标识应当醒目清楚，并应采用不能消除或更改的标识方法。对不合格品及其标识必须按统一的格式认真做好记录。

对已做好标识和记录的不合格品，供方应在等候评审和最终处置期间将其放置在特定的隔离区，并进行严格控制，以防在此之前被动用。

（3）不合格品的处理

对不合格品（产品、原材料、零部件等）应通过指定机构负责评审。经过评审，对不合格品可以做出以下处置：

①返工。可以通过再加工或其他措施使不合格品完全符合规定要求。如轴直径偏大，可以通过机械加工使其直径符合公差范围成为合格品。返工后必须经过检验人员的复验确认。

②返修。对其采取补救措施后，仍不能完全符合质量要求，但能基本满足使用要求，判为让步回用品。在合同环境下，修复程序应得到需方的同意。修复后，必须经过复验确认。

③让步。不合格程度轻微，不需采取返修补救措施，仍能满足预期使用要求。这种情况必须有严格的申请和审批制度，并得到用户的同意。

④降级。根据实际质量水平降低不合格品的产品质量等级或作为处理品降价出售。

⑤报废。如不能采取上述种种处置时，只能报废。报废时，应按规定开具废品报告。

本章小结

采购的质量关系到企业生产和使用的质量，采购到满足企业要求的产品是采购的基本要求。采购质量管理要明确质量标准和定位，然后进行事前规划、过程中管理和事后检验。

思考题

1. 为什么说产品质量是企业竞争力的重要因素？
2. 试述产品定义和类别。
3. 产品质量特性是什么？
4. 产品优良质量应具备哪些特性？
5. 质量管理的实施中，事前规划包括哪些内容？
6. 质量检验的方式及基本类型有哪些？

9 采购成本控制

9.1 采购成本概述

采购成本是指因采购活动而引起的成本，包括持有成本、订购成本及缺货成本，但不包括货品的价格。广义的采购成本除了包括订购活动的成本费用（包括取得货品的费用，订购业务费用等），还包括因采购而带来库存维持成本及因采购不及时而带来的缺货成本。

9.1.1 采购成本的构成

1. 维持成本

维持成本是指为保持物料原样而发生的成本，分为固定成本和变动成本。固定成本，如仓库折旧、仓库员工的固定月工资等，与采购数量的多少无关；变动成本，如物料资金的应计利息、物料的破损和变质损失、物料的保险费用等，与采购数量的多少有关。维持成本占据了采购成本的大部分。

维持成本是根据平均物料价值估算持有成本百分比而产生的财务支出。例如，假定维持成本为20%，年度物料成本为1000万元的企业，其平均物料维持成本为200万元(20%×1000万元)。

要确定适当的维持成本需要从管理上做出判断并估算平均存货水平、评估与存货有关的各种费用，在一定程度上还需要直接进行测量。传统意义上的维持物料成本包括资本成本、货物保险、折旧、储存费用和税金。

年度的维持成本的范围在9%～50%，一般在20%左右，这主要取决于企业的存货政策。维持成本的百分比是根据每一个存货单位（SKU）或配送地点的平均存货价值估算出来的。企业维持成本的构成项目、各项目所占的百分比及其变动范围如表9－1所示。

表9－1　　维持成本构成

要素	平均数（%）	范围（%）	要素	平均数（%）	范围（%）
资本成本	15.00	8～40	折旧	1.20	0.50～2
税金	1.00	0.5～2	储存	2.00	0～4
保险	0.05	0～2	总计	19.25	9～50

2. 订购成本

订购成本是指向供应商发出采购合约或订单的成本费用。具体来说，订购成本是指企业为了实现一次采购而进行的各种活动的费用，如办公費、差旅费、邮资、电报电话费等支出。订购成本中有一部分与订购次数无关，如常设采购机构的基本开支等，称为订购的固定成本；另一部分与订购的次数有关，如差旅费、邮资等，称为订购的变动成本。订购成本的大小主要与下列活动发生的相关费用有关：

①检查存货水平所发生的费用；

②编制并提出采购申请所发生的开支；

③对多个供应商进行调查比较，选择最合适的供应商所发生的费用；

④填写并发出采购单所发生的费用；

⑤填写、核对收货单所发生的费用；

⑥结算资金并进行付款。

订购成本和维持成本随着订购次数或订购规模的变化而呈反方向变化。起初随着订购批量的增加，订购费用的下降比维持成本的增加要快，即订购成本的边际节约额比维持成本的边际增加额要多，使得总成本下降。当订购批量增加到某一点时，订购成本的边际节约额与维持成本的边际增加额相等，这时总成本最小。此后，随着订购批量的不断增加，订购成本的边际节约额比维持成本的边际增加额要小，导致总成本不断增加。

总之，随着订购规模的增加，维持成本增加，而订购成本降低，使总的订购成本线呈U形。其关系如图9-1所示。

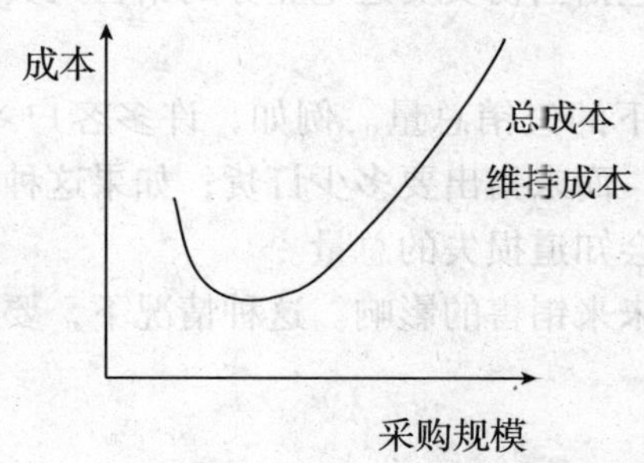

图9-1 采购总成本与订购规模的关系示意

3. 缺货成本

缺货成本是因采购不及时而造成的，它是指由于物品供应中断而造成的损失，包括停工损失、延迟发货损失和失去销售机会损失、商誉损失等。如果失去客户，还可能给企业造成间接损失或长期损失。

(1) 保险储备及其成本

为保证生产和销售的正常进行，采购企业往往保持一定数量的保险储备，即缓冲存货，以防在需求或提前期方面的不确定性。货品保险储备过高，意味着库存过多；而保险储备不足，则往往意味着断料、缺货或失销。

企业保持保险储备是为了在需求不规则或不可预测的情况下保证供应能力。准备这些追加存货时要不失时机地为生产及内部需要服务，以确保企业长期效益。

（2）延期交货及其成本

延期交货有以下两种形式：

①缺货可以在下次规则订货中得到补充。缺货时，如果客户同意等到下一个周期订货，对采购企业实际上没有什么损失。但如果经常缺货，客户就可能会转向其他企业，导致企业失去客户。

②缺货后作为特殊订单。如果因缺货导致交货延期，客户又不允许等到下一个订购期，那么就会发生特殊订单即企业进入快速交货程序。由于延期的货物采取快速运输，订单的履行费用要比普通订单处理的费用高得多。由于延期交货经常是小规模装运，送货费率相对要高；而且，延期交货可能需要长距离运输。另外，可能需要利用快速、昂贵的运输方式运送延期交送的货物。因此，延期交货成本可根据额外订单处理费用和额外运费来计算。

（3）失销成本

尽管一些客户可以允许延期交货，但是仍有一些客户会转向其他企业。当一个企业没有客户所需的货物时，客户就会从其他企业订货，在这种情况下，缺货就会导致失去销售机会。对于企业的直接损失是这种货物的利润损失。失销成本可以通过计算确定，即用这种货物的销售利润乘以客户的订货数量来确定直接损失。

①除了利润的损失，还包括当初负责这笔业务的销售人员的人力、精力浪费，这就是机会损失。

②很难确定在一些情况下的失销总量。例如，许多客户习惯电话订货，在这种情况下，客户只是询问是否有货，而未指出要多少订货；如果这种产品没货，那么客户就不会说明需要多少，对方也就不会知道损失的总量。

③很难估计一次缺货对未来销售的影响。这种情况下，要设法掌握客户的电话等联系方法，供以后开拓市场所用。

4. 失去客户的成本

由于缺货而失去客户，也就是说，客户永远转向另一家企业。如果失去了客户，企业也就失去了未来一系列收入，这种缺货造成的损失很难估计，需要用管理科学的技术以及市场营销方法来研究、分析和计算。除了利润损失，还有由于缺货造成的信誉损失。信誉很难度量，因此在采购成本控制中常被忽略，但它对未来销售及开发客户等经营活动却非常重要。

5. 物料的订购成本

请购手续成本：请购所花的人工费用、事务用品费用、主管及有关部门的审查费用。

采购成本：估价、询价、比价、议价、采购、通信联络、事务用品等所花的费用。

进货验收成本：验收手续所花费的人工费用、交通费用、检验仪器仪表费用等。

进库成本：物料搬运所花费的成本。

其他成本：如会计入账支付款项等所花费的成本等。

9.1.2 影响物料价格的因素

影响物料价格的因素有很多，主要有以下几种：

（1）物料成本。

（2）物料供求关系。供求关系一旦改变，物料价格马上发生变动。供大于求，价格下降；供小于求，价格上升。

（3）季节性变动。旺季时，价格高；淡季时，价格低。

（4）经济循环。市场繁荣，产销两旺，价格缓缓上升；市场萧条，价格就会下跌。

（5）内部条件的变动。如生产技术的改善，价格下降；生产效率的提高，价格亦下降等。

（6）交易条件采购量大，价格较低；进货检验非常严格，价格应提高；付款期较长，价格也应提高。

以上几种实质上是价值规律在起作用，要熟悉并掌握在经济领域中价值规律的作用。

9.2 采购成本分析

9.2.1 采购成本分析概述

1. 采购成本分析的意义

现在，企业的竞争日趋激烈，为了能降低经营成本，让利于顾客，企业必须下大力气控制其经营成本。如前所述，企业经营成本中与采购活动有关的成本占很大比重，因此采购成本管理成为企业管理中的重要工作。要加强采购成本管理必须对采购成本进行分析，通过分析，可以实现以下目标：①正确评价企业过去；②全面评价企业现状；③准确估价企业潜力；④充分揭示企业风险。

2. 采购成本分析的分类

（1）根据分析主体不同，可分为内部分析与外部分析

①内部分析。指企业内部经营者对企业成本状况的分析。内部分析的目的是判断和评价企业采购成本是否正常，及时、准确地发现采购业务的成绩与不足，为企业未来采购业务的顺利进行，提高采购效益和效率指明方向。

②外部分析。指物流企业外部的投资者及政府部门等，根据各自需要或分析目的，对企业的采购成本进行的分析。如政府有关部门通过对采购成本的分析，核算其对社会的贡献状况。在现代企业制度条件下，外部采购成本分析是采购成本分析的重要或基本形式。

（2）根据分析的内容与范围不同，可分为全面分析和专题分析

①全面分析。是指对企业在一定时期的采购总成本进行系统、综合、全面的分析与评价。全面分析的目的是找出采购过程中带有普遍性的问题，全面总结在这一时期的成就与问题，为搞好采购业务奠定基础或提供依据。

②专题分析。是指根据分析主体或分析目的的不同，对采购过程中某一方面的问题所进行的较深入的分析。如经营者对采购过程运输环节或储存环节存在的突出问题进行分析，专题分析对解决关键性问题有重要作用。

在采购成本分析中，应将全面分析与专题分析相结合，这样才能全面、深入地揭示问题。

（3）根据分析的时期和目的的不同，可分为趋势分析、现状分析、潜力分析

①趋势分析。是指对企业某个时期各单位时间的总体成本状况或某个成本评价指标的变动情况所作的分析，借以评价企业成本管理的发展趋势。趋势分析是成本分析的基本形式之一，它不仅有利于评价过去，而且有利于指导现在和预测未来。趋势分析可广泛应用于不同的分析领域和分析目的。

②现状分析。现状分析是成本分析最基本和最主要的形式，它是指对企业当期的成本活动所进行的分析。现状分析最真实地反映了企业成本管理状况，为经营者及其他有关部门和人员提供决策的直接依据。通过对不同企业现状的分析，还可反映企业成本管理水平在同行业或在社会各部门中所处的地位。发现与同行的差距和自己的不足，为企业改进成本管理工作、制定正确的成本控制目标提供依据。

③潜力分析。是在趋势分析和现状分析的基础上，结合企业资源变动状况和经营目标，对企业未来发展能力的估价与判断。潜力分析对于经营者和投资者都是至关重要的。潜力分析的正确与否，决定着决策的正确与否。应当指出，潜力分析通常与风险分析紧密相关。因此，根据潜力分析进行决策时必须考虑不同潜力的风险程度，这也就加大了潜力分析的难度和复杂性。

从上述三种形式的含义与特点可以看出，趋势分析、现状分析及潜力分析是相互联系的。进行采购成本分析，不能将它们割裂开来，孤立地使用某一种形式则可能得出片面的结论。因此，对其他企业成本状况进行分析，也是企业采购成本分析组织的一项重要任务。只有建立健全各级分析组织，才能保证成本绩效分析工作的顺利、有效进行。

3. 成本分析的步骤

（1）准备阶段

成本分析准备阶段主要由以下四个步骤构成：

①明确采购成本分析目的。首先必须明确为什么要进行采购成本分析，是要评价采购管理业绩，还是要制定未来经营策略。只有明确采购成本分析的目的，才能正确地收集整理资料，选择正确的分析方法，从而得出正确的结论。

②确立采购成本分析标准。不同的分析目的，其分析的评价标准是不同的。有的可用

绝对标准，有的可用相对标准；有的可采用历史标准，有的则采用预算标准等。只有确立正确的分析评价标准，才会得出准确的分析结论。

③制订采购成本分析计划。在明确采购成本分析目的与标准的基础下，应制订采购成本分析的计划，包括采购成本分析的人员组成及分工、时间进度安排、拟采用分析方法等。采购成本分析计划是采购成本分析顺利进行的保证。

④收集整理采购成本分析资料。采购成本分析资料是采购成本分析的基础，资料收集整理的及时性、完整性，对分析的正确性有直接的影响；资料的收集整理应根据分析的目的和计划进行。

（2）采购成本分析实施阶段

采购成本分析的实施阶段，即具体分析阶段，是在采购成本分析准备阶段的基础上进行的，主要包括以下三个步骤：

①整体分析。主要运用水平分析法、垂直分析法及趋势分析法等全面分析。

②成本指标分析。对成本指标进行分析，特别是进行成本费用利润率指标分析，是采购成本分析的一种主要形式。

③成本因素分析。采购成本分析不仅要解释现象，而且应分析原因。因素分析法就是要在报表整体分析和成本效益指标分析的基础上，对一些主要指标的完成情况，从其影响因素角度，深入进行定量分析，确定各因素对其影响的方向和程度，为企业正确进行成本评价提供最基本的依据。

（3）采购成本分析报告阶段

采购成本分析报告阶段是采购成本分析实施阶段的继续，具体可分为以下 3 个步骤：

①得出采购成本分析结论。

②提出可行措施建议。

③编写采购成本分析报告。

9.2.2 采购成本分析的方法

采购成本分析采用的技术方法是多种多样的，它可以采用会计的方法、统计的方法或数学的方法。在实际的采购成本分析工作中，使用最广泛的技术方法主要有指标对比法和因素分析法。

1. 指标对比法

指标对比法又称比较法，这是实际工作中广泛应用的分析方法。它是通过相关联的成本指标的对比来确定数量差异的一种方法。通过对比，揭露矛盾，发现问题，寻找差距，分析原因，为进一步降低采购成本、提高采购成本使用效益指明方向。成本指标的对比分析可采取以下几种形式：

（1）实际指标与计划指标对比

进行采购成本分析时，可以将实际成本指标与计划成本指标进行比较，通过对比，说明计划完成的程度，为进一步分析指明方向。

(2) 本期实际指标与前期（如去年同期或历史最高水平）实际指标对比

通过对比，反映物流企业成本动态和变化趋势，有助于吸取历史经验，改进成本管理。

(3) 本期实际指标与同行业先进水平对比

通过对比，可以反映本企业与国内外先进水平的差距，以便扬长避短，努力挖掘降低成本的潜力，不断提高企业的经济效益。

应该指出的是，采用指标对比法时，应注意对比指标的可比性，即对比指标采用的计量单位、计价标准、时间单位、指标内容和计算方法等都应有其可比的基础和条件。在同类企业比较成本指标时，还必须考虑它们在技术经济上的可比性。指标的对比可以用绝对数对比，也可以用相对数对比。

2. 因素分析法

因素分析法是将某一综合指标分解为若干个相互联系的因素，并分别计算、分析每个因素影响程度的一种方法。成本升降是许多因素造成的，概括起来有两类：一类为外部因素；一类为内部因素。外部因素来自社会，是外部经济环境和条件所造成的；内部因素是由企业本身经营管理所造成的。这样分类有利于评价物流企业的各方面工作质量。

因素分析法的一般做法是：第一，确定分析指标由几个因素组成；第二，确定各个因素与指标的关系，如加减关系、乘除关系等；第三，采用适当方法，将指标分解成各个因素；第四，确定各个因素对指标变动的影响方向与程度。

因素分析法的具体计算程序是：以成本的计划指标为基础，按预定的顺序将各个因素的计划指标依次替换为实际指标，一直替换到全部都是实际指标为止，每次计算结果，与前次计算结果相比，就可以求得某一因素对计划完成情况的影响。下面举例说明指标与因素的关系。

设成本指标 N 是由 A、B、C 三因素乘积所组成，其计划成本指标与实际成本指标分别列示如下：

计划成本：$N_1 = A_1 \times B_1 \times C_1$

实际成本指标：$N_2 = A_2 \times B_2 \times C_2$

差异额：$G = N_2 - N_1$

计算程序是：计划成本指标：$N_1 = A_1 \times B_1 \times C_1$

第一次替换 $A_2 \times B_1 \times C_1 = N_3$，$N_3 - N_1 = A$ 变动的影响

第二次替换 $A_2 \times B_2 \times C_1 = N_4$，$N_4 - N_3 = B$ 变动的影响

第三次替换 $A_2 \times B_2 \times C_2 = N_2$，$N_2 - N_4 = C$ 变动的影响

以上三个因素变动影响的总和为：

$$(N_3 - N_1) + (N_4 - N_3) + (N_2 - N_4) = G$$

从上式可知，三个因素变动的差异之和与上面计算的实际成本指标脱离计划成本指标的总差异是相符的，这就确定了各个因素对成本指标升降的影响程度，并可以确定各个因

素所占差异比重程度，为采购成本分析提供可靠的依据。从上例可以看出，因素分析法是在指标对比法的基础上开展的，成为对比法的补充。

9.2.3 采购价格调查

采购价格是采购成本的主要组成部分。采购价格的高低直接关系到企业最终产品或服务价格的高低。因此，在确保满足其他条件的情况下力争最低的采购价格是采购人员的最重要的工作：

1. 影响采购价格的因素

要调查采购价格，首先要了解影响采购价格的因素。这些因素包括：①供应商成本的高低；②规格与质量；③采购物料的供需关系；④生产季节与采购时机；⑤采购数量的多少；⑥交货条件；⑦付款条件。

2. 采购价格调查的内容

(1) 调查的主要范围

在大型企业里，原材料种类不下千种，若每一种类都要挨个去调查，那是不可能的，因此，要了解帕累托定理所说的“重要少数”，就是通常所说的仅占10 %，而其价值却占全体总值的70% ~80%的原材料。假如能掌握住80%左右价位的“重要少数”，那么，就可以达到控制采购成本的目的，这就是重点管理法。根据一些企业的实际操作经验，可以把以下六大项目列为主要的采购调查范围：

①选定主要原材料20 ~30种，其价值占总价值70%以上的；

②常用物料、器材，尤其是属于采购项目的；

③性能比较特殊的物料、器材（包括主要零配件），一旦供应脱节，可能导致生产中断的；

④突发事变需紧急采购的；

⑤波动性大的物资、器材；

⑥计划外设备器材的采购，数量巨大，影响经济效益深远的。

为了便于了解占总采购价值80%的“重要少数”的原材料的变动行情，就应随时记录，真正做到了如指掌。

(2) 信息收集方式

调查采购价格信息的收集方式有以下3类：

①上游法。即了解拟采购的产品是哪些物料或由哪些物料组成的，查询制造成本及产量资料。

②下游法。即了解采购的产品用在哪些地方，查询需求量及售价资料。

③水平法。即了解采购的产品有哪些类似产品，即查询替代品或新供应商的资料。

(3) 信息的收集渠道

调查采购价格的信息收集渠道有下列五种：

①杂志、报纸等媒介；

②信息网络，或产业调查服务业；

③供货商或相关企业；

④参观展览会或参加研讨会；

⑤加入协会。

不过，由于商情范围广阔，来源复杂，加之市场环境变化迅速，因此，必须筛选正确有用的信息以供决策。可将采购市场调研所得资料，加以整理、分析与讨论。在此基础上提出报告建议，即根据调查结果，编制物料调查报告及进行商业环境分析，向本企业提出有关改进建议，供采购时参考，以求降低成本，增加利润。根据科学的调查结果，研究更好的采购方法。

3. 降低物料成本的方法

企业降低购入物料价格成本的方法有如下几种：

①通过付款条款的选择降低采购成本；②把握价格变动的时机；③以竞争招标的方式来牵制供应商；④向制造商直接采购或结成同盟联合采购；⑤选择信誉佳的供应商并与其签订长期合同；⑥充分进行采购市场的调查和信息收集。

9.2.4 运输成本分析

运输是成本消耗最大的物流活动。

除采购成本外，运输成本在企业总成本构成中占的比例越来越大，是成本消耗最大的物流活动，占物流总成本的1/3～2/3以上。运输成本与物料的种类、装运的规模、距离直接相关。要减少运输成本，就要对运输成本进行分析。

一般来说，运输的总成本和装运数量、运输距离成正比例变动，但单位成本与运输，如运输距离成反比例变动。运输规模越大，运输距离越长，则单位运输成本越低。企业可以通过下列方法降低运输成本：

1. 减少不必要的运输环节

围绕运输业务活动，还要进行装卸、搬运、包装等工作，多一道环节，须多花很多劳动，浪费许多成本。所以，在物料运输的规划中，对有条件直运的，尽可能组织直达、直拨运输，使物资不进入中转仓库，摆脱一切不必要的环节，由产地直运销地或用户，减少二次运输。

2. 提高车辆的装载效率，降低运输成本

加大装载量，组织合理运输，提高运输效率是降低运输成本的主要手段。一方面，最大限度地利用车辆载重吨位；另一方面，充分使用车辆装载容积。其主要做法有轻重配装、解体运输、高效堆码等。

3. 选择合理的运输方式，降低运输成本

不同的运输方式运价差别很大。一般来讲，速度快的交通工具，成本也比较高，运输的经济性和迅速性、安全性、便利性之间有相互制约的关系。因此，企业在采购时应根据不同物料的形状、价格、运输批次、交货日期、到达地点等特性，选择恰当的

运输工具。

9.2.5 储存成本分析

储存成本根据其与储存物料数量的关系可分为固定储存成本和变动储存成本两部分。物料储存成本中仓库折旧、管理人员工资等成本在一定范围内与储存物料的数量无关，属于固定储存成本。这类成本反映的是形成和维持企业最起码生产经营能力的成本，也是企业经营业务必须负担的最低成本，不受企业管理当局短期决策行为的影响。

由于企业的经营能力一旦形成，在短期内就不能轻易削减，任何降低这类成本的企图都必须以降低企业的生产经营能力为代价，意味着经营能力的破坏，可能影响企业长远目标的实现，降低赢利能力。

除非改变企业的经营方向，否则，不能实现在实务中采取降低这部分成本总额的措施，只能以合理充分地利用其创造生产经营能力为手段，有效利用仓库空间，提高储存物料的数量，相对降低其单位成本。

储存成本中物料占用的资金成本、搬运成本、保险成本、陈旧成本等通常与储存物料数量成比例变动，这部分成本称为变动储存成本。通常采购数量越多，变动储存成本也就越高。在降低这类成本时可以从以下几方面着手：简化出入库手续，降低业务成本；缩短储存时间，降低资金成本、保险成本和损失成本等；合理选择装卸搬运设备、合理规划装卸作业过程，降低装卸搬运成本。

综上所述，采购成本分析的主要工作是根据成本形成的动因，分析影响各类成本的关键因素，从而采取相应的措施达到控制或降低成本的目的。

9.3 成本控制流程

9.3.1 采购成本核算流程

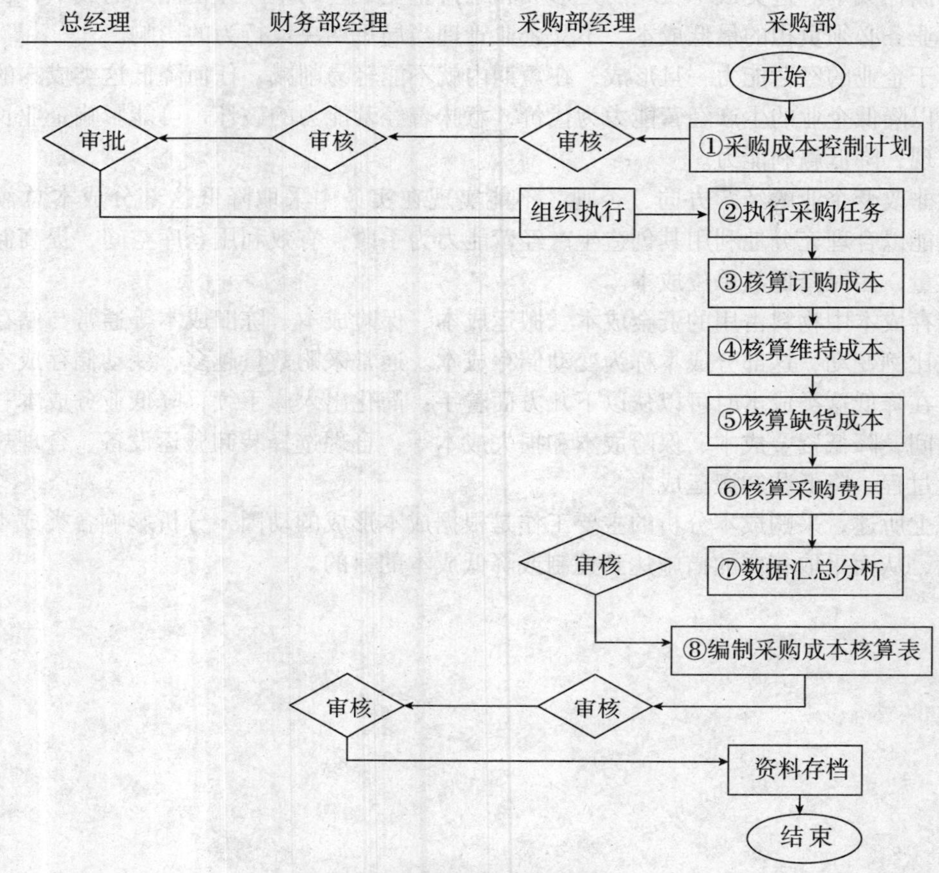

采购成本核算流程说明表

任务概要	采购成本核算流程
节点控制	相关说明
①	采购成本控制主管根据公司采购成本管理相关制度的规定编制采购成本控制计划，报采购部经理审核
②	工作人员在采购部经理的领导下，开展物资采购工作
③	采购成本分析专员核算采购订货成本，包括请购手续成本、往来沟通成本等
④	采购成本分析专员核算采购维持成本，包括资金成本、搬运成本、仓储成本、折旧等
⑤	采购成本分析专员核算采购缺货成本，包括安全存货成本、延期交货成本、失去顾客成本等

续 表

任务概要	采购成本核算流程
节点控制	相关说明
⑥	采购成本分析专员核算采购费用，包括人工费用、保险费用等
⑦	采购成本分析专员对各项成本费用进行汇总
⑧	采购成本分析专员根据采购部经理的审核意见，编制采购成本核算表

9.3.2 采购成本分析流程

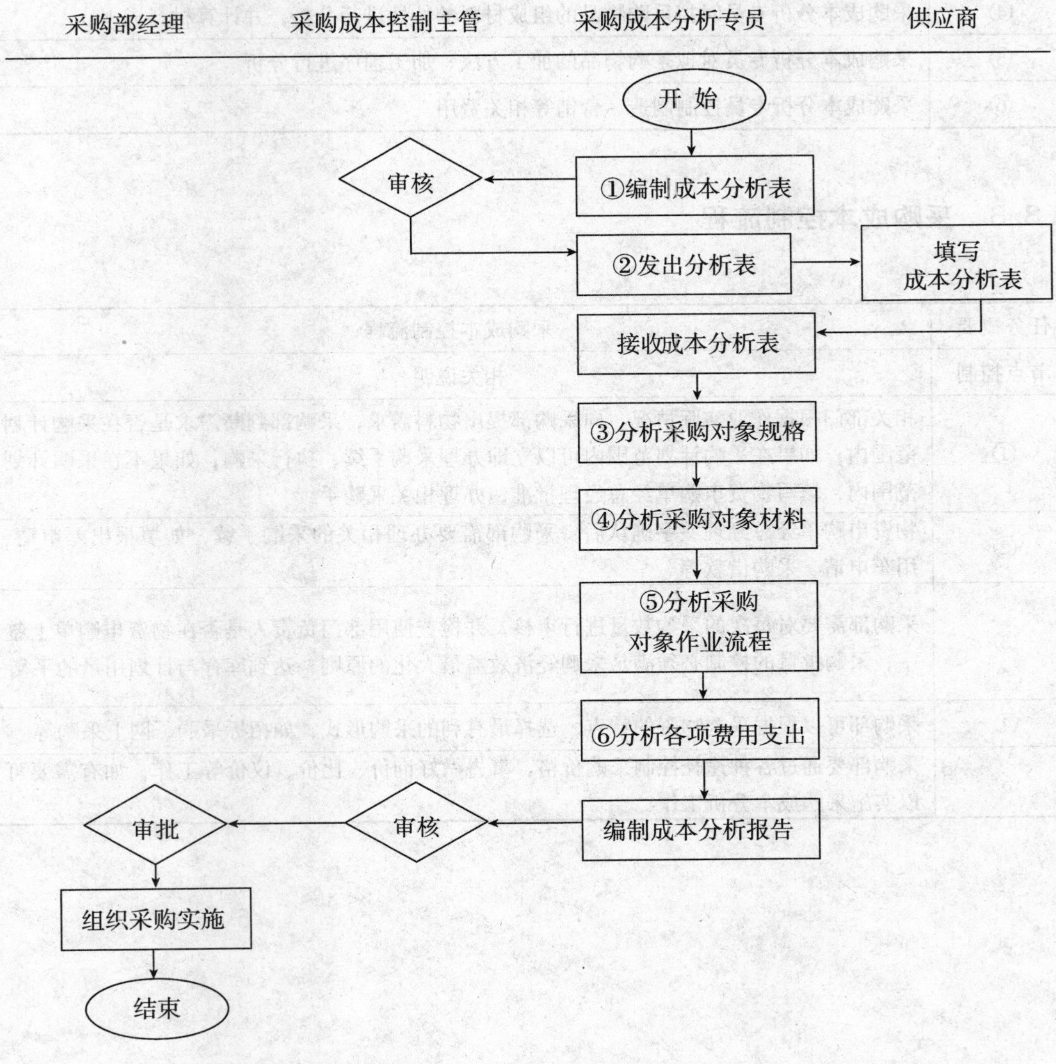

任务概要	采购成本分析流程
节点控制	相关说明
①	采购成本分析专员根据拟采购物资的实际情况编制采购成本分析表，报采购成本控制主管审核，适合采用采购成本分析的情况包括新材料无采购经验时、底价难以确认时、无法确认供应商报价的合理性时、供应商单一时、采购金额巨大时、为提高议价效率时等
②	采购成本分析表经采购成本控制主管审核后，由采购成本分析专员向供应商发出
③	采购成本分析专员收到供应商填写的采购成本分析表后，首先考虑其设计是否超过规格要求
④	采购成本分析专员对拟采购物品的组成材料的特性进行分析，并计算材料成本
⑤	采购成本分析专员对拟采购物品的加工方法、加工程序进行分析
⑥	采购成本分析专员控制制造、营销等相关费用

9.3.3 采购成本控制流程

任务概要	采购成本控制流程
节点控制	相关说明
①	相关部门根据作业实际情况，向采购部提出物料需求，采购部判断需求是否在采购计划范围内，如果在采购计划范围内可以立即办理采购手续，执行采购；如果不在采购计划范围内，填写物资申购单经总经理批准，办理相关采购手续
②	物资申购单经总经理签字确认后，采购部需要办理相关的采购手续，如填报出差申请、用车申请、采购借款等
③	采购部需要对每次的采购数量进行审核，并检查使用部门负责人是否在物资申购单上签字，采购批量的控制必须满足采购经济效益最大化的原则，达到库存与计划用量的平衡
④	采购部可以根据采购物资的特点，选择最有利的采购形式，如招标采购、网上采购等
⑤	采购部要通过各种途径控制采购价格，事先做好询价、比价、议价等工作，如有需要可以实施采购成本分析工作

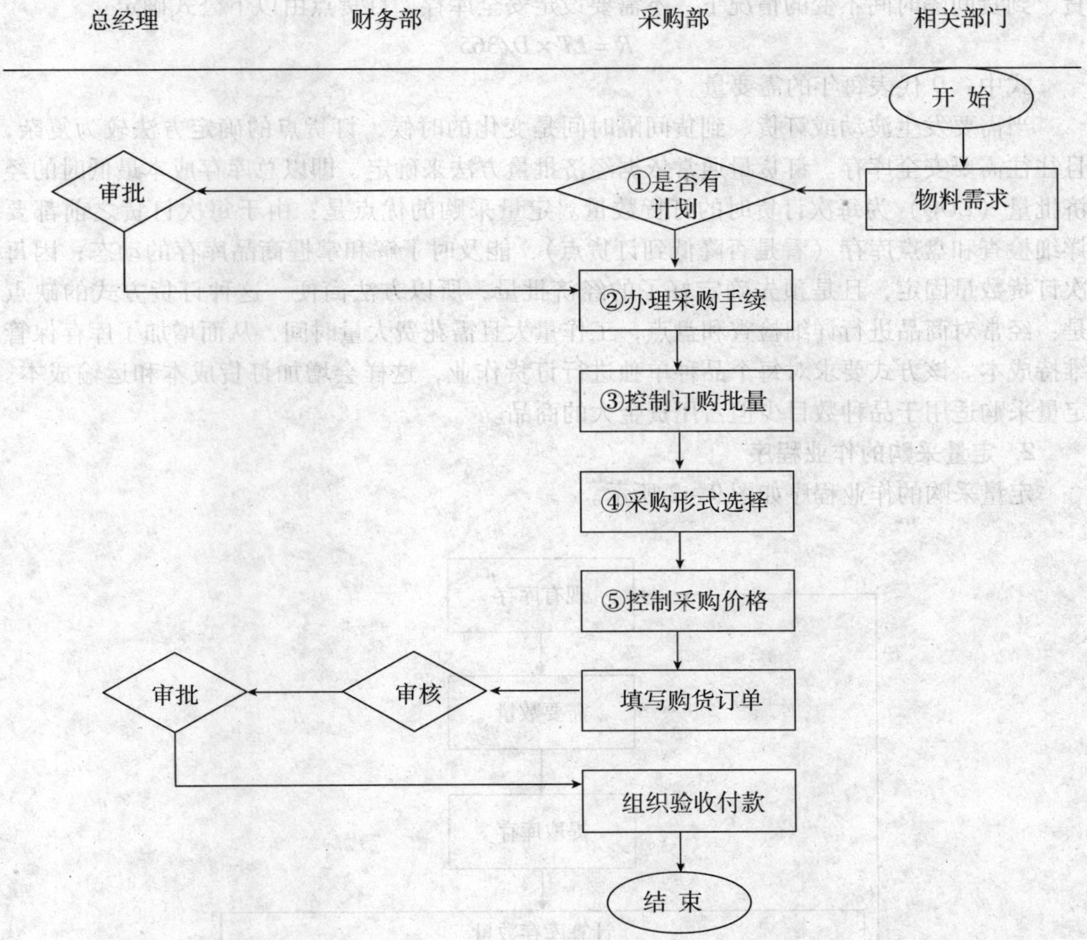

总经理 财务部 采购部 相关部门

开 始

物料需求

①是否有计划

审批

②办理采购手续

③控制订购批量

④采购形式选择

⑤控制采购价格

填写购货订单

审核

审批

组织验收付款

结 束

9.4 采购成本控制方法

9.4.1 定量采购模型

1. 定量采购的定义

所谓定量采购，是指当库存量下降到预订的最低库存数量（采购点）时，按规定数量（一般以经济批量 EOQ 为标准）进行采购补充的一种方式。当库存量下降到订货点（R，也称为再订货点）时马上按预先确定的订货量（Q）发出货物订单，经过交纳周期（LT），收到订货，库存水平上升。采用定量采购必须预先确定订货点和订货量。通常采购点的确定主要取决于需求率和订货、到货间隔时间这两个要素。在需要固定均匀和订货、到货间隔时间不变的情况下，不需要设定安全库存，订货点由以下公式确定：

$$R = LT \times D/365$$

式中：D 代表每年的需要量。

当需要发生波动或订货、到货间隔时间是变化的时候，订货点的确定方法较为复杂，且往往需要安全库存。订货量通常依据经济批量方法来确定，即以总库存成本最低时的经济批量（EOQ）为每次订货时的订货数量。定量采购的优点是：由于每次订货之前都要详细检查和盘点库存（看是否降低到订货点），能及时了解和掌握商品库存的动态；因每次订货数量固定，且是预先确定好了的经济批量，所以方法简便。这种订货方式的缺点是：经常对商品进行详细检查和盘点，工作量大且需花费大量时间，从而增加了库存保管维持成本。该方式要求对每个品种单独进行订货作业，这样会增加订货成本和运输成本。定量采购适用于品种数目少但占用资金大的商品。

2. 定量采购的作业程序

定量采购的作业程序如图 9－2 所示。

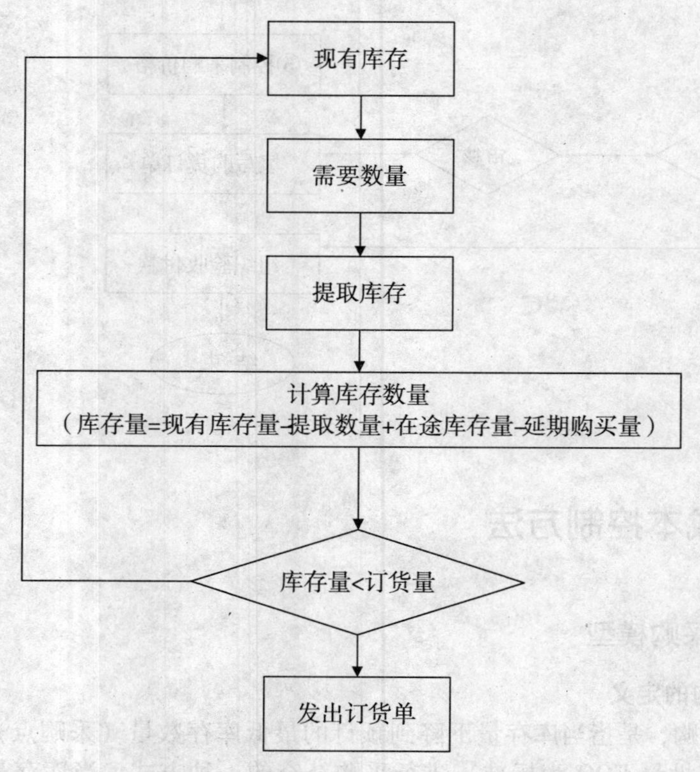

图 9－2　定量采购的作业程序

作业的具体步骤如下：

确定应采购商品的现有库存量。

根据用户的需求和现有库存量确定商品的需要数量。

如果现有库存量能满足用户的需求，为用户提取货物。

按以下公式计算库存数量：

库存量 = 现有库存量 - 提取数量 + 在途库存量 - 延期购买量

当库存量小于或等于用户的订购量时，向供应商发出订货单，请求订货。

3. 定量采购模型

（1）定量采购模型假设

定量采购要求规定一个特定的点，当库存水平达到这一点时就应当进行订购并且订购一定的量。订购点往往是一个既定的数，当可供货量（包括目前库存量和已订购量）到达订货点时，就应进行一定批量的订购。库存水平可定义为目前库存量加上已订购量减去延期交货量。以下这些假设与现实可能有些不符，但它们为我们提供了一个研究的起点，并使问题简单化：产品需求是固定的，且在整个时期内保持一致；提前期（从订购到收到货物的时间）是固定的；单位产品的价格是固定的；存储成本以平均库存为计算依据；订购或生产准备成本固定；所有对产品的需求都能满足（不允许延期交货）。

（2）建模

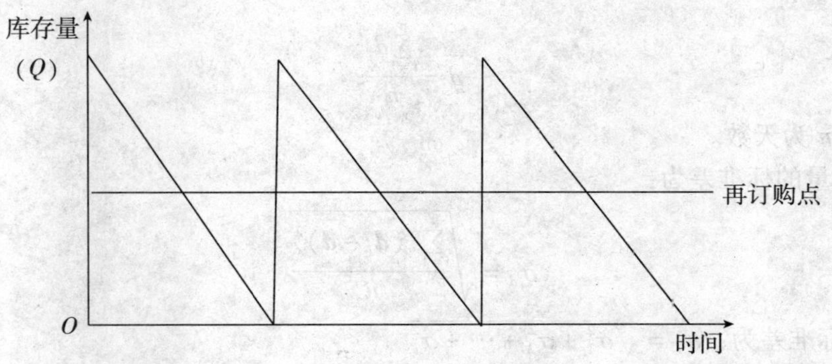

图 9－3　定量订货模型

建立库存模型时，首先应在利息变量与效益变量指标之间建立函数关系。本例中，我们关心的是成本，下面是有关的等式。

年总成本 = 年采购成本 + 年订购成本 + 年存储成本，即：

$$TC = DC + (D/Q)\ S + (Q/2)\ H$$

式中：TC 为年总成本；D 为需要量（每年）；C 为单位产品成本；Q 为订购批量（最佳批量称为经济订购批量 Q）；S 为生产准备成本或订购成本；H 为单位产品的年均存储成本（通常，存储成本以单价的百分率表示。例如，$H = iC$。式中 i 是存储成本的百分率）。等式右边，DC 指产品年采购成本；（D/Q）S 指年订购成本（订购次数 D/Q 乘以每次订购成本 S）；（$Q/2$）H 是年存储成本（平均库存（$Q/2$）乘以单位存储成本 H）。

在模型建立过程中，第二步是确定订购批量 Q 以使总成本最小。我们将总成本对 Q 求导数，并设其等于零。具体计算过程如下：

$$TC = DC + (D/Q)\ S + (Q/2)\ H$$

$$\frac{\mathrm{d}TC}{\mathrm{d}Q} = 0 + \left[\frac{-DS}{-QQ}\right] + \frac{H}{2} = 0$$

最优订货批量：$Q = \sqrt{2DS/H}$

因为该模型假定需求和提前期固定，且没有安全库存，则再订购点 R 为：

$$R = dL$$

式中：d 为日平均需要量（常数）；L 为用天表示的提前期（常数）。

定量订货系统是对库存水平进行连续监控，且当库存量降至某一水平 R 时就进行订购。该模型中，缺货的风险只发生在订购提前期，即在订购时点与收到货物时点之间，则再订购点的公式如下：

$$R = \bar{d}L + z\sigma_L$$

式中：R 为再订购点；d 为日需要量；L 为提前期（订购时点与收到货物时点之间的时点）；z 为既定服务水平；σ_L 为提前期使用量的标准差。

计算如下：

$$\bar{d} = \frac{\sum_{i=1}^{n} d_i}{n}$$

式中：n 为天数。

日需要量的标准差为：

$$\sigma_d = \sqrt{\frac{\sum_{i=1}^{n} (d_i - \bar{d})^2}{n}}$$

i 天的标准差为：$\sigma_L = \sqrt{\sigma_1^2 + \sigma_2^2 + \cdots + \sigma_i^2}$

即：短缺概率 × 年需要量 = 每次订购短缺量 × 年订购次数

$$(1-P) \times D = E(z)\ \sigma_L \times D/Q$$

简化为：

$$E(z) = \frac{(1-P)\ Q}{\sigma_L}$$

式中：P 为期望服务水平。

9.4.2 定期采购模型

1. 定期采购的定义及其作业程序

定期采购是指按预先确定的订货间隔期间进行采购补充库存的一种方式。企业根据过

去的经验或经营目标预先确定一个订货间隔期间。每经过一个订货间隔期间就进行订货，每次订货数量都不同。在定期采购时，库存只在特定的时间进行盘点，例如每周一次或每月一次。当供应商走访顾客并与其签订合同或某些顾客为了节约运输费用而将他们的订单合在一起的情况下，必须定期进行库存盘点和订购。另外一些公司采用定期采购是为了促进库存盘点。例如，销售商每两周打来一次电话，则员工就明白所有销售商的产品都应进行盘点了。

在定期采购时，不同时期的订购量不尽相同，订购量的大小主要取决于各个时期的使用率。它一般比定量采购要求更高的安全库存。定量采购是对库存连续盘点，一旦库存水平到达再订购点，立即进行订购。相反的，标准的定期采购模型是仅在盘点期进行库存盘点。这就有可能在刚订完货时由于大批量的需求而使库存降至零，这种情况只有在下一个盘点期才被发现，而新的订货需要一段时间才能到达。这样，有可能在整个盘点期和提前期会发生缺货。所以，安全库存应当保证在盘点期和提前期内不发生缺货。图 9－4 为定期采购的作业程序。

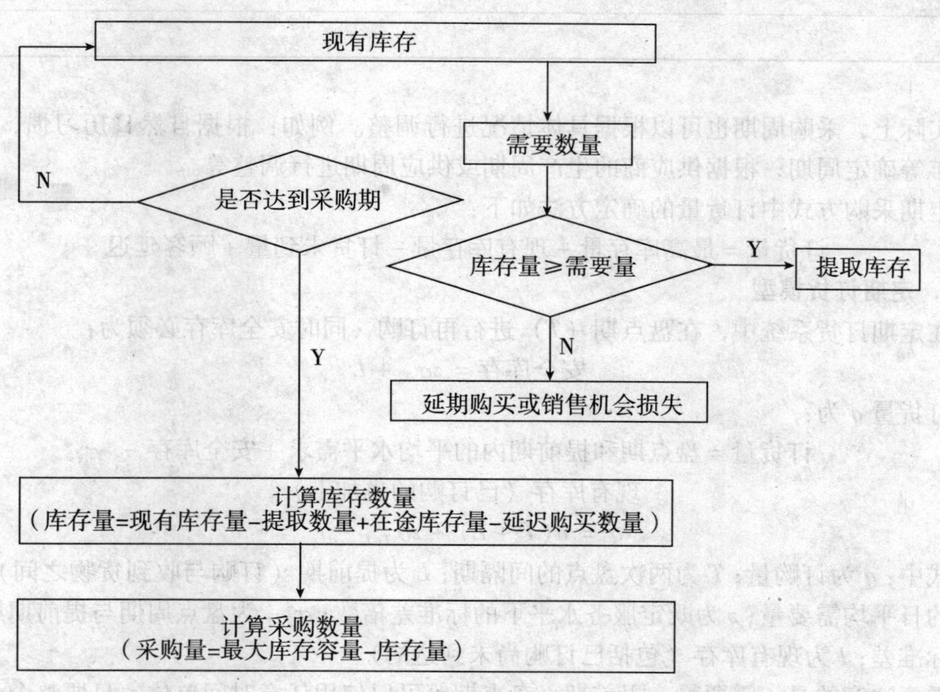

图 9－4　定期采购的作业程序

2. 定期采购的特点及订货量的确定

定期采购是从时间上控制采购周期，从而达到控制库存量的目的。只要订货周期控制得当，既可以不造成缺货，又可以控制最高库存量，从而达到成本控制的目的，使采购成本最少。

定期采购的优点是：由于订货间隔期间确定，因而多种货物可同时进行采购，这样不仅可以降低订单处理成本，还可降低运输成本；这种方式不需要经常检查和盘点库存，可节省这方面的费用。缺点是：由于不经常检查和盘点库存，对商品的库存动态不能及时掌握，遇到突发性的大量需要，容易造成缺货现象带来的损失，因而超市为了应对订货间隔期间内需要的突然变动，往往库存水平较高。定期采购控制法适用于品种数量大、占用资金较少的超市商品。定期采购计划如表 9－2 所示。

表 9－2　　　　材料定期采购计划表

×年×月×日　　　　页次

材料名称	规格	估计用量	订购交货日期	每日用量	每日最高用量	基本存量	最高存量	基本存量比率	每次订购数量

实际上，采购周期也可以根据具体情况进行调整。例如：根据自然日历习惯，以月、季、年等确定周期；根据供应商的生产周期或供应周期进行调整等。

定期采购方式中订货量的确定方法如下：

订货量＝最高库存量－现有库存量－订货未到量＋顾客延迟

3. 定期订货模型

在定期订货系统中，在盘点期（T）进行再订购，同时安全库存必须为：

$$安全库存 = z\sigma_T + L$$

订货量 q 为：

订货量＝盘点期和提前期内的平均水平需求＋安全库存－现有库存（已订购的也加上）

$$q = \bar{d}(T+L) + z\sigma_{T+L} - I$$

式中：q 为订购量；T 为两次盘点的间隔期；L 为提前期（订购与收到货物之间）；$\bar{d}$ 为预测的日平均需要量；z 为既定服务水平下的标准差倍数；σ_{T+L} 为盘点周期与提前期期间需求的标准差；I 为现有库存（包括已订购尚未到达的）。

需要注意的是，需要量、提前期、盘点期等可以使用任意时间单位，只要整个公式中的单位保持一致。在该模型中，需要量（d）可以预测出来，并且可以随盘点期而不同。或者，可以使用年度平均值，假定需求是服从正态分布的。

Z 值可以通过以下求 $E(z)$ 的公式，然后借助于表 9－2 找出相应的值。

$$E(z) = \frac{\bar{d}T(1-P)}{\sigma_{T+L}}$$

式中：$E(z)$ 为 1 时的期望缺货值；P 为用小数表示的服务水平（如 95% 表示为 0.95）；$\bar{d}T$ 为盘点周期内的需要量，其中 $\bar{d}$ 为日平均需要量，T 为天数；σ_{T+L} 为盘点周期和提前期内的需求标准差；z 为安全库存的标准差系数。

表 9－3 表示相对于标准差的短缺期望值（该表建立的基础是标准差为 1）。

表 9－3　相对于标准差的短缺期望值

$E(z)$	z	$E(z)$	z	$E(z)$	z	$E(z)$	z
4.500	−4.50	2.205	−2.20	0.399	0.00	0.004	2.30
4.400	−4.40	2.106	−2.10	0.351	0.10	0.003	2.40
4.300	−4.30	2.008	−2.00	0.307	0.20	0.002	2.50
4.200	−4.20	1.911	−1.90	0.267	0.30	0.001	2.60
4.100	−4.10	1.814	−1.80	0.230	0.40	0.001	2.70
4.000	−4.00	1.718	−1.70	0.198	0.50	0.001	2.80
3.900	−3.90	1.623	−1.60	0.169	0.60	0.001	2.90
3.800	−3.80	1.529	−1.50	0.143	0.70	0.000	3.00
3.700	−3.70	1.437	−1.40	0.120	0.80	0.000	3.10
3.600	−3.60	1.346	−1.30	0.100	0.90	0.000	3.20
3.500	−3.50	1.256	−1.20	0.083	1.00	0.000	3.30
3.400	−3.40	1.169	−1.10	0.069	1.10	0.000	3.40
3.300	−3.30	1.083	−1.00	0.056	1.20	0.000	3.50
3.200	−3.20	1.000	−0.90	0.046	1.30	0.000	3.60
3.100	−3.10	0.920	−0.80	0.037	1.40	0.000	3.70
3.000	−3.00	0.843	−0.70	0.029	1.50	0.000	3.80
2.901	−2.90	0.769	−0.60	0.023	1.60	0.000	3.90
2.801	−2.80	0.698	−0.50	0.018	1.70	0.000	4.00
2.701	−2.70	0.630	−0.40	0.014	1.80	0.000	4.10
2.601	−2.60	0.567	−0.30	0.011	1.90	0.000	4.20
2.502	−2.50	0.507	−0.20	0.008	2.00	0.000	4.30
2.403	−2.40	0.451	−0.10	0.006	2.10	0.000	4.40
2.303	−2.30	0.399	0.00	0.005	2.20	0.000	4.50

4. 既定服务水平下的定期采购模型

在采用定期订购时，在盘点期（T）进行再订购，同时必须保证一定量的安全库存。图 9－15 表示盘点期为 T，固定提前期为 L 的定期采购模型。

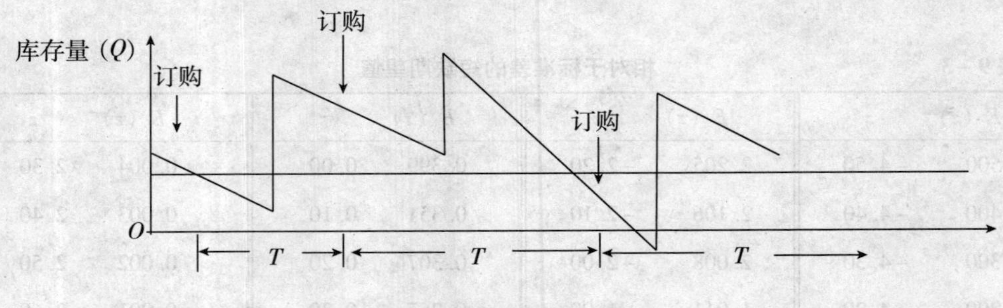

图 9－5 定期采购模型

5. 定量采购模型与定期采购模型的比较

定量采购模型与定期采购模型的比较见表 9－4 和图 9－6。

表 9－4 定量采购模型与定期采购模型的比较

特征	Q 定量采购模型	P 定期采购模型
采购量	固定的（每次采购量相同）	变化的（每次采购量不同）
何时订购	在库存量降低到再订购点时	在盘点期到来时
库存记录	每次出库都做记录	只在盘点期做记录
库存大小	较小	较大
作业所需时间	由于记录持续，所需时间较长	简单记录，所需时间较短
物资类型	昂贵、关键或重要物资	品种数量大的一般物资

9.4.3 经济批量采购

采购数量的多少，直接决定着对生产经营的保证和经济效益的高低。在物品的采购储存过程中，会产生订购费用和仓库储存费用。在价格一定而采购量（即一次采购量）较大时，可降低单位订购费用，但会增加总的仓库存储费用，单位订购费用也会提高。因此，采购部门在决定采购批量时，应选定订购费用和仓储费用合计数量最低时的采购量，即经济批量采购。

1. 经济批量采购的含义及特点

经济批量采购是从企业本身节约费用开支角度来确定物资经常储备的一种方法。从物资有关的费用来分析，主要有订购费用和保管费用两大类。从节约保管费来说，应增加采

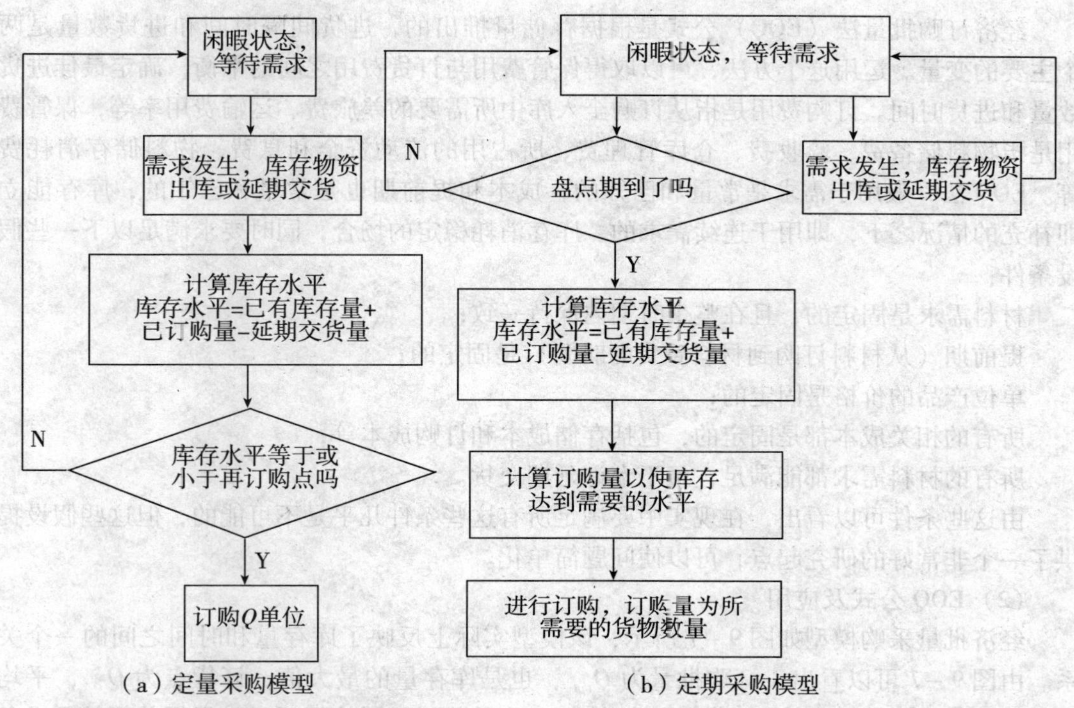

图9－6 定量采购模型与定期采购模型的比较

购次数，而减少每次采购数量；从节约订购费来说，应减少采购次数，而增加每次采购量。这表明，采购与保管费是相互制约的。客观上存在这样一种采购数量，使得按这种数量采购所需的采购费与保管费的总和最小，这个采购数量就是经济批量采购。

经济批量采购法是在保证生产正常进行的前提下，以库存支出的总费用最低为目标，确定订货（生产）批量的方法。

经济批量采购法必须在已知计划期间的需要量、每批工装调整费、项目每单位在计划期间的保管费等数据的情况下，才能计算出经济订货批量。算出结果后就将之作为一定期间内的订货批量，直到各项费用和需求数量有较大变动时，才会有所变动。因此，经济批量采购法可认为是一种静态批量法，它不太适合于需求波动很大和项目价值很昂贵的情况。

2. 采购数量的确定

下面我们简要介绍经济批量采购数量的确定方法。

用经济订购批量确定企业物资的经常储备定额，是比较经济有效的方法。但采用这种方法需要具备一个前提条件，就是企业能自行决定采购的量和时间，不受物资供应方和运输条件的制约。

3. 经济批量采购模型

（1）经济订购批量模型的假设条件

经济订购批量法（EOQ）公式是根据存储量推出的，进货间隔时间和进货数量是两个主要的变量。运用这个方法，可以取得保管费用与订货费用之间的平衡，确定最佳进货数量和进货时间。订购费用是指从订购至入库中所需要的差旅费、运输费用率等；保管费用是指物料储备费、验收费、仓库管理费、所占用的流动资金利息费、物料储存消耗费等。EOQ 法一般用于需求是常量和已知的，成本和提前期也是常量和已知的，库存能立即补充的情况之下，即用于连续需求的、库存消耗稳定的场合，同时要求满足以下一些假设条件：

材料需求是固定的，且在整个时期内保持一致；

提前期（从材料订购到材料到货的时间）是固定的；

单位产品的价格是固定的；

所有的相关成本都是固定的，包括存储成本和订购成本等；

所有的材料需求都能满足，且不允许延期交货。

由这些条件可以看出，在现实中要满足所有这些条件几乎是不可能的，但这些假设提供了一个非常好的研究起点，可以使问题简单化。

（2）EOQ 公式及应用

经济批量采购模型如图 9－7 所示，该模型实际上反映了库存量和时间之间的一个关系。由图 9－7 可以看出，订购批量为 Q_{opt}，也是库存量的最大值，订货点为 Q^*，平均库存量为 $\overline{Q}$（$\overline{Q} = Q/2$），订货提前期为 T，d 为单位时间平均需要量，根据前面的假设条件提前期是固定的，所以每次订货的再订货点为 $Q^* = dT$。通常，以产品成本、采购成本和储存成本的总和来表示总成本，即：

总成本＝产品成本＋采购成本＋储存成本

产品成本＝产品单价×需要量

采购成本＝每次采购成本×该期的采购次数

储存成本＝平均库存量×该期单位储存成本

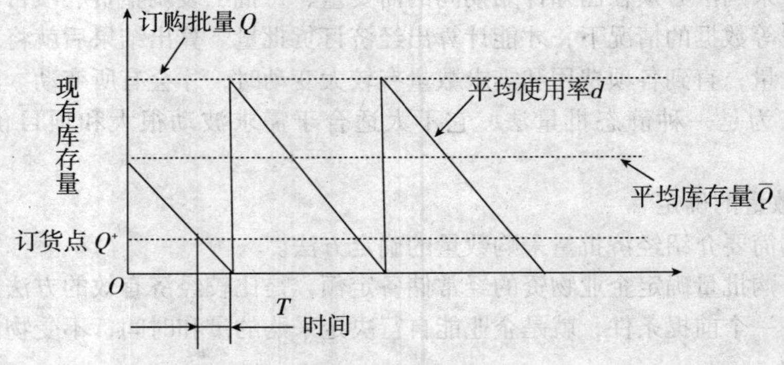

图 9－7　经济批量采购模型

设 D 为年需要量，C 为单位物料采购成本，H 为单位存货的年成本，S 为一次订货的业务成本，则每年的订购次数可以用年需要量除以每次订货的批量得到，即为：D/Q 。

由此可以计算每年的储存成本为 $QH/2$ ，每年的采购成本为 DS/Q ，总成本以 TC 表示如下：

$$TC = DC + DS/Q + QH/2$$

按照使总成本最小的原则，计算订购批量，方法是对上式以 Q 为变量的表达式求导，并设其一阶导数为零。具体计算过程如下：

$$\frac{dTC}{dQ} = 0 + \left[\frac{-DS}{-QQ}\right] + \frac{H}{2} = 0$$

则：最佳批量 $Q_{opt} = \sqrt{\frac{2DS}{H}}$

最佳批次 $n = \frac{D}{Q_{opt}} = \sqrt{\frac{DH}{2S}}$（取近似整数）

最佳订货周期 $t = \frac{365}{n} = 365 \times \sqrt{\frac{2S}{DH}}$ 。

9.5 采购成本控制表格与工具

9.5.1 VA/VE 法降低采购成本

● 工具解析。所谓 VA（Value Analysis，即价值分析）及 VE（Value Engineering，即价值工程）就是以分析产品或服务的机能为主，切实实现产品或服务所需求的机能与最低总成本的组合的活动。其目的是为了提升产品或服务的价值，同时降低成本，获得社会信赖，提供满足客户需求的价廉物美的产品或服务。

● 使用时机。在采购经理进行采购成本控制时可使用此管理方法。

● 所需条件。对采购产品的分析、综合评价，与供应商进行协商、合作，共同降低成本。

● 关键所在。提倡与供应商合作，取得双赢的结果。

1. VA/VE 的特征、程序及想法

（1）VA/VE 的特征

①以客户为中心想法，即以市场或买主的需要为依据。②运用功能中心的研讨方式，从产品设计的构想出发，以确保功能为前提，通过成本分析达到节省成本的目的。③以团队合作方式，凝聚设计、生产、质量管理、资材、采购人员的智能，做整合性脑力激荡，进入团队设计、共同参与的境界。

(2) VA/VE 的程序

VA/VE 的工作程序包括三个过程（分析、综合及评价）、两个步骤（基本步骤及详细步骤）及质询（针对产品或采购物品的功能、价值、成本等进行质询）。

(3) VA/VE 的想法

① 如何以更便宜的价格购入功能相同的物品（即降低成本，提高价值）。

② 如何以更便宜的价格购入性能更高的东西（即由于性能得到更大的提升，从而降低成本，使价值提高）。

③ 以相同的成本购入功能更多的物品（即因功能增多，从而价值提高更多）。

④ 虽成本稍高，但购入性能更高的物品（即由于性能大幅提升，虽然成本稍为提高，但其价值更高）。

(4) VA/VE 法与一般降低成本法的差异

VA/VE 法与一般降低成本方法的差异比较如表 9－5 所示。

表 9－5　VA/VE 法与一般降低成本方法的差异比较

VA/VE 法	一般降低成本法
• 以功能为中心 • 以功能性研究/设计构想 • 团队组织共同努力，共同设计 • 通过团队任务编组与分工，发挥整体的配合与默契 • 可以明确降低成本目标	• 以采购品或材料为中心 • 以成本分析为中心，节约采购成本 • 以采购本位为主，情报及创意不稳定 • 因本位观念严重，造成力不从心 • 降低成本目标不易明确

2. VA/VE 实施的 8 大步骤

(1) 选定对象、设定目标

即以采购物品中最主要的或影响最大的物品（按 80/20 原则，换句话说是占 80% 成本的 20% 采购品）为对象。

(2) 成立 VA/VE 改善工作小组

以采购为核心，召集设计、生产、品管、资材、采购及提供零组件或模具等人员共同组成。

(3) 收集、分析实施对象的信息

(4) 拟订降低采购成本的战略方案

正确掌握价值分析与价值工程的目的与功能，拟订几套降低采购成本的方案以备选择。

(5) 拟订具体实施计划

(6) 改善方案的展开

(7) 效果的确认

即确认具体改善方案及其成效。

（8）新方案变更（即标准化）与跟催

9.5.2 ABC 法控制采购成本

• 工具解析。ABC 分析法是 20/80 原理的一种应用。20/80 原理指存在着重要的“少数”——20% 和不重要的“多数”——80%。这一思想就是将管理资源集中于重要的“少数”而不是不重要的“多数”——花 80% 的时间与精力在最重要的 20% 上，将得到 80% 的回报；而在另外的 80% 上，只需花费 20% 的精力，即能有不错的效果。

• 使用时机。当采购经理在进行价值不同、种类繁多的材料采购时，可采取此法。

• 所需条件。对所采购的材料，按价格的高低、重要性的大小进行分类，分别进行采购管理。

• 关键所在。为了使有限的时间、资金、人力、物力等企业资源能够得到更有效的利用，应对物资进行分类管理和控制，将管理的重点放在重要的物资上，即依据库存物资重要程度的不同，分别进行不同的管理，这就是 ABC 控制方法的基本思想。

1. ABC 三类物品的区分

任何采购物品可区分为三个不同部分：

① A 类物品。高值——其价值占采购总值 70% ~80% 的相对少数物品，通常为物品的 15% ~20%。

② B 类物品。中值——其总值占采购总值的 15% ~20%，物品数居中，通常占物品的 30%~40%。

③ C 类物品。低值——其采购总值几乎可以忽略不计，只占 5% ~10%，是物品的大多数，通常占 60% ~70%。许多公司作进一步的分类，例如加一个 D 类或把 A 类再分为 AAA、AA 与 A 三等。每类物品当然可以在该类之中再作 ABC 分类。

2. 分类步骤

① 列出所需采购物品及其年度使用量，然后用单价乘以年度使用量，算出年度使用金额，如表 9－6 所示。

表 9－6　　计算年度使用金额

物品编号	年使用数（件）	单位成本（元）	年度使用金额（元）
F－11	40000	0.07	2800
F－20	195000	0.11	21450
F－31	4000	0.10	400
L－45	100000	0.05	5000
L－51	2000	0.14	280
L－16	240000	0.07	16800

续 表

物品编号	年使用数（件）	单位成本（元）	年度使用金额（元）
L－17	16000	0.08	1280
N－8	80000	0.06	4800
N－91	10000	0.07	700
N－100	5000	0.09	450

② 按年度使用金额排列这些物品，并计算出累计年使用金额与累计百分数。如果任意地决定 A 类物品是这些物品中最前面的 20%，则 A 类将包括第一与第二两种物品。第三到第五这 3 类物品将属 B 类物品，它们占总物品数的 30%。其余 50% 的物品将属 C 类物品。如表 9－7 所示。

表 9－7　　排序并计算累计百分数

物品	年度使用金额（元）	累计年使用金额（元）	累计百分数（%）	类别
F－20	21450	21450	39.8	A
L－16	16800	38250	71.0	A
L－45	5000	43250	80.2	B
N－8	4800	48050	89.3	B
F－11	2800	50850	94.4	B
L－17	1280	52130	96.7	C
N－91	700	52830	97.9	C
N－100	450	53280	98.9	C
F－31	400	53680	99.6	C
L－51	280	53960	100.0	C

③ 此 ABC 分析可归纳列表显示。如果把最大精力集中于 A 类物品采购，可使其库存压缩 25%，这就是总库存相当可观的一笔压缩，即使 C 类物品由于控制不严而增加了 50% 也不要紧，如表 9－8 所示。

表 9－8　　分析归纳结果

分类	物品的百分数（%）	每组的年使用金额（元）	金额的百分数（%）
A（F－20，L－16）	20	38250	71.0
B（L－45，N－8，F－11）	30	12600	23.4
C（所有其他）	50	3110	5.6
总计	100	53960	100

3. ABC 法的基本法则

基本法则如表 9－9 所示。

表 9－9　　ABC 方法的基本法则

法则名称	具体内容
控制程度	对 A 类物品应尽可能地严加控制，包括最完备、准确的记录，最高层监督的经常评审，供应商按订单交货，对车间紧密跟踪压缩提前期等 对 B 类物品作正常控制，包括良好的记录与常规的关注 对 C 类物品应尽可能使用最简便的控制，诸如定期巡视检查库存实物，简单的记录或标志法表明补充存货已经订货了，采用大库存量与订货量以避免缺货；另外，安排车间日程计划时给予低优先级就可以了
采购记录	对 A 类物品要求进行最准确、完整与详细的记录，要频繁地、实时地更新记录。对事务文件、报度损失、收货与发货的严密控制是不可缺少的 对 B 类物品只需正常地记录处理、成批更新等 对 C 类物品不用记录（或只进行最简单的记录），只需成批更新，大量计数等
优先级	在一切活动中给 A 类物品以高优先级，压缩其提前期与库存 B 类物品只要求正常的处理，仅在特别时给以高优先级 给 C 类物品以最低的优先级
订货过程	对 A 类物品提供仔细、准确的订货量 对 B 类物品，每季度或当发生主要变化时评审一次经济订货批量（EOQ）与订货点 对 C 类物品不要求做 EOQ 或订货点计算，按上一年的订货量酌情增减，以此确定本年度的订货量

9.5.3　采购预算管理

● 工具解析。采购预算管理是开展采购活动的前提，是采购经理根据生产、库存、财务等计划，对采购进行的组织和安排。

● 使用时机。在采购条件成立，将要进行采购时，应使用采购预算管理法，对采购活动进行计划。

• 所需条件。对企业生产计划、库存计划、财务计划的熟悉，掌握采购的需求量。

• 关键所在。避免因料源脱节而发生临时性采购浪费，防止超购、误购、少购等不良情形发生。

1. 采购预算

采购预算，又称购料预算，是采购循环的开始。现代企业管理观念十分重视采购预算管理。采购预算通常包括下列两项：

（1）采购数量预算

采购数量预算即根据需用物资计划，参照库存编定，然后由采购部门执行。这就是物料预算中所称的“购料预算”。

（2）采购财务预算

根据数量预算，估计所需采购金额（包括国外采购的外汇头寸）而编定，然后由财务与会计部门执行。

2. 数量管理

采购数量的确定，是由企业生产计划、库存计划、财务计划等综合决定的。具体方法可以参考制造资源计划（MRP），在此只简要介绍。

（1）提出需要

当企业有关部门需要某种物品或服务时，采购工作即告开始。需求的产生主要来源于企业内、外两个方面。内部因素，如决定生产某种新产品，需要新的设备及原材料；设备发生故障，需要更新设备或零部件；发现过去采购的原材料有问题，需要更换供应商，或寻找更好的货源等。外部因素，如展销会、广告或推销人员的访问等，促使采购部门提出采购意见。

（2）确定总体需要

认识到某种需要之后，就要把所需要的产品种类和数量从总体上确定下来。确定产品订购数量的一个常用的技术是经济订货批量（EOQ）方法，也就是使订货与存货的总成本最小化的产品数量就是采购数量。另外，由于在运输领域以及大批量采购时所涉及的采购价格方面的成本节约，还可以对基本经济订货批量进行一些调整。

但使用 EOQ 技术也存在一定问题。传统的存货管理方法是由一个独立的需求系统驱动的，所以，生产所需的原材料不是通过生产计划来安排，而是由销售预测来估计。而且模型的确定性与不变性的假设条件并不是永远成立的。

另一种技术——物料需求计划（MRP）则能克服 EOQ 所固有的一些问题。MRP 方法的出发点就是要根据成品的需要，自动地计算出构成这些成品的部件、零件，以及原材料的相关需求量；由成品的交货期计算出各部件、零件生产进度日程与外购件的采购日程。

9.5.4 批量折扣模型

• 工具解析。批量折扣模型是利用供应商提供的批量折扣优惠，采用数学计算的方法确定最佳经济订货量的采购管理办法。

- 使用时机。当采购经理在进行批量订购物料时，可采用此批量折扣模型法。
- 所需条件。了解供应商批量折扣情况，同时应用数学手段进行分析，确立平衡点。
- 关键所在。在一定的约束条件下，在批量单位内只有一个经济订货量，应通过计算与检验，找出这个经济订货量的值。

1. 经济订货批量的确定

整个经济订货批量的确定过程不尽相同，视采取哪一种方式而定。在持有成本为常数的情形下，确定过程如下所示：

① 计算通常的经济订货批量。

② 每个单位价格只在各自的可行范围内有一个经济订货批量，因为各范围不能重叠。标识出该范围，如果可行经济订货批量在最低价格范围内，即为最优订货批量；如果可行经济订货批量在其他范围内，则为各最低单位价格的价格间断计算经济订货批量总成本。比较它们，其中最低总成本对应的数量（经济订货批量或价格间断）便是最优订货批量。

2. 最佳购买量的确定步骤

当持有成本以价格百分比形式表达时，用如下步骤确定最佳购买量：

① 从最低的单位价格开始，为各价格范围计算经济订货批量，直到发现可行经济订货批量（例如，直到经济订货批量落入与其价格相对应的数量范围之内）为止。

② 如果最低单位价格的经济订货批量可行，它就已经是最优订货批量了。如果不可行，就在所有较低价格区域的价格间断点上计算总成本，并比较包括非最低单位价格在内的经济订货批量的成本，得出最大可行经济订货批量。与最低总成本对应的数量即为最优订货批量。

本章小结

采购必须考虑成本与质量的均衡，从成本的角度，采购成本影响到企业的总体成本与竞争力，因此必须有效控制与管理。本章主要介绍了采购成本概念与构成、采购成本分析、成本控制流程、成本控制方法以及有关控制表格与工具。

思考题

1. 影响采购价格的因素有哪些？
2. 如何分析采购成本？
3. 采购成本控制方法有哪些？
4. 在不影响采购质量前提下，如何有效降低采购成本？
5. 采购预算管理如何执行？

10 采购结算管理

10.1 采购结算管理流程

10.1.1 采购结算管理流程

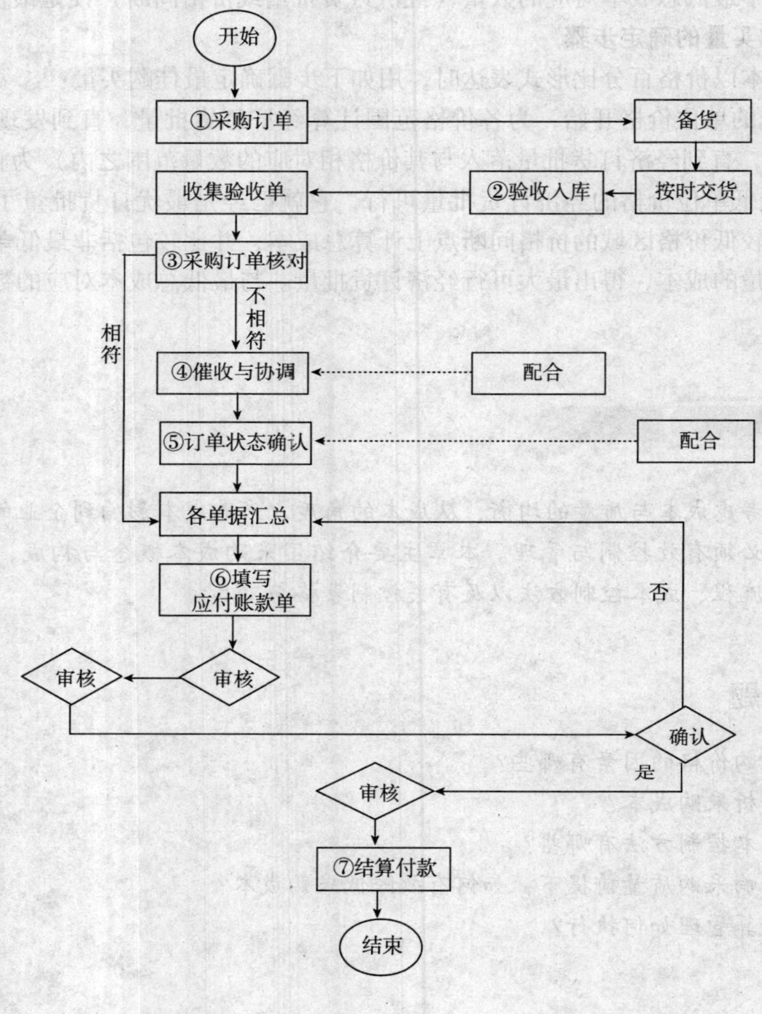

任务概要	采购结算管理
节点控制	相关说明
①	采购部根据企业生产的实际需要发出采购订单，明确说明采购货品的型号、种类、技术指标、价格、数量等
②	供应商进行备货，并按订单要求按期交货，企业相关部门根据采购订单要求验货、入库，认真填写验收单等相关单据
③	采购人员将货品验收单与采购订单进行核对，若两者相符，则进行单据汇总，将各项数据进行整理
④	若存在验收单不齐全或与采购订单不符，则采购人员应及时与相关部门人员沟通协调和催收，相关部门人员应给予配合
⑤	若相关部门对采购人员提出的问题存在争议，则采购人员应及时与供应商确认订单状态，了解产生问题的原因，然后进行单据汇总
⑥	采购人员根据汇总的各项数据，填写《应付账款单》，列明应付款项明细
⑦	采购部与供应商均确认通过的应付账款单，由采购部交与财务部，会计人员根据采购订单、采购合同、验收单等进行审核，查验各类单据是否符合财务规定、数据是否相符等。经财务部审核没有问题，则根据企业的审批制度进行审批，并由财务部安排付款

10.1.2 付款申请审批流程

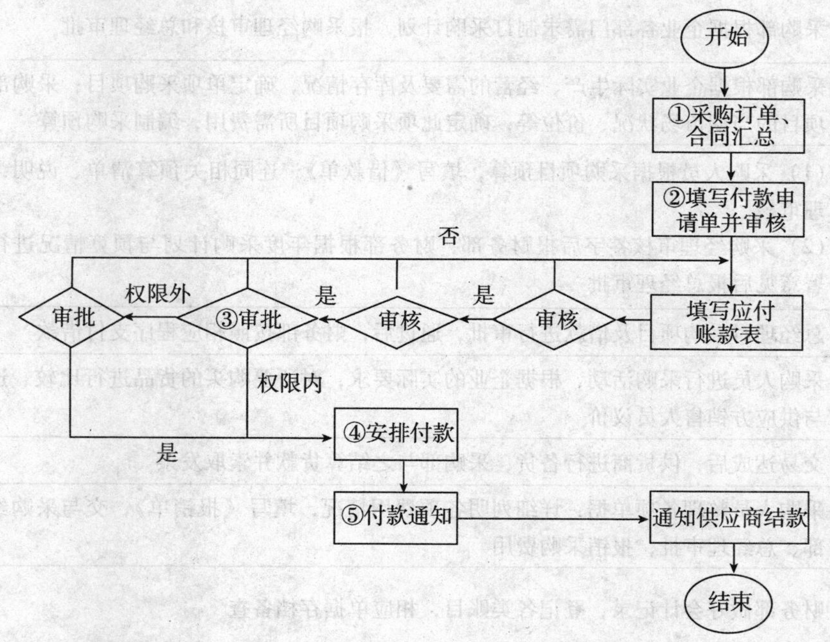

任务概要	付款申请审批管理
节点控制	相关说明
①	采购人员根据采购合同的付款约定，收集采购订单、入库验收单等相关单据及记录，核对合同的执行情况，汇总应付货款款项
②	采购人员填写付款申请单、应付账款表，并进行审核，保证数字准确无误
③	主管副总经理接到财务部审核过的应付账款表及付款申请后签署意见，在权限范围内进行付款审批；若是大额采购项目付款，则由主管副总经理签署意见后上报总经理审批，若总经理存在异议则将付款申请单等票据转回主管副总经理处理
④	财务部接到主管领导审批通过的付款申请单等文件后，根据公司的相关财务制度，安排付款事宜
⑤	财务部将付款通知书发至采购部相关人员，采购人员通知供应商取款结账或自行查收款项是否到账

10.1.3 现金采购管理流程

任务概要	现金采购管理
节点控制	相关说明
①	采购部根据企业各部门需求制订采购计划，报采购经理审核和总经理审批
②	采购部根据企业实际生产、经营的需要及库存情况，确定单项采购项目；采购部根据采购项目的当期市场状况、价位等，确定此项采购项目所需费用，编制采购预算
③	（1）采购人员根据采购项目预算，填写《借款单》，连同相关预算清单、说明，报采购经理审核 （2）采购经理审核签字后报财务部，财务部根据年度采购计划与预算情况进行审核，签署意见后报总经理审批
④	总经理对采购项目及借款进行审批，通过后，财务部按照相应程序支付借款
⑤	采购人员进行采购活动，根据企业的实际要求，对所要购买的货品进行比较、选择，同时与供应方销售人员议价
⑥	交易达成后，供货商进行备货，采购部与之结算货款并索取发票
⑦	采购人员整理各项单据，详细列明各项费用情况，填写《报销单》，交与采购经理、财务部、总经理审批，报销采购费用
⑧	财务部做好会计记录，登记各类账目，相应单据存档备查

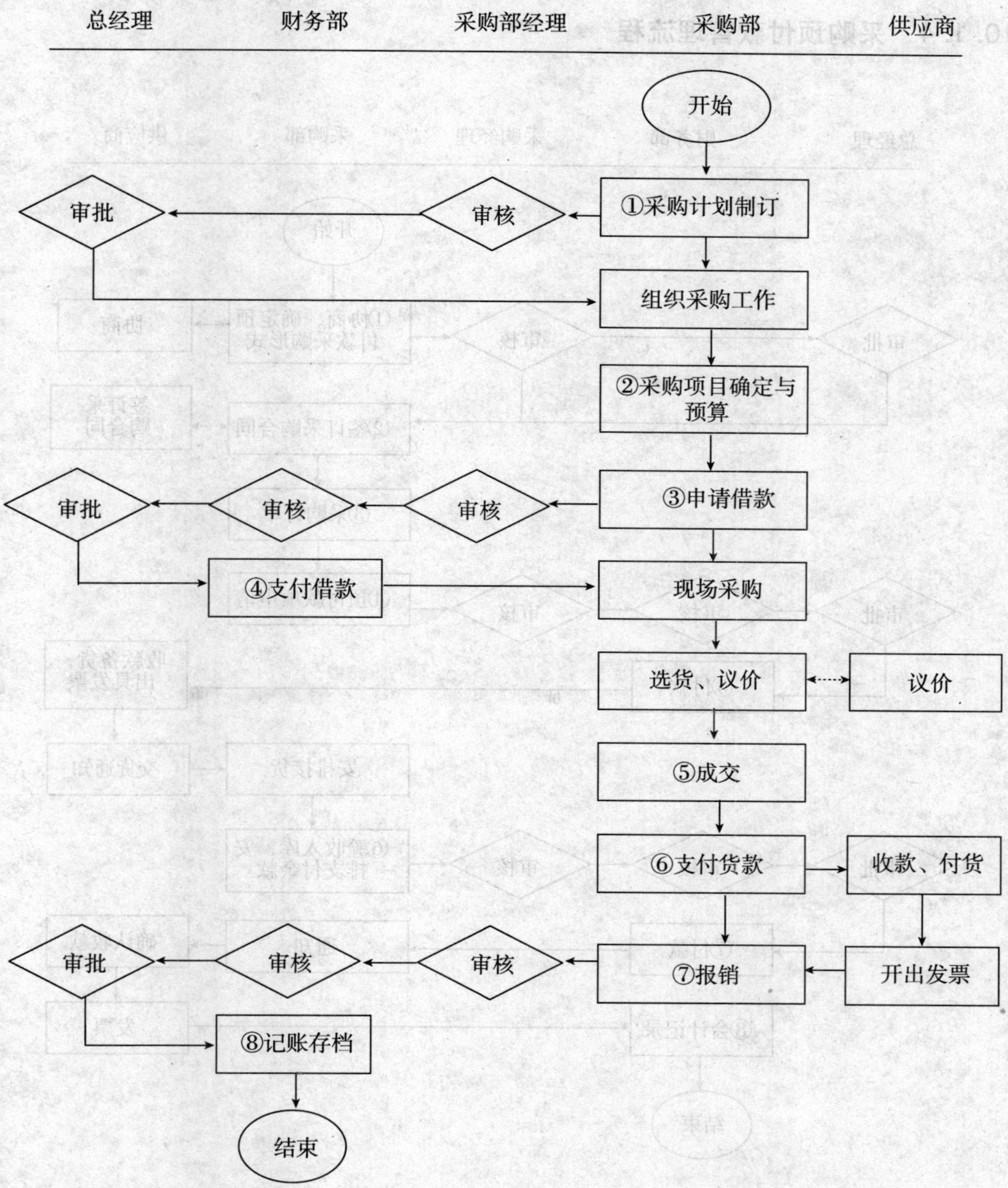

总经理 财务部 采购部经理 采购部 供应商

开始

①采购计划制订

审核

审批

组织采购工作

②采购项目确定与预算

③申请借款

审核

审核

审批

④支付借款

现场采购

选货、议价

议价

⑤成交

⑥支付货款

收款、付货

开出发票

⑦报销

审核

审核

审批

⑧记账存档

结束

10.1.4 采购预付款管理流程

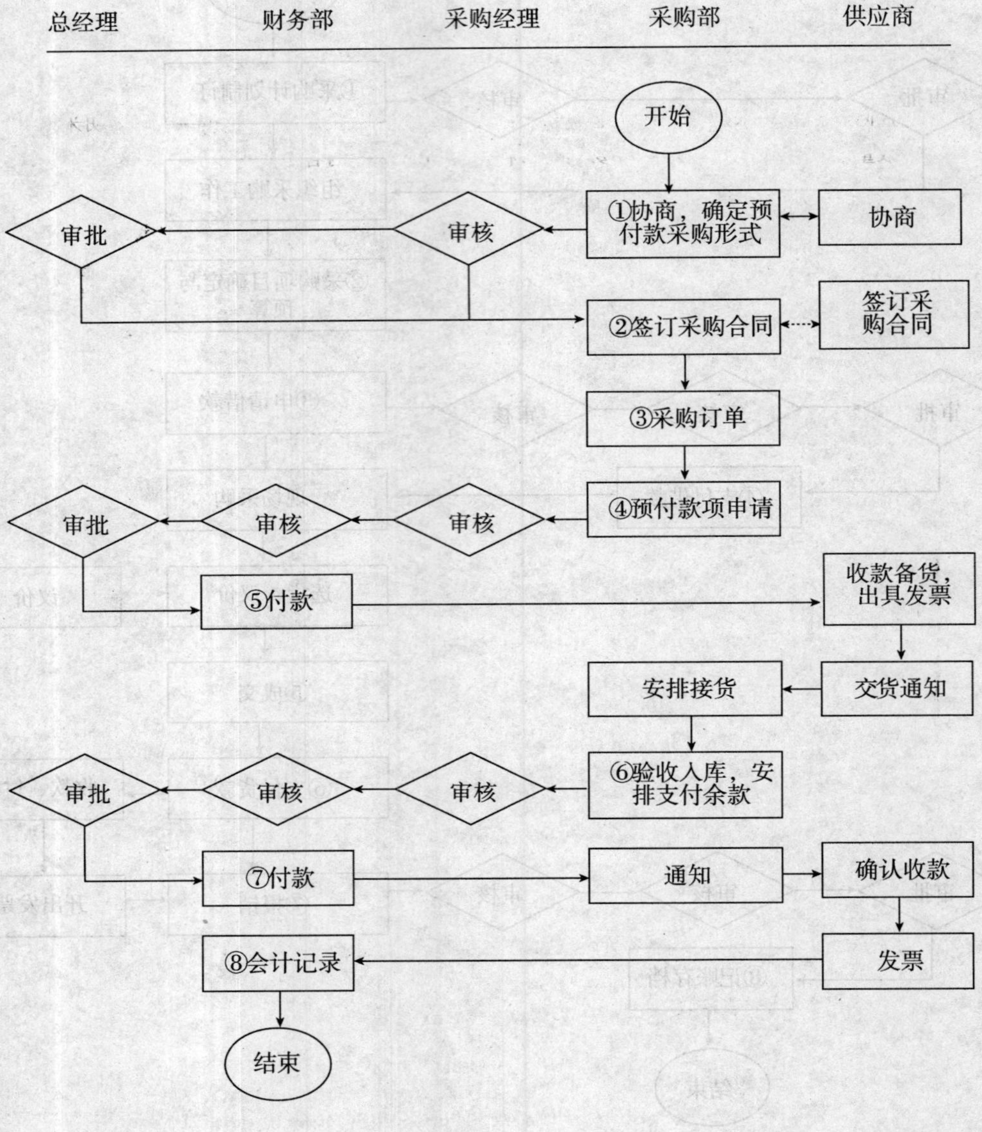

总经理 | 财务部 | 采购经理 | 采购部 | 供应商

开始

①协商，确定预付款采购形式 ↔ 协商（供应商）

审核（采购经理）→ 审批（总经理）

②签订采购合同 ↔ 签订采购合同（供应商）

③采购订单

④预付款项申请 → 审核（采购经理）→ 审核（财务部）→ 审批（总经理）

⑤付款 → 收款备货，出具发票（供应商）

交货通知（供应商）→ 安排接货

⑥验收入库，安排支付余款 → 审核（采购经理）→ 审核（财务部）→ 审批（总经理）

⑦付款 → 通知 → 确认收款（供应商）

发票（供应商）→ ⑧会计记录

结束

任务概要	采购预付款管理
节点控制	相关说明
①	采购部与选定的供应商就采购方式、付款方式、采购项目、货品价格等进行协商、谈判，双方达成一致意见后，确定采购的付款方式为预付款采购
②	经采购经理及总经理审批后双方签订采购合同
③	合同签订后，采购部根据企业生产、经营的实际需求发出采购订单，详细说明采购货品的数量、质量要求、技术指标要求、价格、交货日期等内容
④	采购部相关人员根据采购订单预算情况，计算预付款数额，填写《预付款申请书》报采购经理、财务部、总经理审批
⑤	预付款申请经总经理审批通过后，财务部按照相应程序将货款划入供应商账户，保存好汇款或付款凭证，同时通知供应商查收款项并开具发票
⑥	经验收确定货品不存在质量等问题后，采购部根据合同规定，安排支付剩余货款，填写《应付账款单》后报采购经理、财务部、总经理审批
⑦	总经理审批后，财务部按照相应程序付款，保存付款凭证，由采购部通知供应商查收货款并索取发票
⑧	财务部接收发票，进行会计记录、做账，同时保存相关单证

10.2 采购付款

企业为了完成自己的最终产品，必须从外部安全、及时和满意地获取原材料、半成品、成品和服务等，采购业务是企业经营活动的重要内容，采购付款直接关系到企业的信誉和对外形象，关系到与供应商关系的管理。如果企业在采购活动中出现任何错误弊端，将形成先天性不足，影响企业生产和销售活动的正常进行；如果企业在采购付款过程中出现问题，将影响企业信誉，影响资金的使用和周转，影响企业经营效率和效益的提高，可见采购付款是采购结算中至关重要的环节。

10.2.1 采购付款程序

采购付款程序，是企业支付货币、取得材料实物的过程。由于采购是实体转移和价值转移的统一过程，因此容易产生错弊问题。为保证采购成本核算正确、保证采购记录真实完整，采购付款必须严格按照程序作业。采购付款的程序如下：

（1）仓储人员将办妥的“验收入库单”连同进货发票（抵扣联）和运输费用发票送采购部门，由采购部门向财务部门申请付款。

（2）采购部门对上述原始凭证审核签章后，连同已审核的“付款申请书”送财务部门审核。

(3) 财务部门收到采购部门转来的相关凭证（采购计划、合同、验收入库单、发票抵扣联、运输费用发票等），经指定的专门人员审核无误后，作为入账的凭证。

(4) 按合同规定（或另有约定）的期限支付货款，并及时登记“应付账款”总账以及明细账。

(5) 出纳员办理付款时，应严格核对支付凭证上的金额、收款单位、审核批准手续、领款人身份证、相关原始凭证、会计凭证等。如有疑问，应及时查询后才能支付。

(6) 支付手续应根据“申请付款单”审核完毕并经会计人员编制会计凭证后，才能据以办理。

10.2.2 采购付款控制

信誉是企业之本，是生命之本，加入 WTO 以后，企业信用越来越重要，失去诚信就等于失去了市场。同时由于采购付款环节是有关人员直接与货币资金打交道的环节，一旦管理控制不到位，很容易被不法分子所利用，造成损失。因此企业应当合理安排资金，充分考虑供应商的需求，周密计划，以信誉为本，加强采购付款的内部控制，优化业务流程，简化中间环节，提高工作效率。

1. 采购付款业务内部会计控制具体目标

根据企业对采购付款业务的要求和企业付款业务的具体特点以及货币资金的管理要求，采购付款业务内部会计控制应达到以下几个具体目标：

(1) 保证账款按期归还，维护企业对外信誉。

(2) 保证付款业务会计核算资料准确、真实可靠。

(3) 保证采购付款业务真实合理。

(4) 保证资金的合理利用。

2. 采购付款业务常见错误弊端

采购付款是业务人员与货币资金直接接触的环节，也是一般错误或舞弊所必经的过程，容易产生各种问题，一旦管理不到位，控制不严密，很容易出现漏洞，反过来，如果进行严格的管理，就能够有效地预防、发现并防止各种违法违规现象的发生。在实际工作中，采购付款环节错误舞弊现象很多，下面列举一些常见的问题：

(1) 提前支付货款，挪用资金或收受好处。

(2) 应付账款不及时支付，长期挂账，影响企业信誉。

(3) 利用应付账款骗取回扣。

(4) 应付账款付款期限超过合同或协议规定而遭到罚款损失。

(5) 所签发或承兑的商业汇票没有相应的购销合同。

(6) 不按发票金额签发汇票，利用票单差异，将多余款额私分或进行其他非法活动。

(7) 违规结算，资金流失。

通常企业收到采购发票后，根据发票金额授权会计签发支付凭证，财务部门出纳审核

划拨款项，如果没有严格的付款控制流程，就存在结算隐患。比如对同一笔采购业务重复付款，或者逾期支付失去客户的信誉。

10.2.3 采购付款制度

1. 采购付款管理制度

第一章 总则

第1条 制定目的

规范采购付款方式，使之有章可循。

第2条 适用范围

适用于公司物料采购之订约与付款方式。

第3条 权责单位

（1）采购部负责本规章制定、修改、废止的起草工作。

（2）总经理负责本规章制定、修改、废止的核准。

第二章 采购订约的制定

第4条 采购订约方式

采购订约方式，一般有下列三种：

（1）电话通知方式。小综交易，可采用电话通知下单。

（2）确认方式。由本公司出具订单或供应商出具售货单。

（3）合约方式。由本公司主导采购合同或供应商主导销售合同。

第5条 采购合约的意义

采购合约的意义表现在以下几个方面：

（1）可确定买卖双方应尽的义务。

（2）作为解决合约纠纷的依据。

（3）作为法律纠纷的书面证据。

（4）可根据实际情况订立不同条款，保护双方权益。

第6条 采购合约的种类

（1）订购单

订购单一般用于下列五种情况：

a）标准化的产品，不易发生错误。

b）买卖双方有很高的互信度。

c）在已有长期合约的情况下，每次采购采用订购单即可。

d）出现交货问题容易处理。

e）交货、验收流程成熟、严密。

（2）国内订货合同

国内订货合同应注意以下七个方面的事项：

a）应明确所订购物料的名称、规格、编号、数量、单价、总价、交货时间、地点，并与请购单一致。

b）付款方式应明确。一般付款方式有一次付款、分期付款、下批付款等。

c）应规定延期付款的责任、尺度、赔偿方式。

d）规定解约的办法，保障双方权益。

e）商定验收方式与质量追溯方式。

f）规定卖方的保证责任。

g）明确其他应予附加的条款。

（3）国际采购合同

国际采购合同一般有“基本条款”和“一般条款”，具体包括以下内容：

a）基本条款

基本条款通常包括物料名称、质量与规格要求、单价与总价、数量、货款支付方式、装运、包装、保险八个方面的内容。

单价与总价方面，一般国际贸易有十几种交易条件，常用的交易条件包括：FAS（Free Alongside Ship，卖方出口港交货价）、FOB（Free on Board，卖方出口港装船交货价）、C&F（Cost and Freight，价格包含运费）、CIF（Cost Insurance and Freight，价格包含运费、保险费）。

货款支付一般包括八种方式：汇款（常见的汇款方式有电汇、票汇、信汇）、信用证（L/C）付款、托收（D/A 或 D/P）、货到付款（COD）、凭单付款（CAD）、记账（O/A）、寄售。

b）一般条款

一般条款通常包括以下几项：不可抗力事故、索赔规定、仲裁、适用法律、违约及解约、其他条款。

第三章　付款方式

第 7 条　采购合约的付款方式

（1）由采购部根据《请购单》、《订购单》、采购合同、进料验收单，向财务部请款。财务部依合同规定的给付方式，与供应商结款。

（2）国内采购一般采用一次性付款方式，即供应商的物料验收合格后，一次性付清该订单的货款，特殊情况需总经理核准。

（3）国外采购一般采用信用证付款方式，特殊情况需总经理核准。

第四章　具体支付结算程序

第 8 条　企业支付结算方式

企业支付结算方式包括：银行汇票、商业汇票、银行本票、支票、汇兑、委托收款、异地托收承付。根据结算地点的不同，这七种银行结算方式可划分为同城结算方式、异地结算方式和通用结算方式三类。

（1）同城结算方式。包括支票结算和银行本票结算两种。

（2）异地结算方式。包括银行汇票结算、汇兑结算和异地托收承付结算。

(3) 通用结算方式。包括商业汇票结算和委托收款结算。

第9条 银行汇票结算程序

银行汇票结算要经过承兑、结算、兑付和结清余额四个步骤，具体结算程序如下：

(1) 汇款人委托银行办理汇票。

(2) 银行签发汇票。

(3) 汇款人使用汇票结算。

(4) 持汇票进账或取款。

(5) 通知汇票已解付。

(6) 结算划拨。

(7) 结算汇票退还余额。

第10条 商业汇票结算方式

(1) 商业承兑汇票结算程序

a) 商业承兑汇票由交易双方约定签发。由收款人签发的应交付款人承兑，由付款人签发的应经本人承兑。承兑人应在汇票正面签署“承兑”字样，并加盖印章后将汇票交收款人。

b) 收款人可将汇票背书转让。收款人或被背书人应将即将到期的汇票交其开户银行办理收款。付款人应于汇票到期前将票款足额交存其开户银行，银行于到期日凭票将款项划给收款人。

c) 如在到期日而付款人账户金额不足支付时，其开户银行应将汇票推给收款人，由其自行处理。同时，银行对付款人处以票面金额5%但不低于50元的罚款。

d) 应该指出，这里的“收款人”、“付款人”是指交易双方的当事人，不是汇票的当事人。汇票的当事人应当是以下4种：

- 发票人，交易中的收款人，即卖方，或是交易中的付款人，即买方。
- 承兑人，发票人如是卖方，应由买方承兑，发票人如是买方，应由本人承兑。
- 付款人，是买方的开户银行。
- 收款人，是交易中的收款人，即卖方。

(2) 银行承兑汇票结算程序

a) 使用银行承兑汇票，应先由承兑申请人持空白的银行承兑汇票和购销合同向其开户银行申请承兑。

b) 银行审查后认为申请符合条件的，与承兑申请人签订申请协议，然后填好汇票，办好承兑手续，将汇票和解讫通知交给承兑申请人转交给收款人。承兑银行按票面金额向申请人收取1%的承兑手续费（不足10元的按10元收取）。

c) 收款人或被背书人应在银行承兑汇票到期时，将汇票、解讫通知连同进账单送交其开户银行办理转账。

d) 承兑申请人应于汇票到期前将票款足额交存其开户银行。承兑银行于到期日凭票将款项付给收款人或被背书人。

e）承兑申请人于到期日未能足额交存票款时，承兑银行除凭票向收款人或被背书人无条件支付外，还应根据承兑协议，对承兑申请人执行扣款，并就尚未扣回的承兑金额每天按5%计收罚息。

f）在银行承兑汇票中，发票人是承兑申请人；付款人和承兑人是承兑行，即承兑申请人的开户银行；收款人是与发票人签订购销合同的收款人（买方）。

第11条　银行本票结算程序

（1）银行本票的签发

a）银行受理银行本票申请书，在办好转账或收好现金后，签发银行本票。

b）专业银行签发不定额银行本票的余额和签发定额银行本票收到的款项，应划缴人民银行。

（2）银行本票的付款

a）银行本票见票即付。申请人持银行本票可以向收款单位办理结算。

b）收款人为个人的，也可以持转账的银行本票向被背书的单位办理结算。

c）具有“现金”字样的银行本票可以向银行支取现金。

d）未在银行开立账户的收款人，凭具有“现金”字样的银行本票向银行支取现金，在银行本票背面签字或盖章，并向银行交验有关证件。

第12条　支票结算程序

（1）现金支票结算程序

开户单位用现金支票提取现金时，由单位出纳人员签发现金支票，并加盖银行预留印鉴后，到开户银行提取现金，开户单位用现金支票向外单位或个人支付现金时，由付款单位出纳人员签发现金支票，并加盖银行预留印鉴和注明收款人后交收款人，收款人持现金支票到付款单位开户银行提取现金，并按照银行的要求交验有关证件。

（2）转账支票结算程序

a）由签发人交收款人办理结算，其结算程序如下：

- 付款人签发转账支票给收款人；
- 收款人持票填写账单办理转账；
- 银行间办理划拨；
- 收款人开户银行出具收款通知。

b）由签发人交签发人开户银行办理结算，其结算程序如下：

- 签发转账支票并填写账单办理转账；
- 银行间办理划拨；
- 收款人开户银行出具收款通知。

c）单位将转账支票送存开户行进账、汇款或将现金送存开户行，均应填写进账单去银行办理进账手续。进账单第一联为回单或收款通知联，是收款人开户行交给收款人的回单；第二联为收入凭证联，此联由收款人开户行作为收入传票。

（3）定额支票结算程序

定额支票结算程序如下：

a）将款项交存银行申请签发定额支票，银行签发后交给付款人；

b）付款人将定额支票交收款人；

c）收款人将定额支票交银行；

d）收款人是个人的，银行支付给收款人现金；收款人是单位的，通过银行划拨。

（4）现金支票和转账支票的背书转让

a）用于支取现金的支票不能背书转让；

b）转账支票在同一票据交换期内可以背书转让，即由收款人在支票背面签章并记载背书日期，将支票款项转让给另一个收款人，即背书人；

c）背书未记载日期的，视为在支票到期日背书；

d）背书不得附有条件；

e）支票的金额、收款人名称，可以由出票人授权补记，未补记前不得背书转让。

（5）支票结算应注意的事项

a）严格控制携带空白支票外出采购。

b）支票应由财会人员或使用人员签发，不得将支票交给收款人代为签发。支票存根要与其他会计凭证一起妥善保管。

c）采购人员在领取支票时，应注意审核以下内容：支票收款人或被背书人是否确为本收款人；支票签发人及其开户银行的属地是否在本结算区；支票签发日期是否在付款期内；大小写金额是否一致；背书转让的支票其背书是否连续，有无“不准转让”字样；支票是否按规定用墨汁或碳素墨水填写；大小写金额、签发日期和收款人名称有无更改；其他内容更改后是否加盖印鉴证明；签发人盖章是否齐全等。

d）供应商有权对持支票购货的采购人员核对身份，登记身份证号码等。

第13条　汇兑结算

（1）汇兑结算程序

a）汇款人委托开户银行办理汇款；

b）银行受理退汇回单；

c）银行间划拨；

d）收款开户银行通知收款人汇款已到。

（2）汇兑结算的注意事项

a）汇款人办理异地汇款时，可根据地点的远近和时间要求，选择信汇或电汇结算方式。填写汇款凭证时，要按照凭证各栏要求，详细填明地点、银行名称、收款人及汇款用途等项内容，并在第二联上加盖预留银行鉴章。

b）根据结算规定，信汇汇款可附带与汇款有关的少量单证，如向外地订购书刊的订购单、商品订购单以及向外地人员汇付工资时的工资发放表等。电汇款项不允许附带单证。

c）收款人收到银行转来的收款通知或电划代收报单时，要认真地对凭证内容进行审查，主要查看凭证收款人全称和账号是否与本单位的全称和账号一致，汇款用途是否与本单位有关，银行是否加盖了转讫印章，在确认属于本单位款项但又用途不明的情况，应及时与本单位有关部门联系，尽快查明款项用途，从而准确归属有关核算账户。

第 14 条　托收承付结算程序

（1）托收承付结算，是指根据购销合同由收款人发货后委托银行向异地购货单位收取货款，购货单位根据合同核对单证或验货后，向银行承兑付款的一种结算方式。

（2）异地托收承付分邮寄和电报两种，结算凭证均为一式五联。第一联回单，由收款人开户银行给收款人。第二联委托凭证，是收款人委托开户银行办理托收款项后的收款凭证。第三联支款凭证，是付款人向开户银行支付货款的支款凭证。第四联收款通知，是收款人开户银行在款项收妥后给收款人的收款通知。第五联承付（支款）通知，是付款人开户银行通知付款人按期承付贷款的承付（支款）通知。

（3）异地托收承付结算程序

a）异地托收承付结算只能在异地使用，不能在同城使用。

b）异地托收承付结算每笔金额起点为 10000 元，新华书店系统每笔金额起点为 1000 元。

c）大中型国有工业企业和商业一、二级批发企业办理异地托收承付，如果需要补充在途占用的结算资金，可以向银行申请结算贷款。

d）付款单位开户银行对不足支付的托收款项可作逾期付款处理，但对拖欠单位每日按应付款的 0.005% 计收逾期付款赔偿金。

e）承付贷款分为验货付款和验单付款两种，由收付双方商定选用，并在合同中明确规定。

➢ 验货付款的，付款人收到提货通知后，应立即向银行交验提货通知，付款人在银行发出承付通知后（次日算起）的 10 天内，未收到提货通知的，应在第 10 天将货物尚未到达的情况通知银行。在第 10 天付款人不通知银行的，银行即视同已验货，于 10 天期满的次日上午银行开始营业时，将款项划给收款人；在第 10 天付款人通知银行货物未到，而以后又收到提货通知没有及时送交银行，银行仍按 10 天期满的次日作为划款日期，并按超过天数，计扣逾期付款赔偿金。收款人在验货付款的情况下，必须在托收凭证上加盖“验货付款”戳记。如果托收凭证未注明验货付款，但经付款人提出合同证明是验货付款的，银行可按验货付款处理。

➢ 验单付款的承付期为 3 天，从付款人开户银行发出承付通知的次日算起（承付期内遇法定节假日顺延）上午银行开始营业时，将款项按收款人制定的划款方式，划给收款人。验货付款的承付期为 10 天，从运输部门向付款人发出提货通知的次日算起。对收付双方在合同中明确规定，并在托收凭证上注明验货付款期限的，银行按期规定办理。

➢ 不论是验货付款还是验单付款，付款人都可以在承付期内提前向银行表示承付，并通知银行提前付款，银行应立即办理划款。因商品价格、数量或金额变动，付款人应多承付款项的，需在承付期内向银行提出书面通知，银行据此随同当次托收款项划给收款人。

2. 采购付款内部控制制度

第一章　总则

第 1 条　为规范公司材料采购付款业务的内部控制管理。

第 2 条　本制度由采购部制定，报总经理审批后执行。

第二章　采购付款

第 3 条　采购款项需按采购合同规定或订购单所约定的时间由采购部统一支付。

第 4 条　库房、单店等收货单位，在接收货物入库后，应及时根据入库单填写入库清单报送采购部和财务部，采购部和财务部应根据每天的入库清单分别建立应付账款台账。供应商或配送方应定期（根据合同规定的结算期）凭收货清单与采购部核对应付账款账目，双方核对无误后向采购部申请付款。

第 5 条　采购部根据核对无误的收货单位递交的收货清单、结算单与订货合同，统一制订结算计划，结算计划由采购部结算员根据订货合同的时间要求、供应商的重要性采购物资的时间、公司现有资金情况等制订，结算计划经采购部经理审核后，由营运副总经理审批。

第 6 条　采购部根据结算计划和资金使用申请程序向财务部申请借款，财务部负责人根据资金审批计划借出款项。借款只能用于支付货款，不得挪作他用。采购部不得自行保存资金，应于支付款项时向财务部支取借款，即借即付。

第 7 条　向供应商或配送方支付货款时，采购部结算员应对照合同、收货清单等仔细复核，并同预付货款及应收账款等一起清理结算，防止重复付款。

第三章　报销

采购人员支付采购货款后，应根据财务部规定的报销程序及时办理报销手续，报销单应附上购货发票、采购计划单、验收入库单，并由采购部经理审批。

第四章　应付账款的管理

第 8 条　采购部结算员负责采购应付账款的管理，设立应付账款台账，定期编制客户往来对账单，每月核对一次并妥善保存对账记录。

第 9 条　对长期客户或重点客户，以及金额在一定起点以上的往来客户，应视情况按客户名称设置专门档案，保管好相关的业务合同、提货凭证、收付款凭据，并设置备查登记簿，逐笔记录预付款、已付款、余款等。

第五章　公司与单店的往来结算

第 10 条　供应商或配送方直接向单店送货后，单店应及时将已签字的发货清单分别报送采购部和财务部，采购部应据此与供应商结算，财务部据此登记应付账款，同时在该单店的账户上登记该项应收账款（公司对单店的应收款）。

第 11 条　公司向各单店配送货物后，配送单位应及时将配送清单报送财务部，财务部根据该货物的成本（包括采购货物本身的价格、税金、运费和加工损耗成本等）在各单店的账户上登记相应的应收账款。

第 12 条　各单店应于每月 25 日与公司财务部按月核对物品调拨的往来账款，编制调节表，双方签章确认后及时结清相关款项。

10.3　采购结算岗位职责

10.3.1　采购结算主管岗位职责

采购结算主管负责应付账款的核算与结算工作，其主要岗位职责如下：

职责1　协助采购经理制定本部门的各种规章制度，并监督、执行各项规定

职责2　负责采购业务往来分析与监督

职责3　负责采购结算管理协调工作和采购结算的日常监督工作

职责4　负责协助采购结算员解决工作中出现的问题

职责5　完成领导交办的其他工作

10.3.2　采购结算专员岗位职责

采购结算专员在结算主管的领导下负责与采购供应商进行对账与货款结算工作，其主要岗位职责如下：

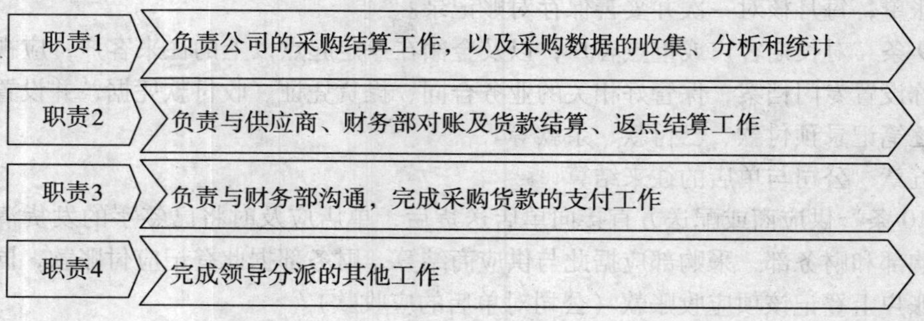

10.4 采购结算管理方案

10.4.1 结算内部控制方案

某企业结算内部控制方案

第一章 建立具有控制职能的组织体系

（一）公司简介

（略）。

（二）公司组织结构

（略）。

（三）建立结算内部控制机构

设立采购招标委员会和价格审定委员会作为结算内部控制机构。

1. 价格审定委员会

一般由总经理、各副总经理、质量技术经理、财务经理、审计经理、价格信息经理、招标办主任共同组成。每月对公司集中招标采购、分公司零星采购、定点采购的材料价格进行审定，以及对调价物资进行审定。价格审定委员会设立价格信息管理部，负责日常工作。

2. 采购招标委员会

一般由总经理、采购副总经理、财务审计部部长、价格信息部部长、招标办主任、质量技术部、办事处采购人员共同组成。采购招标管理委员会的主要职责包括：对大宗材料进行招标，对各分公司自主招标项目进行管理与控制，对分公司零用物资定点定价采购进行管理控制。招标委员会下设办公室，负责日常工作。

（四）其他各相关部门的主要职责

1. 价格信息部

（1）负责价格信息的收集、整理、分类和处理。

（2）负责招标、谈判等材料价格方案的制订、调整。

（3）负责材料价格的监督。

（4）负责采购和供应价格的预警、报告。

（5）供应商价格因素的评审。

2. 技术质量部

（1）负责材料样品的取得，以及质量标准的制定。

（2）负责质量信息的收集、整理和反馈。

（3）负责重、大、新、特材料的质量检验和鉴定。

（4）负责材料分类标准的制定和材料的分类。

(5) 材料技术标准的制定、判断、评价。

(6) 负责质量监督。

(7) 负责质量问题的协调、谈判、报告和处置。

(8) 供应商技术、质量项目的考察、评审。

3. 计划调度部

(1) 负责采购计划的收集。

(2) 负责采购计划的下达。

(3) 负责供应商供应配额的分配方案的制订。

(4) 负责内部调拨计划的制订。

4. 招标办

(1) 供应商信息的收集、分类、整理、初步遴选。

(2) 招标工作的准备、组织、安排、协调。

(3) 负责招标文件的制作、准备、发放、管理。

(4) 负责合同的管理。

(5) 供应商考评的组织和综合考评结果的报告。

5. 审计监督部门

(1) 对采购人员的廉政建设进行审计。

(2) 对采购各项规定、流程的执行情况进行监督。

(3) 对价格、质量、结算、供应商选择、供应配额分配的执行情况进行审计。

(4) 受理各种举报、投诉，并负责查处。

(5) 供应商经营管理资质的评审。

6. 财务部

(1) 合同和票据的审查。

(2) 付款率的控制。

(3) 财务结算和资金的支付。

7. 客户服务部

(1) 供应商服务资质的评审。

(2) 客户信息的传递。

(3) 客户关系的维护。

(4) 采购计划的落实和订单的下达、传递等。

(5) 客户服务的动态评审。

第二章　结算内部控制

(一) 关于采购价格的内部控制

(1) 对于材料的初始价格，要在招投标程序中，由集体决策制定，并写入合同。

(2) 对材料价格实行动态控制。材料价格经常随市场波动，不是一成不变的，因此必须实行动态管理和控制。有关动态管理和控制的原则要写入合同。

（3）建立价格信息库，建立供应商价格执行分析系统，及时监督预警供应商的价格走势和价格行为以及对我公司的影响，并建立及时报告制度。

（4）财务机构的材料会计要负责当地材料信息的收集、分析和监督，并将相关异常信息及时反馈给公司价格信息部。

（5）公司审计部门要定期对材料价格的执行情况进行全面审计，建立自己的价格信息系统，作为材料价格审计的依据。

（二）关于采购结算的内部控制

（1）关于材料的结算方式、结算周期、付款比例，均应在招投标过程中明确下来，并写入合同。

（2）材料的结算一律由财务部门统一结算，其他人不得擅自结算（所有材料实行定点采购，便于财务统一结算），不允许与采购事项相关联的人员结算。

（3）财务部根据与供应商签订的合同、资金安排计划、供应商持有的经批准的发票、入库单、质量验收单进行结算。

（4）财务部根据各分公司采购合同规定的付款周期，确定各分公司在不同时期的付款率，并作为财务经理的考核指标，公司财务要建立付款比率动态控制信息体系，对各地付款的情况进行动态的监督控制。

（5）采购付款管理包括应付款和预付款的管理。应付款是指本公司在收到供应商所发的货物后，针对该批货物所进行的付款行为。预付款是指本公司在收获前先行向供应商支付的货款。预付款不针对某次收货（因为还未收到货物），只是针对具体的供应商而支付。

（6）公司审计部门每月要对付款的情况进行一次全面的审计。

10.4.2 付款审批管理方案

某公司材料采购付款审批管理方案

1. 目的

为规范公司材料采购付款的审批管理。

2. 采购付款审批

（1）由仓库管理部根据库存和生产需要提出采购材料申请，填写“请购单”，并交采购部审批。

（2）采购部根据制订的采购计划，对“请购单”进行审批。如符合计划，便组织采购，否则请示公司总经理批准。

（3）决定采购的材料，由采购部填写一式两联的“订购单”，其中一联采购部留存，另一联由采购员交供应商。采购员凭“订购单”与供应商签订供货合同。

（4）供货合同的正本留采购部，合同的副本分别转交仓库管理部和财务部。

（5）材料运抵仓库，由仓库管理员验收入库。验收时，将材料与采购合同副本、供应商发来的“发运单”相互核对，然后填写一式三联的“验收单”，一联仓库留存，作为登记材料明细账的依据，一联转送采购部，一联转送财务部。

(6) 采购部收到“验收单”后，将验收单与采购合同副本、供应商发来的发票、其他银行结算凭证相核对，以确定此采购业务的完成情况。

(7) 财务部接到“验收单”后，由主管核算的会计将验收单与采购合同副本、供应商发来的发票、其他银行结算凭证相核对，并作为是否支付货款的依据。

(8) 应付款得由会计开具付款凭证，交出纳员办理付款手续。

(9) 出纳员付款后，在进货发票上盖“付讫”章，再转交会计记账。

(10) 财务部的材料明细账应定期与仓库的材料明细账核对，并针对材料采购业务的内部控制制度进行评审，指出控制的缺点，并提出改进意见。

10.5 采购结算相关表格

10.5.1 预付款申请表

时间：________

申请部门		申请人	
付款类别	□订金（尚未开发票） □分批交货暂支款		
付款金额			
说　明			

审核：________　　财务部：________　　总经理：________

10.5.2　付款申请表

申请表编号：__________　　　　　　　　　　　　　　　　申请时间：__________

企业名称：__________　地址：__________　电话：__________

收款单位名称：__________　地址：__________　电话：__________

序号	材料编码	名称	型号描述	合同编号	合同数量	单位	单价	入库数量	金额	备注
				合　计						
总金额（大写）	_佰_拾_万_仟_佰_拾_元_角_分									
特别说明	后付单据									
	其他说明									
付款申请人			采购经理审核							
总经理审批			财务部审批							

10.5.3　现金采购申请表

单位：__________　　　　　　　　　　　　　　　　时间：__________

采购物品：__________　支票号码：__________　联系电话：__________

支汇汇现 票款票金	用途	金额	供货单位全称	开户银行	账号
申请人					
财务部门意见					
总经理意见					

10.5.4 委托付款申请表

<table>
<tr><td>项目名称</td><td colspan="2"></td><td></td><td rowspan="3">单位领导签名：</td></tr>
<tr><td>立项申请表编号</td><td colspan="2"></td><td>申请单位
（盖章）</td></tr>
<tr><td>采购编号</td><td colspan="2"></td><td>年 月 日</td></tr>
<tr><td>项目合同总金额</td><td colspan="4">¥________元，
人民币：__佰__拾__万__仟__佰__拾__元__角__分</td></tr>
<tr><td colspan="5">付款期数共（ ）期 本次为第（ ）期</td></tr>
<tr><td rowspan="3">委托付款金额</td><td colspan="4">¥________元，
人民币：__佰__拾__万__仟__佰__拾__元__角__分</td></tr>
<tr><td>收款单位</td><td colspan="3"></td></tr>
<tr><td>开户银行</td><td></td><td>银行账号</td><td></td></tr>
<tr><td rowspan="3">退回采购单位
剩余金额</td><td colspan="4">¥________元，
人民币：__佰__拾__万__仟__佰__拾__元__角__分</td></tr>
<tr><td>收款单位</td><td colspan="3"></td></tr>
<tr><td>开户银行</td><td></td><td>银行账号</td><td></td></tr>
<tr><td>本次申请支付
金额合计</td><td colspan="4">¥________元，
人民币：__佰__拾__万__仟__佰__拾__元__角__分</td></tr>
<tr><td>采购经理
审批意见</td><td colspan="4">签名： 时间：</td></tr>
<tr><td>财务经理
审批意见</td><td colspan="4">签名： 时间：</td></tr>
<tr><td>总经理
审批意见</td><td colspan="4">签名： 时间：</td></tr>
</table>

10. 5. 5 付款结算表

供应商： 合同号： 时间：

收货单号： 验收单号：

品种	规格	结算规格	换算率（每片）	计算单位	数量（片）	面积	含税单价	不含税单价	税率（%）	金额	税额	价税合计
合计												
预付金额						实付金额（大写）						
备注												

经办人： 财务负责人：

四联：①存根联；②财务联；③客户联；④供应联。

10.5.6 付款（内部）结算单

时间：

时间	___年___月___日至___年___月___日			
收入	应收款项		实收款项	
	1.	无	1.	无
	2.		2.	
	合计		合计	
支出	应付款项		实付款项	
	1.		1.	
	2.		2.	
	3.		3.	
	合计		合计	元
结余	应余		实余	元
往来	应收款项		应付款项	
	1.		1.	无
	2.		2.	
	3.		3.	
	合计		合计	元

确认签字：

10.5.7 支出证明表

单位：________　　　　　　　　　　　　　　　　　　____年____月____日

支出事由	
金额	（大写）　　　　¥：　　　　（小写）
单据	
报销种类	

财务总监：　　　　会计部经理：____　　部门经理：____　　经手人：____

本章小结

本章在讨论了采购结算管理的具体处理流程、采购付款的基本知识等的基础上，介绍了公司内使用的采购结算管理方案和采购结算相关表格，实践性较强。

思考题

1. 采购结算管理流程包括哪几步？分别是什么？
2. 采购付款的程序是什么？
3. 银行汇票的具体结算程序包括什么？
4. 采购结算主管岗位职责包括哪些？
5. 结算内部控制机构包括什么？

11 采购管理信息系统

11.1 采购信息系统

在人工作业情况下，企业的采购管理面临许多难以应对的困难，尤其是那些综合性的制造企业，其管理的存货种类繁多、数量巨大、计算复杂，管理人员每天都要面对大量的单据、台账，信息处理速度慢，且容易出错。在这种情况下，企业难以对市场供应和产品需求的变化做出快速反应，更谈不上决策的科学性。为此，采购信息系统为企业提供了有效的采购工具，以解决企业在采购中遇到的问题，发挥计算机信息处理速度快的优势，达到节省人力、降低劳动强度的目的，并为决策提供详细的数据。

11.1.1 采购部门常用的信息技术

随着信息技术的快速发展与普及，越来越多的新信息技术在采购部门中出现，这些新的技术与设备帮助采购员记录、分析和报告在商务系统运转中所产生的大量信息。

一项调查中显示，在日常的采购中，采购部所采用的信息技术中，传真机使用率最高，其次是计算机、语音电子邮件、电子邮件、调制解调器和电子数据交换系统。有专家预测，在今后的发展中，信息技术在采购部门的使用有两个明显的趋势：一是能提高采购过程效率的系统，包括与供应商之间的电子数据交换系统、条码系统以及自动数据输入系统；二是能提高采购员与采购部门工作效率的系统，包括采购点之间的联网、集中采购工作站、决策支持/专家系统等。第一个方面容易实施，因为有现成的软件，而且不需要太多的资源；第二个方面工作的开展，由于需要较大的预算和更多的外界管理信息系统支持，因而发展比较缓慢。

采购部门常用的信息技术包括：①传真机；②调制解调器；③电子邮件；④语音信箱；⑤采购运作系统；⑥管理报告系统；⑦电子商务。

11.1.2 采购信息系统的目标与任务

1. 采购信息系统的目标

建立企业采购信息系统，首先需要将涉及企业采购的各个环节纳入到整个信息系统中，保证采购过程中各个环节之间的信息畅通，提高工作效率。同时，通过信息共享，合

理地利用和分配资源，为企业带来最大的效益。

企业采购信息系统通过标准和规范的业务流程，建立供应商、事业部之间的业务关系，并逐步优化，最终形成一个优秀的供应商群体，在保证公司采购任务顺利完成的同时，达到以下目标：

（1）规范采购过程。

（2）优化供应商群体。

（3）共享采购信息。

（4）监督采购过程。

（5）降低采购成本。

（6）提高采购信息化水平。

（7）任务分工与业绩考核。

（8）与供应商共赢。

2. 采购信息系统的主要任务

建立采购信息系统最大的困难莫过于业务流程的改变，企业需要将自己原有的业务迁移至互联网上，这往往涉及经营观念、人事管理、业务处理过程等的重新定义。这是管理理念方面的问题。

从业务角度来看，采购信息系统一般包括三个流程（新产品定点流程、产品定价流程和产品订货流程）、三个管理（采购产品信息管理、产品需方管理和供应商管理）、决策分析系统（包括综合查询）和系统维护。具体任务如下：

（1）建立采购产品信息库。

（2）建立供应商信息库。

（3）明确新产品定点流程。

（4）明确产品定价流程：如何通过招投标方式实现产品竞价。

（5）明确产品订货流程：如何向供应商下订单，并对产品的实际价格进行监督。

（6）建立采购系统与 ERP、MRPⅡ、财务等系统的接口。

11.1.3 采购信息系统结构

1. 采购信息系统的组织结构

采购信息系统的组织结构有采购组织、采购部门、存储地点等。其中，采购组织是为企业结构中指定的工厂或部门承担采购物料和服务的组织。采购部门是为了完成物料购买和服务的一个组织单元，负责与供应商洽谈采购条件、协商价格、订货、接收。采购部门既可负责为指定的某个工厂购买物料和服务，也可为多个工厂进行采购和服务，如集团采购。存储地点由工厂或部门中所有需要统一管理的存储货位组成。

2. 采购信息系统的功能结构

采购信息系统采用规范化的企业采购模式和管理流程，帮助采购人员控制并完成从采购计划、采购申请、采购询价、采购订单及订单跟踪直至到货检验、入库的全部过程。可有效地监控采购计划的实施、采购成本的变动及供应商交货、履约情况，帮助采购人员从烦琐的事务中解脱出来，有更多的时间和精力来进行价值分析和选择最佳的供应商及采购策略，确保采购工作高质量、高效率及低成本地执行，使企业建立快速反应的供应链管理，处于最佳的供货状态。

采购信息系统集信息采集、分类、汇总、分析、查询、统计等各种处理为一体，具备以下功能：

(1) 定点管理

定点管理主要是针对企业新产品的采购，并进行潜在供应商的选定工作。

在采购中要求保证在定点过程中体现公开、公平、公正原则，而采购信息系统正是通过严谨、科学的流程来实现这些要求的。定点管理模块中一般还包含潜在供应商认证评审、供应商初选、产品技术认证、试装管理等，而且各个流程都需要相关主管经理的确认，这样可以保证对采购过程的监督和控制。

(2) 定价管理

定价管理主要用于企业对采购物料的定价，通过模拟招投标的方式获得理想的产品目标价格，主要包括询价单管理、报价单管理、定价管理和价格协议管理四部分内容。

利用核算、对比、招标等手段，确定供应商的供货系数和供货价格，为进一步确定订单做好准备。由于该过程中涉及大量的商务合同和协议，所以大多采购信息系统采用书面签订、系统备案的方式进行处理，保证信息的查询和管理。

定价管理中最后需要确定供应商、产品价格和供货数量（或比例）。对供货数量，可以通过比质比价的方式确定，或由采购小组确定，如果是集团性质的采购，需要同时考虑需方的地点。

(3) 订货管理

订货管理主要是根据企业生产计划或其他需要，由采购员制订采购计划并报部门批准后执行。订货管理主要包括采购计划管理、订单管理、进货情况预测、应付款项预测、采购成本分析等。对于订单或进货合同管理，需要将其中的执行信息和付款信息进行标准化处理，便于合同的执行跟踪和结算管理。订单管理可分为基本信息管理、订单执行管理、订单付款管理等。订单管理保证在正常供货环节中，加强管理、提高效率、节约成本、畅通信息，更加充分地利用企业的采购资源。

(4) 采购产品管理

采购产品管理主要对企业需要采购的产品进行管理，包括产品分类管理、产品价格管理、产品供方/需方管理、产品供货周期管理、产品安全库存管理等。

(5) 供应商管理

供应商管理主要包括供应商基本信息管理、供应商产品管理、供应商分类、供应商产品质量、供应商服务质量（主要是供货及时性和对有质量问题产品的处理方面）、质量评审管理和质量改进管理。

(6) 结算管理

结算管理主要包括收款管理和付款管理。采购信息系统主要强调对结算信息的管理，因此可以详细划分为应付款管理、预付款管理、往来账管理和发票管理。在结算管理时需要与订单/合同相对应。

付款管理主要根据订单及到货情况向供应商支付货款。在核销方式上，既支持按单据结算，又支持按商品结算，且可交叉进行。

(7) 网络采购管理

基于网络开放平台的采购信息系统，具有以下功能：

①开放式的供应商注册管理

企业的产品和服务供应商可以通过网络平台登录注册系统，根据供应商不同的类别将各类事实性信息注册到供应商数据库里面，系统自动对供应商按照不同的类别进行管理和分类。对已经注册的供应商，系统将自动生成供应商自主操作平台。系统可以在第一时间把采购信息传送给已经注册的供应商，供应商也可以通过网络平台进行信息接收、注册信息管理等操作。与网络平台集成的供应商注册管理功能，是企业的供应链系统实现快速反应的重要环节。

②采购信息发布管理

(a) 采购信息类别管理

系统可根据需要增加、修改或删除采购信息类别，更改类别顺序以确定信息类别在网站页面上出现的顺序，更改信息类别的中文名称。

(b) 采购信息管理

采购信息管理可实现采购内容的更新维护，提供在后台输入、查询、修改、删除各采购信息（包括文字与图片）的功能，修改信息状态以确定信息是否出现在类别首页或网站首页的功能。

系统还可实现在线响应采购信息，注册过的供应商和未注册的供应商都可以对已经发布的采购信息进行响应回复。不同的是未注册的供应商在响应采购信息时系统将提示注册信息，已经注册的可直接把响应信息传输到系统管理后台。

(8) 任务及考核

任务的引入，可以帮助采购人员方便地分析某项工作出现问题时，问题是出在哪个环节，找出出现问题的环节和业务人员，同时可以对各岗位的工作业绩进行考核，在业绩考核时需要对各项任务规定标准的完成时间。

(9) 决策分析

决策分析系统包括基本信息查询、综合查询和决策分析三部分内容。

决策分析是根据一定的规则手工查询或系统自动提示满足某些条件信息，管理员一般需要根据结果采取一定的管理行动，如产品历次采购价格分析、采购员业绩考核、订单收付款分析、订货经济批量分析、订货/交货情况分析、订货周期分析等。

(10) 接口系统

接口系统主要包括 BOM 接口管理、MPS 接口管理、库存系统接口管理和财务系统接口管理。

①BOM 管理

BOM 管理主要是从 MRPⅡ/ERP 系统中获得产品的 BOM 信息；系统可以直接访问 MRP/ERP 系统，或将 BOM 信息转换到采购供应链系统中，建议采用后者。MRP/ERP 系统中 BOM 更新时，自动或手工更新采购供应链系统中的 BOM 信息。

②MPS 管理

MPS 管理主要是从 MRPⅡ/ERP 系统中获得产品的 MPS 信息，系统可以直接访问 MRPⅡ/ERP 系统，或将 MPS 信息转换到采购供应链系统中，建议采用后者。MRPⅡ/ERP 系统中 MPS 更新时，自动或手工更新采购供应链系统中的 MPS 信息。MPS 管理主要包括 MPS 更新、MPS 查询等。

③库存信息管理

库存信息管理主要是从库存系统中获得产品的实际库存数量。由于产品的库存数量在不断地变化，所以在采购供应链系统不保存产品的实际库存数量，但在制订采购计划时需要从库存系统中查询相应的产品库存信息。产品的安全库存在产品信息管理模块中实现。

(11) 系统维护

系统维护是系统正常运行的保证，主要包括：

①基础信息管理：包括部门信息、岗位信息、人员信息、仓库信息管理等。

②用户管理：包括用户增、删、改，以及用户密码修改。

③功能分配：给各用户指定相应的系统功能。

④CA 证书管理：包括 CA 证书发放、回收及修改。

⑤数据字典维护：对系统中用到的各种数据字典的管理，包括增加、修改、删除和查询等。

⑥系统日志管理：包括日志分析和清除，日志是由功能模块自动生成的。

⑦系统备份与恢复：主要包括系统数据的备份与恢复和应用系统的备份与恢复两个方面。

11.1.4 采购信息系统的操作处理

1. 信息处理

(1) 基础数据的处理

企业的采购信息包罗万象，且种类繁多。其中，主要分为两大类，即物料数据和供应商数据。

物料数据又分为物料的本身信息和与物料有关的业务信息。物料的本身信息用来定义和描述物料的品名、类型、性质等属性。例如，物料类型的描述可按照其用途不同分为原材料、半成品、成品、辅助性材料等。每一种物料在系统中都有其唯一的物料编码，系统

允许使用者对物料自行定义，设置物料的编码模式和编码长度、物料的业务信息，如存货的收发、盘点和运输等信息。为了实现准确的采购，还可将 BOM 视为物料基本数据的另一形式。

供应商数据主要是用来描述供应商各种性质的数据，所有有关某个供应商的数据都记录在一个供应商记录中，每条记录由唯一编号识别。这些数据包括供应商的详细信息，如通信地址、协议、交货条件、折扣、付款方式和有关技术信息等，它们既可在采购信息系统中发挥作用，如请求报价、处理报价单和订货，又可和财务管理系统连接，实现确认发票和付款处理。如果满足这两个应用的需求和相互联系，就不会造成数据冗余。

(2) 采购信息数据的处理

采购信息数据的处理包括对采购信息的记录与维护。采购信息记录是为采购提供货源信息。它说明供应商与物料或服务的关系，并且帮助采购人员确定供应商提供货物情况。在使用采购信息记录时还可获得一些附加信息，如某种物料的订单统计、不同供应商提供物料价格的历史情况、供应商的评估等。在对这些信息进行维护时，可以通过手工或系统自动进行，在自动维护时，只要输入一个报价单、采购订单或长期采购协议，系统就会自动生成或改变采购信息记录。系统还允许不同的采购部门维护不同的业务数据。

2. 采购流程处理

在采购信息系统的采购流程过程中，从输入请购单到生成采购订单的所有例行工作都是根据工作流的进程完成的，可以自动进行，除了意外情况，一般不需要人工干预。由于采购、库存和其他部门对已有的数据权限相同，所以生成和处理采购订单的工作量大大简化。所有文档可参照系统中已有的相关数据产生，极大地简化了处理过程，同时可以防止数据输入过程中产生的录入错误。

采购需求通过 MRP 确定后，生成采购订单并选择供应商，在与供应商达成协议后需要对订单进行处理和监控，当货物交货时要进行接收处理，然后向供应商支付货款，即完成了整个处理流程。流程处理大概为：

(1) 采购订单的生成和处理

在采购过程中，采购订单可以由相关的请购单或其他以前的文档自动生成。

在处理内部货源采购（同一企业内的工厂之间）和外部货源采购时，系统采用“货源清单”和“份额排列”来确定物料由谁提供，可以自动生成某种物料的货源清单，还能提供关于选择和评价供应商、监控订单执行活动的相关信息。此外，系统对每个采购订单都有统计数据，所有与订单有关的处理都记录在案，如货物收据和发票收据，采购人员可以在处理业务时查阅这些统计数据和订单历史数据。

(2) 供应商管理

在采购信息系统中，储存了所有供应商的历史数据和评价标准，用来帮助企业选择供应商或定期评估供应商。

(3) 综合分析

系统可以对某些采购文档进行分析和统计。例如，可以确定一定时间内某种物料的采购订单金额，或哪个采购组合占采购订单金额的份额最大。

11.2 现代采购管理系统

11.2.1 MRP 系统

1. MRP 概述

（1）MRP 概念

MRP（Material Requirements Planning）是20世纪60年代发展起来的一种为非独立需求物料（如原材料、零件、在制品、外购件）计算需求量和需求时间的一种基于计算机的库存控制系统。它可以有效地控制物料需求及库存，做出生产进度计划，并且能经常不断地随情况的变化而调整生产，并重新编制出符合新情况的计划。

（2）MRP 的基本原理

MRP 是对由最终产品决定的非独立需求物料的订货和时间进度进行安排的设计系统。从预定生产日期开始，把产成品特定数量的生产计划向后转换成零部件与原材料需求，用生产提前期及其他信息决定何时订货以及订多少货。因此，将对最终产品的需求分解为底层组件不同时期的需求，使订货、制造与装配过程都以确定的日期时间安排，以及时完成最终产品，并使库存保持在合理的低水平上。

MRP 的基本思想是："确保在正确的时间正确的地点得到正确的物料资源。"当物料短缺而影响整个生产计划时，应快速提供物料；当最终产品生产计划延迟并推迟物料需求时，物料也应该被推迟。

据此 MRP 应实现三个基本功能和目的：

一是库存。订购正确的零件；订购正确的零件数量；在正确的时间里订货。

二是优先级。有正确的订货到期日；保持到期日有效。

三是能力。制订一个完整的生产能力负荷计划；负荷计划必须精确有效；计划要有充足的时间考虑对未来的负荷。

只有当上述三个方面都满足时，才能保证生产过程中所需的各种资源（原材料、具有足够能力的设备）都能够在需要的时候准时送到。可见 MRP 的基本任务是：从最终产品的生产计划（独立需求）导出相关物料（原材料、零部件等）的需求量和需求时间（相关需求）；根据物料的需求时间和生产（订货）周期来确定其开始生产（订货）的时间。

2. MRP 系统

MRP 已成为现代生产管理系统中的重要组成模块，它是将生产计划转换成生产产品的原材料、元器件和零部件的详细供应计划清单的计算机软件。这种计划清单标明每项器材和零件的数量、应于何时订货和发货，以配合生产计划和作业计划的执行，保证计划产

品的及时完成。

3. MRP 系统的体系结构

要实现对原材料、零部件等物料的控制，首先必须确定最终产品的生产计划，这样才能分配零部件和原材料的需求以及需求时间；同时最终产品包括不同类型产品，应该分别对它们的生产进度做出安排，这样的计划称为主生产计划（Master Production Schedule，MPS）。最终产品究竟需要哪些原材料，要根据产品结构而定，将产品结构进行层次性分解后才能得出需要的零部件数量、种类、型号等，这样形成的产品结构文件或产品结构树称为物料清单文件（Bill of Materials，BOM）。所需要的物料目前在库存中的持有量，在生产计划实施前是否能满足所有需求，这些需要库存记录文件（Inventory Record File，IRF）对库存信息进行准确的记录才能得到。因此，MRP 系统需要有三个基本的输入文件（MPS、BOM、IRF）才能顺利地对物料计划做出安排，编制出零件的生产计划和采购计划，这也就是 MRP 输出的主要报告。

4. MRP 采购技术

（1）MRP 环境下采购管理的特点

MRP 是一种以顾客为中心的新生产方式，它与传统的生产方式不同。因此，MRP 环境下的采购管理与传统的采购管理也不相同，具有如下特点：

①按产品结构将所有物料的需求联系起来

在传统的采购与库存量管理方法中，各项物料采购量的确定是彼此孤立的，不考虑它们之间的联系，因此容易造成物料的库存积压或物料的短缺现象。在 MRP 中，各种物料的采购量是通过产品结构联系起来考虑的，考虑到各种物料需求之间的相互匹配关系，使各种物料的库存在数量和时间上均趋于合理。

②将物料需求区分为独立需求和相关需求

在 MRP 中，物料的需求不是按使用方向区分，它是将产品中的各种物料分为独立需求和相关需求两种。这里讲的独立需求，是指需求变化独立于人们主观控制能力之外，因而其数量与出现的概率是随机的、不确定的、模糊的。这里所讲的相关需求，是指它的需求数量和需求时间与其他的变量之间存在一定的相互关系，可以通过一定的数学关系推算而得出，而不是预测的。对于一个相对独立的企业来讲，其产品是独立需求，而生产过程中的在制品及原材料是相关需求。

③对物料的库存状态数据引入了时间分段的概念

在 MRP 系统中，对物料的库存状态数据引入了时间分段的概念，也就是说，在 MRP 系统的库存状态数据记录中，可以清楚地看出在什么时间有多少库存量，在什么时间库存量为零或负数。计划员可以知道在什么时间要进货，进多少货就能满足需求。这样就能做到既保证生产的需求，又不产生多余积压的物料。

（2）MRP 中的采购工作程序

在 MRP 系统中，采购作业的程序简单说明如下：

①订购单的接收

一般来讲，采购作业是从收到请购单开始进行的，运用 MRP 系统的结果是一方面生成加工订单，另一方面生成采购订单。生成的采购订单应由采购部门接收，采购部门收到订购单后，要看一下请购单的各栏填写是否正确和清楚，如无异议，按分工原则分派订购单，由采购员具体组织采购。

②料源调查和供应商评审

对于可供物料的供应商要建立供应商基础资料档案，如供应商的代码、名称、地址、电话、联系人，可供物料的名称、规格、型号等。如果可供物料的供应商较多，采购部门应进行初步筛选，保留 3 ~ 5 家供应商。

③联系洽谈和获取进一步的资料

④选择供应商

通过同有关供应商的洽谈，了解各供应商的生产和供货情况，将备选的供应商情况提交给企业的供应商评审小组评审，经评审小组审定，并经企业的主管领导批准的供应商，才能成为企业的供应商，并登录在 MRP 系统中保存起来。

⑤报价和议价

⑥办理采购手续

成交价格议定后，就可以办理采购手续。对于签订协议的采购，买方应根据 MRP 系统确定的采购订单，确定具体的交货批量、交货日期、收货地点、运输和装卸方式、付款方式、银行和账号等。

⑦采购订单的跟踪

在 MRP 系统中，可以根据系统的提示或运用 EDI 来跟踪，查询供应商的加工生产进展情况，控制进度，并做好运输工作的安排。

⑧发（送）货或提货

⑨验收

⑩结算

11. 2. 2　ERP 系统

1. ERP 概述

（1）ERP 概念

企业资源计划（Enterprise Resource Planning，ERP）起源于 20 世纪 60 年代初，是由美国加特纳公司最早提出的一种管理理念。ERP 是一种科学管理思想的计算机实现，是一种能对企业所有的资源进行全面管理的信息系统。它建立在信息技术基础上，以系统化的管理思想，是为企业决策层、管理层及执行层提供运行手段的管理平台。ERP 系统集信息技术与先进的管理思想于一身，成为现代企业的运行模式，反映时代对企业合理调配资源、最大化地创造社会财富的要求，成为企业在信息时代生存、发展的基石。

（2）ERP 的发展历程

①物料需求计划 MRP（Material Requirements Planning）阶段

企业的信息管理系统对产品构成进行管理，借助计算机的运算能力及系统对客户订单、在库物料、产品构成的管理能力，实现了依据客户订单，按照产品结构清单展开并计算的物料需求计划，达到减少库存、优化库存的管理目标。

②制造资源计划 MRP Ⅱ（Manufacturing Resource Planning）阶段

在 MRP 管理系统的基础上，MRP Ⅱ 系统增加了对企业生产中心、生产能力、加工工时等方面的管理，以实现计算机进行生产排程的功能，同时也将财务的功能囊括进来，在企业中形成以计算机为核心的管理系统，这种管理系统已能动态监察产、供、销的全部生产过程。

③企业资源计划 ERP（Enterprise Resource Planning）阶段

进入 ERP 阶段之后，以计算机为核心的企业级的管理系统更为成熟，系统增加了包括流程作业管理、人力资源管理等方面的功能。配合企业实现质量管理、生产资源调度管理及辅助决策的功能，成为企业进行生产管理及决策的平台工具。

④电子商务时代的 ERP

互联网技术的成熟为企业信息管理系统增强了与客户或供应商实现信息共享和直接数据交换的能力，从而强化了企业间的联系，形成共同发展的生存链，推动了企业为达到生存竞争的供应链管理。ERP 系统相应地增加了这方面的功能，使决策者及业务部门能实现跨企业的联合作战。

2. ERP 系统

（1）ERP 系统特点

ERP 的基本思想就是将企业的业务流程看做一条供应商、企业本身、分销网络及客户等各个环节紧密连接的供应链，企业内部又划分成几个相互协同作业的支持子系统，如财务、市场营销、生产制造、质量控制、服务维护、工程技术等，还包括对竞争对手的监视管理。企业同供应商、销售代理和客户的关系已不再是简单的业务往来关系，而是利益共享的合作伙伴关系。

由于 ERP 体现的是一种面向企业供应链的管理思想，因此可对供应链上的所有环节进行有效的管理，如订单、采购、库存、计划、生产制造、质量控制、运输、分销、服务与维护、财务管理、投资管理、经营风险管理、决策管理、获利分析、人事管理、实验室管理、项目管理、配方管理等。它从管理范围的深度上为企业提供了更丰富的功能和工具，可以实现全球范围内的多工厂、多地点的跨国经营运作。

总之，ERP 系统更多地带有整合式管理和集成式管理的特点，支持精益生产、并行工程和敏捷制造，体现全过程的计划与有效控制，要求在每个流程的业务处理过程中，最大限度地发挥每个人的工作潜能与责任心，强调人与人之间的合作精神和团队精神，促进企业管理由“高耸式”组织结构向“扁平式”组织结构转变，因而可以极大地提高企业对市场的适应能力。

（2）ERP 系统功能机构

ERP 系统是将企业所有资源进行整合集成管理，简单地说，是将企业的物流、资金流、信息流进行全面一体化管理的管理信息系统。在企业中，ERP 系统主要内容包括：生产控制（计划、制造）、物流管理（分销、采购、库存管理）、财务管理（会计核算、财务管理）和人力资源管理（绩效、工资、培训、招聘）。除了这些基本功能，ERP 系统还有扩展功能。一般 ERP 软件提供的最重要的 4 个扩展功能模块是：供应链管理、顾客关系管理、销售自动化及电子商务。

3. ERP 采购技术

（1）ERP 对采购管理的变革

一般而言，企业采购管理的目标在于在简化采购计划及调配的同时又可以形成批量采购、简化运输管理、减少库存，从而控制质量、降低成本等，而目前 ERP 系统的应用扩展之一，就是基于 Internet 的采购管理，实现企业与供应商之间的网上采购业务管理，包括网上采购、竞购与拍卖和反拍卖等。所以，企业在采购环节中引入 ERP 系统的最直接结果，就是在信息技术的支持下实现了企业采购工作管理由过分职能化管理向整体性方向质的变化，体现在：

①ERP 系统对采购供应部门的员工提出了更高的素质要求。采购人员的主要精力将放在 同企业内部人员和供应商一起研究如何降低成本上面。

②ERP 系统对采购管理提供了一系列的规范化、标准化流程，使在采购作业中存在的暗箱操作等现象失去藏身之地。

（2）ERP 采购工作模式

①基于职责为核心的流程设计

在传统的采购管理模式下，其贯穿的管理思路是基于部门的管理，即首先是企业组织机构中的供应部（科）门，然后是供应部门负责的具体工作。而在 ERP 系统中，尤其是国外大型 ERP 系统，每名员工首先是对应各个职责，这些职责既可以是系统预先设定的，也可以灵活进行定义。如表 11－1 所示。

表 11－1　　ERP 系统中采购流程包含的职责

工作	职责	对应模块
提出采购请求	采购申请	采购、库存
提出采购计划/订单/发运通知	采购计划/计划发放/订单	采购
询价/报价	询价管理/报价管理/供应商管理	采购、财务
检验入库	接收	库存
通知财务付款	付款/发票	财务

表 11－1 显示，系统将部分工作从采购模块中全部或部分剥离出来，如提出采购请求、检验入库、通知财务付款、供应商管理等。系统的这种设计方法是将所要完成的工作分解成相关的职责，并对应到模块中。一个模块就是一个工作组或业务部门，体现了集中

管理的思想。

如某企业在实施中通过职责分析，发现同一个采购订单职责由多个业务部门所拥有，在咨询顾问的建议下，将其收归为一个部门，减少了大量采购资金。实行集中管理还减少了许多协调工作，因为企业的跨部门协调是一项费时费力的工作，减少了这些工作，无疑极大地提高了办事效率。

②基于高度共享的基础信息平台应用

使用 ERP 系统后，提供基础信息岗位的工作量增加了，比如采购管理中的采购员、询价、报价管理员的工作会增加，因为以往这些工作都是通过电话来完成，而 ERP 系统要求所有的采购单据都要在系统中进行记录，其作用在于：

(a) 业务的可追溯性强：ERP 系统可随时查询任何时候与任何供应商发生的采购业务，并可以查出该笔业务进行的状态，包括库存接收的数量、采购退货的数量、发票数量等。另外，ERP 系统还可以随时运行需要的报表，来反映某一时期采购业务的执行情况，包括趋势分析等，为下一阶段的工作改善提供及时的信息。

(b) 减少业务操作中的人为因素：在 ERP 系统中，系统将按照设定的指标对供应商的状态进行分析，包括供应商供货质量分析、数量分析等，并从中总结规律制定相应的供应商管理策略，如设定相应的配额和询价优先级等。这样将业务人员的调动对工作的影响尽可能地减少，新来的业务人员可以通过系统方便的查询某一类供应商的名单、联系方式、历史供货记录，并按照设定的供应策略进行采购业务。

③强调完备的控制体系

ERP 系统与传统信息系统最明显的区别在于它的“事前控制、事中监督、事后分析”的管理思想。因此 ERP 系统中的采购工作程序具有流程有序、审批严格、监督有方等特点。

ERP 系统实施对采购管理的改善不仅局限于上述三个方面，更重要的是它为业务人员带来了一种体验，让业务人员认识到信息技术是如何改变和优化业务流程的。整合后的 ERP 系统可以实现企业与供应商和客户的信息自动交互，从而提高整个采购环节和客户关系管理的效率。

11.3 电子采购

11.3.1 电子采购概述

1. 电子采购的含义及发展历史

所谓电子采购就是用计算机系统代替传统的文书系统，通过网络支持完成采购工作的一种业务处理方式，也称为网上采购。它的基本特点是在网上寻找供应商和商品、网上洽谈贸易、网上订货甚至在网上支付货款。电子采购具有费用低、效率高、速度快、业务操作简单、对外联系范围宽广等特点，因而成为当前最具发展潜力的企业管理工具之一。

电子采购最先兴起于美国，它的最初形式是一对一的电子数据交换系统，即 EDI。这种由大买家驱使，连接自己和供应商的电子商务系统大幅度地提高了采购的效率，但早期的解决方案价格昂贵，耗费庞大，且由于其封闭性仅能为一家买家服务，尤令中小供应商和买家却步。联合国制定了一套商业 EDI 标准，但在具体实施过程中，关于标准问题在行业内及行业间的协调工作举步维艰。因此，真正商业伙伴间 EDI 并未广泛开展。20 世纪 90 年代中期，电子采购目录开始兴起，这是供应商通过将其产品介绍上网，以此来提高供应商的信息透明度和市场涵盖面。近年来，全方位综合电子采购平台出现，广泛地连接了买卖双方，提供电子采购服务。

2. 传统采购模式的问题及电子采购的优势

（1）传统采购模式的问题

为能够在今天竞争越来越激烈的商业环境里生存，企业必须在生产管理中降低成本，提高生产率，并以一种更具有战略性的方式进行经营。虽然许多企业已经实现了办公自动化，但是大部分企业在采购领域仍然实行手工操作，如以电话、传真、直接见面等方式进行信息交流。传统采购常常被以下问题所困扰：

①低效率的商品选择过程。

②费时的手工订货操作。

③不规则采购，易产生腐败现象。

④昂贵的存货成本和采购成本。

⑤冗长的采购周期。

⑥复杂的采购管理。

⑦难以实现采购的战略性管理。

⑧从整体看，传统的采购模式还将面对中间商过多的问题。

（2）电子采购的优势

电子采购将从根本上改变商务活动的模式，它不仅将间接商品和服务采购过程自动化，极大地提高了效益，降低了采购成本，还使企业在一定程度上避免了因信息不对称引起的资源浪费，有利于社会资源的有效配置，从而使企业以更具有战略性的眼光进行采购，电子采购的优势包括：

①宏观优势

（a）电子采购保证整个市场内部供求双方能更有效地衔接

在市场透明度提高的情况下，买卖双方能更有效地平衡市场上的需求。在过去，供应商即使打折，也很难卖掉多余库存。电子采购将大量买方和卖方聚集在其在线交易市场上，并以衔接需求的方式解决了这方面的问题。

（b）电子采购冲破了地理与语言障碍

商业与因特网在本质上都是全球性。买卖双方不再被束缚于他们所熟悉的地理范围或国界内。因特网提供了全球性的通路，只要敲击按钮，就可以与潜在的买方或卖方聚集在

一起。

(c) 电子采购可以改善资源分配

除了市场价格更为协调一致，电子采购可以保证更有效地利用有限的资源。电子采购平台也能在库存过时之前，通过拍卖为供应商提供一个更有效的处理多余库存的方法。

②微观优势

(a) 提高物料供应管理水平，扩大比价范围，由货比三家到货比千家。

(b) 降低采购成本，节约采购费用，缩短采购周期。

(c) 实现网上采购全过程监控，加强对采购流程以及库存等的控制，堵住漏洞，杜绝暗箱操作。

(d) 能有效地提供供销商的信息，实现物料管理信息快速传递与资源共享。

(e) 一个成功的电子采购解决方案能为企业制定一套规范的采购流程，有利于加强企业的管理。此外，据调查，绝大多数采购经理都希望及早实现电子采购。作为一种更可靠、更有效的采购方式，电子采购越来越多地得到企业的认同。

11.3.2 电子采购的模式

基于网络的采购有以下几种主要的模式，不同的公司可根据自己特定的市场环境选择不同的模式。

1. 卖方一对多模式

卖方一对多模式是指供应商在互联网上发布其产品的在线目录，采购方则通过浏览来取得所需的商品信息，以做出采购决策，并下订单。

在卖方一对多模式中，作为卖方的某个供应商为增加市场份额，开发了他们自己的网站，允许大量的买方企业浏览和采购自己的在线产品。买方登录卖方系统通常是免费的。这种模式的例子有商店或购物中心。

对买方企业而言，这种模式的优点在于容易访问，并且不需要任何投资，缺点是难以跟踪和控制采购开支。他们仍然不得不寻找供应商的网站，登录之后，通过目录网络手工输入订单。每个购买者每次都必须输入所有相关的扼要信息，如公司名称、通信地址、电话号码、账户等。很明显，对于拥有几百个供应商的公司，就要访问几百个网站，不停地重复输入信息，然后更新自己内部的 ERP 系统。虽然这种方法与纯纸化的目录相比具有明显优势，但其实际操作是很难实行的。

另外，采购方与供应商是通过供应商的系统进行交流的，由于双方所用标准不同，供应商系统向采购方传输的电子文档不一定能被采购方的信息系统识别并自动加以处理后传送到相关负责人处，这些文档必须经过一定的转化，甚至须经手工处理，大大降低了电子采购的效率，延长了采购时间。近年来随着电子市场的普及，新的以 XML（Extensible Makeup Language）为基础的标准的出现，使购买者的 ERP 系统接受简单的文件形式（如采购订单、收据）成为可能。同时，因为采购程序包括了其他许多相互作用的形式（如折扣、合同术语、买者、运输和接货安排），能够获得更高水平的相互操作能力，达成更加一致的信息交流议定书标准。

这种模式可能产生的问题是：虽然因特网采购形式和雇员采购 ORM 材料变得简单易行，但这种采购方式容易导致滥用权力，如职员可能绕过公司采购政策随意从在线供应商那里采购。

2. 买方一对多模式

买方一对多模式是指采购方在互联网上发布所需采购产品的信息，供应商在采购方的网站上登录自己的产品信息，供采购方评估，并通过采购方网站双方进行进一步的信息沟通，完成采购业务的全过程。

与卖方一对多模式不同，买方一对多模式中采购方承担了建立、维护和更新产品目录的工作。虽然这样花费较多，但采购方可以更好地控制整个采购流程。它可以限定目录中所需产品的种类和规格，甚至可以给不同的员工在采购不同产品时设定采购权限和数量限制。另外，员工只需通过一个界面就能了解到所有可能的供应商的产品信息，并能方便进行对比和分析。同时，由于供求双方是通过采购方的网站进行文档传递，因此采购网站与采购方信息系统之间的无缝连接将使这些文档流畅地被后台系统识别并处理。

但是在买方一对多模式中，买方需要大量的资金投入和系统维护成本，并且需要大量买卖之间的谈判和合作，这是因为买方实际上已经负责维护当前产品的可获得性、递送周期和价格说明。

买方一对多模式适合大企业的直接物料采购。其原因如下：首先，大企业内一般已运行着成熟可靠的企业信息管理系统，因此与此相适应的电子采购系统应该与现有的信息系统有着很好的集成性，保持信息流的通畅。其次，大企业往往处于所在供应链的核心地位，只有几家固定的供应商，且大企业的采购量占了供应商生产量的大部分，因此双方的关系十分密切，有助于保持紧密的合作关系。最后，大企业也有足够的能力负担建立、维护和更新产品目录的工作。

3. 第三方门户网站模式

门户（Portals）是描述在 Internet 上形成的各种市场的术语。独立门户网站是通过一个单一的整合点，多个买方和卖方能够相遇，并进行各种商业交易的网站站点，它将成为 IT 业和信息经济发展中最具影响力的事件之一。门户网站模式是指因特网上全世界范围内任何人都可进入的单个网站站点，它允许任何人参与或登录并进行商业交易，但是要交一定的费用，按交易税金或交易费的百分比来计算。门户网站上的主要内容有查看目录、下订单（在线拍卖的情况下称为竞标）、循序交货、支付等。

为了提高市场中买卖交易的效率，Internet 上有两类基本门户：

(1) 垂直门户

垂直门户是经营专门产品的市场，如钢材、能源、化工等，它通常由一个或多个本领域内的领导型企业发起或支持。

化工行业是在线市场发展的早期领导者。它与其他行业相比有一个明显的优势：它们的化工产品绝大部分都符合国际标准，如商标名称、质量、内容和数量，因而可以更容易

地采用在线交易。另外一些急需发展电子市场的行业，包括汽车、能源、高科技制造、电子、信息技术、出版、冶金、航天、金融服务、卫生保健服务行业等。其中在高科技制造业中，由 12 个主要的行业领导者（包括惠普、康柏、NEC、网关、日立、三星和其他公司）组成的集团，已经实行合作，形成一个电子交易门户，该门户将关注预计价值为 6000 亿美元的高科技零部件市场，并将提供开放的资源、拍卖、供应计划和物流支持。

垂直门户交易市场有一个明显的优势：买方或卖方（生产商）自己作为发起资助人，都倾向于从供应商向其行业的高效供应中获得巨额收益。

（2）水平门户

水平门户（Horizontal Portals）集中了种类繁多的产品，其主要经营领域包括维修和生产用的零配件、办公用品、家具、旅行服务、物业帮助等，如 Ariba、Commence One 和 Free Markets 等 B2B 网络采购市场都是水平门户。

水平电子市场一般由电子采购软件集团或这些间接材料和服务供应领域内的领导者发起资助。

www. Graninger. com（一个强大的 MRO 供应商集团）是水平型交易门户最典型的例子。他们的交易公司——orderZone. com 网络公司提供了单一的门户网站，使顾客可以接触到 6 个行业主导型的 MRO 供应商。其服务包括在线订购、电子发票，并为顾客提供了一个联结点，在此可以接触到各种间接产品。只有在这个网站上注册之后，才有权限进入 Graninger 网络公司查看 MRO 目录。

这种类型的交易中心通常是通过向每份交易收取 1%～15% 的交易费来获得收入的，具体比例的大小依赖于交易量和交易商品的种类。即使这样，电子交易的成本还是比通过传统销售渠道交易的成本低。

4. 企业私用交易平台

企业私用交易平台类似电子数据交换（EDI）系统，EDI 系统是大型企业长期以来使用的主机式应用程序，以电子方式交换订单、库存报表与其他资料。企业私用交易平台和 EDI 网络类似，能减少沟通的时间与成本，使合作厂商以标准格式进行文件、图表、电子表格与产品设计的实时分享。同时，企业私用交易平台还能实现国际网络平台的功能与 EDI 系统的安全性的结合。

和开放式 B2B（由第三方策划）以及企业联盟（由买方、供应商或两者共同拥有）不同，企业私用交易平台能让积极参与者掌控大权——这样的安排能使企业将工作重点放在流程而非价格上。由于私用交易平台架构中的供应商仅包括受邀访客和网站站主，这就意味着买方可以选择交易对象，甚至可能已于网络外完成商谈。

5. 反向拍卖

网上拍卖网站通常会提供两种拍卖方式：一般拍卖方式和集体议价方式。有的拍卖网站还提供另一种拍卖方式：反向拍卖。一般拍卖指的是供应商提供商品参加拍卖，购买方进行竞价购得商品，此时一般采用加价式竞价来决定最终购买方和购买价格。

反向拍卖指的是购买方到网站登记需求进行拍卖，而供应商进行竞价来争取订单。这时，一般会采用减价式竞价决定最终供应商和价格。

网上拍卖有以下两个主要的优点：

（1）提高速度。对于经历招投标这一烦琐过程的人来说，在线方法的价值就很明显：不再需要花费几个月来接受和核定供应商的答复，整个流程一个多小时就可以完成。

（2）节约成本。对于购买者来说，在线反向拍卖的方法避免了与成千上万小公司打交道的管理成本。同时，拍卖的方式也促使商品价格大幅下降。

当然，反向拍卖也有其缺点：

（1）过分关注价格，忽视与供应商的关系。拍卖的透明、公开的特性以及只关注于价格的短期行为，很难保证所采购的商品具有竞争优势，供应商也很难与买方维持任何亲密关系。

（2）预测的困难。采用在线反向拍卖这种形式，需求方很难预测最终价格，每天都可能产生一个完全不同的竞标价格。

网上拍卖通常适用于间接商品，有时也会用于直接原材料。这种实时竞标的形式最适合于批量大的普通商品，由于批量大，因此在价格上的一点点差别也会积累成一个可观的数目。

11.3.3 电子采购的实施

1. 电子采购的程序

一个典型的电子采购程序包含以下几个步骤：提交、分析并确定采购需求；选择供应商；确定合适的价格；签署采购合同；跟踪交货过程，确保交货；货物入库；付款。下面简单对其中几个步骤加以解释：

（1）提交采购需求

最终用户通过填写在线表格提出采购物料的要求。对于经常采购的商品，可以建立一个特别的目录供用户选择，以方便最终用户提出采购申请。

（2）确定采购需求

根据企业预先规定的采购流程，采购申请被一次性自动地传送给各个负责人请求批准。

（3）选择供应商

一旦采购申请得到认可，采购人员可以按不同情况采取两种方式。若所需采购的物料已有了合同供应商，则该申请转化成订单自动发送给供应商。若所需采购的物料没有固定的供应商，采购人员需通过该企业的采购网站或在因特网上寻找供应商，这种方法比通过行业杂志寻找或等着推销员上门推销要快捷、高效。采购人员不仅能从网上得到供应商的价格和数量信息，还可以得到采购决策所需的数量、价格和功能要求等信息，并且可以在采购系统生成的供应商比较报告的辅助下进行决策。

(4) 下订单

在确定了供应商之后，订单会通过电子邮件等方式传送给供应商。

(5) 订单跟踪

有些信息系统较为完善的供应商会反馈给采购方一个订单号，采购人员可以通过订单号追踪订单的执行情况直至交货。

(6) 电子支付

如果连接了银行系统，则可进行电子支付，完成采购全过程。

2. 实施电子采购的步骤

有的企业可能认为目前自己的信息化程度低，怀疑可不可以做电子采购。这个问题有三个不同层次的答案。因为电子采购可以是一个独立的系统，企业可以没有 ERP（企业资源计划）的基础，没有 SCM（供应链管理），甚至连最起码的 OA（办公自动化）都没有，但企业只要可以上网就行。另外，一些大型企业集团公司可以建立一个完整的采购平台，将整个采购业务流程纳入其中。当然，国内几家大的行业巨头也可以联合起来建一个更大的联合采购平台，为所有制造商和供应商提供门户功能、目录管理功能、交易功能、协作功能以及诸多的增值服务，以实现更大范围的利益共享。

企业实施电子采购的步骤一般可以从以下几方面考虑：

(1) 提供培训

很多企业只在系统开发完成之后才对使用者进行应用技术培训。但是国外企业和国内一些成功企业的做法表明，事先对所有使用者提供充分的培训是电子采购成功的一个关键因素。培训内容不仅包括技能方面的知识，更重要的是让员工了解将在什么地方进行制度革新，以便将一种积极的、支持性的态度灌输给员工。这将有助于减少未来项目进展中的阻力。

(2) 建立数据源

建立数据源的目的是为了在互联网上实现采购和供应管理功能而积累数据。其内容主要包括：供应商目录、供应商的原料和产品信息、各种文档样本、与采购相关的其他网站、可检索的数据库、搜索工具等。

(3) 成立正式的项目小组

项目小组需要由高层管理者直接领导，其成员应当包括项目实施的整个进程所涉及的各个部门的人员，包括信息技术、采购、仓储、生产、计划等部门，甚至包括互联网服务提供商（ISP）、应用服务提供商（ASP）、供应商等外部组织的成员。每个成员对方案选择、风险、成本、程序安装和监督程序运行的职责分配等进行充分交流和讨论，以取得共识。实践证明，事先做好组织上的准备是保证电子采购顺利进行的前提。

(4) 广泛调研，收集意见

为做好电子采购系统，应广泛听取各方面的意见，包括有技术特长的人员、管理人员、软件供应商等。同时要借鉴其他企业行之有效的做法，在统一意见的基础上，制定和完善有关的技术方案。

（5）建立企业电子采购网站

在企业的电子采购系统网站中，设置电子采购功能板块，使整个采购过程中管理层、相关部门、供应商及其他相关内外部人员始终保持动态的实时联系。网站所包括的内容如表 11－2 所示。

表 11－2　　企业电子采购网站包括的内容

提供给供应商的内容	只有内部人员才可访问的内容
网站任务阐述	内部政策和程序
公司或组织的地址目录	与内部目录和供应商目录的链接
供应商信息及注册过程	完整的合同
标准形式的文档，如报价单	采购申请信息和工具
如何实现购买的帮助信息	与其他采购工具和网站的链接
采购信息链接	内、外部以纸为媒介的文档（以便于快速更新）

（6）应用之前测试所有功能模块

在电子采购系统正式应用之前，必须对所有的功能模块进行测试，因为任何一个功能模块如果存在问题，都会对整个系统的运行产生很大的影响。

（7）培训使用者

对电子采购系统的实际操作人员进行培训也是十分必要的，这样才能确保系统得以很好地实施。

（8）网站发布

利用电子商务网站和企业内部网收集企业内部各个单位的采购申请。对这些申请进行统计整理，形成采购招标计划，并在网上进行发布。

3. 电子采购系统的模型

现阶段我国企业信息化基础较为薄弱，整体电子采购还存在很多制约因素，实施电子采购的企业大多采用网上采购网下成交的方式。电子采购的重点应放在企业信息流和资金流的有效集成上，解决采购与财务结算中的瓶颈问题，以确保网上采购行为的正常畅通。

电子采购在企业内部一般通过内部网（Intranet）实现，然后再通过互联网（Internet）与供应商相连。对采购方来说，电子采购系统一般应包括采购申请、采购审批和采购管理三个基本模块。

（1）采购申请模块

①接受生产部门和关键原材料供应部门提交的采购申请。

②接受企业 ERP 系统自动提交的原材料采购申请。

③接受管理人员、后勤服务人员提出的采购低值易耗品、电脑软件或服务方面的申请等。采购申请应通过浏览器登录网上采购站点的页面进行或通过 ERP 系统自动传递。

（2）采购审批模块

①根据预设的审批规则自动审核并批准所收到的各种申请。

②对接收到的采购低值易耗品的申请，直接向仓库管理系统检查库存，如库存已有，立即通知申请者领用；如库存没有，通知申请者申请已批准，正在采购中。

③对于被自动审批未通过的申请，立即通知申请者，申请由于何种原因未获批准，请修改申请或重新申请。

④通过自动审批无法确定是否批准或否决的申请，邮件通知申请者的主管领导，由领导登录采购系统，审批申请。

⑤对于已获通过的采购申请，邮件通知申请者，并提交采购管理模块。

（3）采购管理模块

①接受采购管理部门制订年度或月份采购计划，制订供应商评估等业务规则。

②对所接受的采购申请，依据设定规则确定是立即采购或是累积批量采购。

③对需立即采购或已达到批量采购标准的采购申请，依据业务规则，放入竞标模块投标或立即生成订单。

④对放入竞标模块的申请单，根据竞标结果，生成订单。

⑤对已生成的订单，依据设定规则决定是立即发给供应商，或者是留待采购管理部门再次审核修改。

⑥所有订单，依据预设的发送途径向供应商发出。如 E-mail、人工电话传真、自动电子传递给供应商的订单管理系统。

⑦自动接受供应商或承运商提交的产品运输信息和到货信息，或者这些信息由采购管理部门手工录入。

⑧任何有权限的用户都可查询所提交申请的被执行情况。

⑨订购产品入库或服务完成后，系统自动向财务管理部门提交有关单据。

⑩订购产品入库或服务完成后，系统自动邮件通知或采购管理部门电话通知申请者申请已执行完毕。

⑪依据设定规则，系统在发出订单时或者产品验收入库后，对供应商网上自动付款，或自动通知财务部门对供应商付款。

11.3.4 电子采购的注意事项及未来发展

1. 电子采购的注意事项

电子采购需采用网络发布消息、传递文件，在传递的过程中，很有可能被攻击者截获、修改，更有甚者，发送伪造的各种文件，这些都会给电子采购带来破坏和损失。因此，电子采购的安全至关重要。为了保障交易各方的合法权益、保证能够在安全的前提下开展电子采购，电子采购系统必须达到下列安全控制要求：

（1）有效性要求

必须保证电子采购活动所传输的数据在确定的时刻、确定的地点是有效的。

（2）可用性要求

安全管理人员能够控制用户的权限、分配或终止用户的访问、操作、接人等权利，被授权用户的访问不能被拒绝以保障合法用户的权益。

（3）机密性要求

信息存取和信息在传输过程中不能被非法窃取、泄露；应当保证公共网络商信息的机密性；信息发送和接收是在安全的通道进行，保证通信双方的信息机密；交易的参与在信息交换过程中没有被窃听的危险，非参与方不能获取交易的信息。

（4）完整性要求

电子交易各方信息完整性是电子采购的基础。应该防止对信息的随意生成、修改和删除，同时，要防止数据传送过程中信息的丢失和重复，并保证信息传送次序的统一。

（5）真实性要求

交易方的身份不能被假冒或伪装，可以有效鉴别确定交易方的身份，能甄别信息、实体的真实性。

（6）反抵抗性要求

电子采购方式下，必须在交易信息的传输过程中为参与交易的个人、企业或服务部门提供可靠的标识。有第三方提供的数字化过程记录，信息的发送方不能抵赖曾经发送的信息、不能否认自己的行为。

（7）可控制性要求

能控制使用资源的人或实体的使用方式。

（8）抵抗要求

对病毒或非法入侵有一定的抵抗能力。

（9）审查能力

根据机密性和完整性的要求，应对数据审查的结果进行记录。

2. 电子采购的未来发展

（1）XML 标准的引入

XML（可扩展标记语言）是商业数据互换标准，它本身不是一种语言，而是一种语言标准，它提供了一种灵活又不太昂贵的方法来开发普通数据格式。与 EDI 相比，XML 的适用范围更广，适用于所有商务。XML 的发展将为交互系统连通性标准的建立提供依据。

（2）直接采购与间接采购的发展

间接材料和直接材料采购方法需要不断变化，它们的发展趋势是把重点放在现货市场和买卖双方关系上，这也成为间接材料和比较简单的 MRO 材料的采购准则。一些间接材料的采购可以通过建立交易目录很好地解决，而另一些 MRO 零件和至关重要的直接材料则需要一套十分完备的程序、工具和供应商来进行处理。大部分直接材料可以从现货市场一次性采购，但是许多复杂的、高度专业化的生产部件仍然需要更加人性化的买卖双方关系。

（3）电子市场垂直层面的联合

在每个垂直市场上，电子采购平台都要保持自己的特色，只有那些能提供完备功能和值得信任的服务的站点才能生存下来。生存下来的电子采购系统需要提供供应链管理专业知识，以便与简单的采购工具形成鲜明对比。这些电子市场（通过伙伴关系联合、兼并、XML相互操作能力标准的整合）越来越可能承担管理保险、法律、支付，甚至物流和CRM的大部分责任。

（4）解决方案的统一

除在直接采购和间接采购方法上的统一外，市场还迫切需要一个软件平台，该软件平台应该是一个囊括直接和间接材料的系统。它关注企业内部的电子市场，能实现整个采购链条的自动化，并在订单履行、支付、收货递货和存货补充之间提供一个天衣无缝的链接。但是，目前没有供应商能够提供这种水平的服务。

（5）供应商的合理化

网上反向拍卖是把所有的材料都看做商品，通过竞争使其价格下降。这说明供应商越多，竞争越激烈，购买者获得较低价格的可能性就越大。这时供应商就不再是真正的合作伙伴。而公司的战略资源计划需要最优秀、最值得信任的供应商的团结和支持，成功的战略资源计划的基础是限制供应商的数量。因此，不同的企业要根据自己的供应特点对不同材料的供应商进行合理规划。

（6）采购平台的改变

在采购平台方面，ERP、供应链管理系统、APS系统和内部电子采购等系统将会很快代替以人力、纸张、电话、传真为基础的采购业务活动，解放出大量的采购人员。当然这有赖于公司规模的大小。对那些没有进行直接材料采购的公司来说，在整个流程实现自动化以后，采购部门可能会完全消失，而只保留一两个专业的人员来处理系统问题和意外情况。对于直接经营商品的制造和销售公司来说，更有可能的是采购人员会真正成为商业谈判家和专家，寻找优质的服务和商品。

本章小结

本章在介绍了有关采购信息系统、具体的现代采购管理系统、电子采购的基本知识的基础上，重点讲述了采购信息系统的结构及操作处理，MRP、ERP系统及如何将其应用于采购管理和电子采购的五种模式以及其实施的系统程序、步骤、系统模型等。

思考题

1. 采购信息系统应具备哪些具体功能？
2. MRP环境下采购管理特点是什么？

3. ERP 系统主要有哪些子系统，这些子系统的功能分别是什么？

4. 电子采购有哪几种具体形式？

5. 电子采购有哪些优点，存在哪些主要问题？

6. 请分别预测一下网上工业产品的采购与网上消费品的采购在我国未来的发展状况，包括发展速度、潜力及面临的主要问题。

12 全球采购

12.1 全球采购概述

全球采购是指利用全球的资源，在全世界范围内寻找供应商，寻找质量最好、价格合理的产品。经济的全球化，使企业在一个快速变化的新世界和新经济秩序中生存与发展，采购行为已成为企业的重大战略。

全球化采购使国际制造商的采购战略发生了显著变化，具体表现在以下四个方面：

第一，集中采购趋势非常明显。许多全球制造商想方设法提高采购批量，以充分发挥其价格谈判的能力。实现这一目标通常有三个途径：①集中一个公司不同事业部或不同地区的某些特定类型元器件的采购数量；②通过一家供应商采购；③尽可能使各产品的元器件标准化，以实现标准化器件更高的采购批量。但这一做法受到新产品设计阶段元器件选择的限制。

第二，整合供应商以获得成本优势。现在，许多全球制造商将供应资源集中起来，只与少数几家供应商打交道。几年前，Palm 公司 80% 的采购支出分散到 150 家供应商，去年已经聚集到 50 家。从这项战略中受益的还有旭电、伟创力等大型 EMS 公司，它们从 OEM 那里获得大笔制造业务，对成本非常敏感。通常，为维持采购成本的优势，大型 EMS 公司对采购条件要求非常苛刻，他们提出的“总成本”模式反映了这一变化。如今，EMS 公司不再根据元器件报价选择供应商，而包括物流和废品率的总供应成本管理成为选择供应商的要素。此外，要求供应商不断改进和发展也是 EMS 提出的新要求。例如，旭电公司对供应商的要求除了低成本之外还包括可靠性、平均故障间隔时间、交货期执行情况、准时送货表现、计划灵活性和降低库存风险等。

第三，为与供应商互动，全球制造商迅速采用基于 IT 系统的采购流程，如在线询价和在线拍卖变得越来越普遍。在线采购给 OEM 和 EMS 公司带来的主要利益是：由于供应商彼此竞争，OEM/EMS 公司能够快速识别和评估供应商，从而加速采购流程并获得巨大节约。

第四，在中国设立国际采购中心。随着在中国采购量的大幅增长，国际大型 OEM 公司跨越中间商直接进行采购。对它们中的大多数来说，起初，在中国采购只是为了利用设在中国的工厂支持全球组织的元器件采购。然而，其结果并不令人满意，因为全球组织的要求和本地制造公司的考虑总存在不一致。

12.2 全球采购流程

12.2.1 全球采购的障碍

缺乏国际贸易经验的公司在进行全球采购时会遇到一定的障碍。最主要的障碍是对全球采购的程序缺乏了解。这包括：不了解潜在的全球供货商、不熟悉全球采购中所需的附加单证。国际单证包括：信用证、多式联运单、装运收据、进口许可证、原产地证明、商检证明、保险证明、包装清单及商业发票。

拒绝改变已确立的常规程序或是拒绝替换已形成长期供货关系的供应商，都是全球采购的主要障碍。拒绝这种改变是很自然的事情，因为这种改变是对现存交易方式的一种激进的背离。地方市场保护主义有时也会成为一种障碍。有时候，买方也不愿放弃本地采购转而向不了解的外国供应商购买。地方保护主义虽然不像15年或20年前那样流行，但仍然是一个问题。1999年12月，发生在美国西雅图世界贸易组织年会期间的抗议骚乱，也反映了一些团体组织对自由贸易和全球采购的怨恨之情。在进行有关全球采购或本地采购的采购决策时，不应该感情用事，而应该通过对两种采购的优缺点权衡利弊进而做出决定。

12.2.2 全球采购主要流程

公司在进行国际采购时，通常遵循着一定的步骤。尽管各公司进行全球采购时，执行的流程顺序有可能会有所差异，但是要想成功地进行全球采购，这些步骤都是必须完成的。

1. 选择首先进行全球采购的物品

对于那些不熟悉全球采购的企业来讲，第一次进行全球采购是一个学习的过程。国外购买的最初目标可以影响到整个全球采购过程的成功与否。几乎所有能在当地采购到的产品都通过全球采购来获得，尤其是基本的日用品。公司应该选择质量好、成本低、便于装运且无风险的商品进行国外采购。首先选择一个或多个商品进行评价。这里有一些有关这些产品的建议，供初次进行全球采购的经理参考。

（1）选择对现存操作并不重要的产品。如日用品或具有多种采购来源的产品。一旦采购这些产品积累了足够的经验，就可以进行其他种类产品的全球采购了。

（2）选择标准化产品或者说明书易懂的产品。

（3）选择购买量大的产品来检验全球采购的效果。

（4）选择能够使公司从长期采购中获得利益的产品。

（5）选择那些需要较为标准化设备的产品。

(6) 识别那些在成本或质量等主要绩效标准方面不具备竞争力的产品。

这些标准很重要，因为如果全球采购无法满足买方期望，那么就必须在国内采购。影响全球采购初始成功的另一个影响因素就是：使其他部门知晓全球采购的产品是什么。同时，潜在供应商应该提前收到有关数量和交货要求的扩大计划。

2. 获取有关全球采购的信息

在确定需要进行全球采购的物品之后，接下来公司就要收集和评价潜在供应商的信息。如果公司缺乏全球采购的经验、与外界联系较为有限或获得的信息有限，那么获取有关全球采购的信息对于这些公司而言可能就比较困难。

随着信息网络的发展，采用电子采购，为采购提供了一个全天候超时空的采购环境。这降低了采购费用，简化了采购过程，大大降低了企业库存，使采购交易双方形成战略伙伴关系。进行全球采购的企业，需要熟悉与掌握电子商务采购模式。

电子商务的产生和发展跟物流与采购活动是密切相关的。电子商务的产生使传统的采购模式发生了根本性的变革。在现代市场经济条件下，有三种采购方式可以进入电子商务，即政府采购、企业采购与个人采购。不管它是 B2B（企业与企业之间）、B2C（企业与消费者之间）还是 C2C（消费者与消费者之间），也不管它是国际的还是国内的。

电子采购商务系统目前主要包括四个系统：①网上市场信息发布与采购系统；②电子银行结算与支付系统；③进出口贸易大通关系统；④现代物流系统。

以下是公司获取其他国家潜在供应商或中间商信息的一些途径：

国际工业厂商名录。工业厂商名录随着互联网的发展而迅速增加，它是产业供应商或者区域供应商信息的一个主要来源。数以千计的企业名录可以帮助公司识别潜在的供应商。

(1) 贸易展销会。贸易展销会是收集供应商信息的最佳途径之一，这些产业展销会可能发生在世界各地的各个行业中。大多数商业图书馆都有世界贸易展销会的目录。通过互联网可以搜索到产业贸易展销会的时间和地点以及如何注册。对国外采购有兴趣的公司不应忽略全美贸易展销会。这些大型的、既定的展销会，吸引了世界各地的供应商。它为公司提供了机遇，一方面可以签订采购合同，另一方面可以收集产品和生产商方面的信息。

(2) 贸易公司。贸易公司为买方提供了广泛的服务。

(3) 驻外代理机构。有专门的人员可以提供全球采购服务。

(4) 贸易咨询机构。买方可以与其他国家主要城市的对外贸易咨询机构进行联系。

(5) 其他来源。包括一个国家或城市的黄页、贸易杂志、销售手册和目录。

3. 评价和选择供应商

无论是买方公司还是外国代理机构进行全球采购，公司评价国外供应商的标准都应该与评价国内供应商的标准相同（甚至更加严格）。国外供应商不会主动达到买方的绩效要求或期望。

对供应商的评估主要是价格、质量、交货与服务四个方面。此外，还要考核这个供应商所在地的环境，即我们常说的跨国采购的四个基本要素，即价值流（Value flow）、服务流（Service flow）、信息流（Information flow）与现金流（Cash flow）。

例如，麦德龙跨国连锁集团提出过如何成为其供应商的四条基本要求：一是必须拥有完善的供应体系和商品执照。二是公平、道德的贸易（商品供应可靠，商品质量有保证，致力于长期的商务发展）。三是商品流通能力（有能力将商品运至指定的商场，并愿意使用指定的物流公司）。四是商品规格符合麦德龙公司的要求（质量保证、合理定价、风格独特、支持广告和促销活动）。

同时，麦德龙也回馈给供应商四个好处：一是共同提高供应商商品的包装、外观和质量标准；二是帮助供应商的产品进入全国及国际市场；三是双赢的伙伴关系；四是尊重厂家的合法品牌权益。

4. 了解国际采购通用规则

全世界公认的采购法则有四部，即《联合国采购示范法》、《WTO 政府采购协议》、《欧盟采购指令》、《世界银行采购指南》。在加入 WTO 时，中国政府并没有参加《WTO 政府采购协议》。但中国政府承诺在 2020 年以前，中国向 APEC 成员开放政府采购市场。联合国采购、企业之间的国际采购则按游戏规则进行。

12.3 全球采购谈判

全球采购中的谈判，是跨国界的国际谈判，有许多不同于国内采购的特点，需要了解。

12.3.1 国际采购谈判技巧

目标优化为四类：从低到高依次是最低、可接受、实际需求和最优期望等各种目标。在谈判的过程中能实现目标的向上递增是最好的。

1. 最优期望目标

最优期望目标 = 实际需求利益 + 增加值。具体涉及心理、信誉、利益、历史成见，是不易实现的最佳的理想目标。

2. 实际需求目标

实际需求目标是秘而不宣的内部机密，是较理想的最佳的目标。由谈判对手挑明，对方见好就收，或给台阶就下。

3. 可接受目标

可接受目标是只满足了部分需求，实现了部分经济利益的目标。现实的态度是“得到部分需求就算成功的谈判”，而不是硬充好汉，不可抱着“谈不成，出口气”的态度。

4. 最低目标

最低目标是商务谈判必须守住的底线。若没有这种心理准备，则不利于谈判的进程，会带来僵化的结局。

12.3.2 谈判准备

1. 市场调查

市场调查包括：市场总体、产品销售、产品竞争、产品分销、消费需求等各种情况、SWOT 分析。

2. 情报收集

情报收集主要包括：

（1）了解卖方经营财务的状况，判断其生产能力、技术水平、交货历史记录等各方面的状况；

（2）全面了解商品价格、付款、运输方式、合同执行、技术、相关的法律法规等。

3. 准备资料

需要准备的资料有：公司简介、封样样品、价格手册、产品目录、技术图纸、使用说明等。

4. 谈判人员的知识结构

（1）熟悉进口商品在国际、国内的生产现状和潜力及发展前景；

（2）熟悉进口商品的市场供求关系、其价格水平及变化趋势；

（3）熟悉进口商品的性能、特点、用途、技术要求和质量标准；

（4）熟悉不同国家谈判的风格和特点；

（5）具备一定的外语水平，能流利地与对方对话；

（6）熟悉国际贸易惯例及相关的法律；

（7）熟悉其他相关的业务知识；

（8）有丰富的谈判经验和应对谈判过程中的复杂情况的能力。

5. 谈判人员能力、个性要求

（1）能力。观察判断、灵活应变、心理承受、能言善辩等各方面的实践能力；

（2）个性。坚定不移的毅力、百折不挠的精神、不达目的决不罢休的自信。

6. 参加谈判的理想人数及其层次构成原则

理想人数；主谈人；专业人员；工作人员。翻译、律师、会计师、记录员等与该次谈判紧密相关且必不可少的工作人员。

12.4 全球采购合同

全球采购合同是全球采购实务中的重要内容，全球采购能否顺利地进行，在很大程度上取决于全球采购合同的签订状况。合同是当事人相互约定的各自的行为标准，合同内容的严密性对于争议的防范和处理有重要意义。

12.4.1 主要内容

买卖双方就交易的货物明确各自要承担的义务是全球采购合同中最主要的内容。合同是判别当事人应该承担哪些义务的基本依据。一般来说，卖方的主要义务有：交付货物；移交一切有关货物的单据；把货物的所有权转移给买方。买方的主要义务有：支付货物款；受领货物。

买卖双方的义务是通过交易磋商中各方对实现交易的各项条件而做出的要约和承诺来明确，然后以成立的合同加以确定来约束承诺的兑现。因此，买卖双方的义务体现在一系列的交易条件中。某个交易条件对一方形成义务，对另一方则形成了权利。这些交易条件就形成了合同中最主要的内容，在合同中又被称作合同条款。

如果当事人没有在合同中对某些事项做出具体的规定，则要援引与该合同适用的法律来确定买卖双方的义务。如果买卖双方当事人的营业地都是《联合国国际货物销售合同公约》的签约国，那么，该合同适用公约的有关规定来确定买卖双方当事人的义务。除非合同中排除其适用或做出不同的规定。

全球采购合同的内容比较完整、全面，一般包括以下 3 个部分：

（1）合同的首部

合同的首部包括开头和序言、合同名称、编号、缔约日期、缔约地点、当事人的名称和地址等。在规定这部分内容时应注意两点：第一，要把当事人双方的全称和法定详细地址列明，有些国家法律规定这些是合同正式成立的条件；第二，要认真规定好缔约地点，因为合同中若对合同适用的法律未做出规定时，根据有些国家的法律规定和贸易习惯的解释，可适用合同缔约地国的法律。

（2）合同的主体

这部分规定了双方的权利和义务，包括合同的各项条款，如货物名称、质量规格、数量、包装、单价和总值、交货期、装运港和目的港、支付方式、保险条款、检验条款、异议索赔条款、仲裁条款和不可抗力等，以及根据不同货物和不同交易情况加列的其他条款，如保值条款、溢短装条款、质量公差条款以及合同适用的法律等。

（3）合同的结尾

合同的结尾包括合同的份数、使用文字和效力以及双方的签字。

此外，有的全球采购合同有附件部分，附在合同之后，作为合同不可分割的一部分。

12.4.2 交易条件

合同中的交易条件可分为 5 类：

（1）货物条件。包括货物的名称、质量规定、数量、包装、商品检验。

（2）价格条件。包括货物的单价、总价、价格术语，另外有时还包括佣金或折扣。

（3）交货条件。包括交货的时间、地点、运输方式、运输保险。

（4）支付条件。包括支付的工具、支付时间、地点及支付方式等。

（5）争议处理条件。包括索赔、不可抗力、仲裁。

12.4.3 时间条件

全球采购合同也属于销售合同的一种，因此有关的国内法律和国际公约也同样适用于全球采购合同。世界各国对销售合同订立的时间和条件有不同的规定。资本主义国家法律一般都认为，接受生效的时间与合同成立的时间是一致的，接受一经生效，合同即告成立。《联合国国际货物销售合同公约》第23条规定“合同于按照本公约规定对发价的接受生效时订立”。从上面所述内容来看，对于合同订立的时间和条件，中国的规定与国际上的规定不完全一致。但在进出口业务中，人们的一般做法是：凡交易一经确认或接受，一般即认为合同已经成立，买卖双方均受约束；但在签订书面合同之时刻以书面合同为依据。中国政府在核准《联合国国际货物销售合同公约》时，认为合同的订立、修改和终止都须采用书面形式。对《联合国国际货物销售合同公约》所列有关部分做出了保留。因此，人们应遵循中国法律的有关规定。

12.4.4 合同形式

在大陆法中，把合同形式分为要式合同（Formal Contract）和非要式合同（Info mal Conttact）。所谓要式合同是指依照法律的规定，按其规定的形式和程序成立的合同。例如，必须由双方当事人签字，并由证人或由公证机关证明的合同；或者必须经过政府主管部门批准生效的合同等。非要式合同是指可以用口头，或者书面，或者包括人证在内的其他证明形式的合同，在商业活动中，其合同是以非要式为原则。

在英美法中，虽然没有要式和非要式的划分，但可以找出与要式合同相近的概念。例如，在英美法的分类中，有所谓签字蜡封的合同，这种合同应属于一种按要求的形式和程序订立的合同，它与大陆法中的要式合同相似。美国的《统一商法典》虽然规定，凡是价金超过500美元的货物买卖合同，须以书面形式作成，但仍保留了例外的情况，如卖方已在实质上开始生产专为买方制造的、不宜于售给其他买方的商品，则该合同虽然没有采取书面形式，但仍有约束力。

《联合国国际货物销售合同公约》（以下简称《公约》）对于国际货物买卖合同的形式，原则上不加以任何限制。该《公约》第11条明确规定，买卖合同无须以书面订立或证明，在形式方面不受任何其他条件的限制。买卖合同可以用包括人证在内的任何方法证明。该《公约》的这一规定，既是兼顾西方国家的习惯做法，也是为了适应全球采购发展的特点，因为许多全球采购合同是以现代通信方法订立的，不一定存在书面合同。但该《公约》允许缔约国对该条款的规定提出声明予以保留。中国在核准该《公约》时，对这一条款提出保留，坚持必须采用书面方式作为合同生效的条件，书面方式包括电报、电传和传真。中国坚持这一点，是因为书面合同可以作为合同成立确凿的证据，以消除其他形式作为合同成立证据时举证的困难。另外，书面合同还有利于履行合同。如果没有一份包括各项条款的合同，则会给合同的履行带来诸多的不便。

那么，当事人应于何时提出签订书面合同的要求？在以函电成交时，任何一方当事人如果要以签订书面合同作为合同成立的依据，都必须在发出要约或在承诺通知中提出这一保留条件。在这种情况下，合同应于签订书面合同时成立而不是在双方以函电达成协议时成立；双方当事人在签订书面合同前，均不受函电成交的约束。

如任何一方当事人都没有签订书面合同作为合同成立的依据，则按照合同法的一般原则，合同应于双方以函电达成协议时成立，即当载有承诺内容的信件、电报或电传生效时，合同即告成立。在这种情况下，任何一方当事人均不得以未签订书面合同为理由否定合同的成立。

12.4.5 合同履行

在中国采购进口货物的业务中，大多数交易采用海洋运输、即期信用证支付的交易条件。按此类交易条件签订的进口合同的履行包括申请开立信用证、办理运输（租船订舱、通知船期）、办理保险、审单付款、报关提货等主要环节。

1. 申请开立信用证

在信用证支付方式下，进口合同签订后，进口企业应按合同规定向经营外汇业务的银行办理申请开立信用证的手续。申请开证时，应填写开立信用证申请书并向开证行交付一定比例的保证金（习称押金）或其他担保品。开证申请书的有关内容将成为信用证的条款，所以其内容应与买卖合同的条款一致，但与受益人所应提交的单据无关的内容不必在开证申请书中列出。开证的时间应按合同的规定。卖方收到信用证后，如提出修改信用证的要求，若符合合同的规定或者我方能够接受，可向银行办理改证手续。

2. 办理运输

在 FOB 或 FCA 条件下，由中国进口企业办理运输。进口企业应按合同的规定，向中国对外贸易运输公司、中国租舶公司等外运代理机构，或向中国远洋运输公司等船运公司办理托运手续。办妥后应及时将船名及预计到港日期通知卖方，同时做好催装工作。

3. 办理保险

在 FOB、FCA、CFR、CPT 的条件下，由进口企业负责办理保险。对于同保险公司签订有“海运进 V1 货物运输预约保险合同”的进口企业和外贸运输企业，接到外商的装运通知后，只需按要求填制进 V1 货物“装货通知”并送交保险公司，保险公司即自动按预约保险合同所规定的条件承保。没有与保险公司签订预约保险合同的企业，在收到国外装船通知后，应及时向保险公司办理进口货物的运输保险手续。

4. 审单付款

在信用证支付方式下，国外受益人在装运交付货物后，即将汇票和各项单据交付行议付，议付行议付后，将汇票及单据寄交开证行或其他指定的付款银行。银行收到国外寄来的汇票和单据后，即对照信用证的规定对其进行审核，银行审单后，一般将单据交进口企业复核。如单、证一致，则银行须对外付款。如单、证不一致，银行可以

拒收单据，并向国外受益人提出异议，但须在7个工作日内提出。对于不符点，如进口企业同意接受，可指示开证行对外付款，也可与国外受益人协商处理不符点的办法。银行对外付款后，进口企业应持有效凭证和商业单据用人民币按人民币市场汇价向银行购汇，付款赎单。

5. 报关、检验、提货及/或拨交

进口货物到货后，由进V1企业或其代理人（如外贸运输公司）填具"进口货物报关单"向海关申报，并应交验海关所要求的单证，如提单、商业发票等。如属实施进口许可证管理的商品，则应提交进口许可证。如属法定检验的进口商品，还须提交商品检验证书。海关在查验货物及单证，并在进口企业或其代理人缴纳关税后，在货运单据上盖章放行。收货人或其代理人凭此货运单据提货。除法定检验外，港务部门在卸货时要核对货物，如发现短缺，应及时填制"短卸报告"交由船方确认。卸货时如发现货物残损，应及时向口岸商检机构申请检验出证。除此之外，收、用货人应对照合同检验商品，如发现货物品质与合同的规定不符，也应及时向所在地商检机构申请检验出证，作为对外索赔的依据。

在进口企业委托外运公司办理报关提货手续的情况下，外运公司提货后，将货物转交给进口企业或委托订货单位。如近1∶3企业或委托订货单位不在卸货地区，则委托外运公司将货物转运给进口企业或委托订货单位。关于进关税和运往内地的运费，在近1∶3代理的情况下，由外运公司向外贸公算后，外贸公司再向委托订货单位结算。

6. 进口索赔

进口索赔时要分清各方的责任，确定索赔的对象。一般说来，凡属于保险公司承保责任范围内的损失，应向保险公司索赔。凡属卸货数量少于提单所载数量，或由于船方过失使货物发生损坏的，应向船方索赔。凡属不交货、原装货物的质量不良、数量不符或因包装不良使货物受损，或因其他卖方的责任造成买方损失的，应向卖方索赔。索赔应在索赔期限内提出，并提供各种必要的凭证。

本章小结

全球采购是指利用全球的资源，在全世界范围内寻找供应商，寻找质量最好、价格合理的产品。缺乏国际贸易经验的公司在进行全球采购时会遇到一定的障碍。最主要的障碍是对全球采购的程序缺乏了解。同时，拒绝改变已确立的常规程序，或是拒绝替换已形成长期供货关系的供应商，也是全球采购的主要障碍。公司在进行国际采购时，通常遵循着一定的步骤。全球采购中的谈判和合同管理是跨国界的，有许多不同于国内采购的特点和技巧需要了解。

思考题

1. 什么是全球采购？
2. 全球采购的主要流程是什么？如何获取全球供应商的信息？
3. 国际采购谈判有哪些不同于国内采购的特点？
4. 全球采购合同包含哪些主要要素？
5. 全球采购合同履行中包含哪些具体步骤？需要注意的问题有哪些？

第三篇　采购运作实例

13 沃尔玛的全球采购

沃尔玛（Wal－Mart）公司是全世界零售业销售收入位居第一的巨头企业，素以精确掌握市场、快速传递商品和最好的满足客户需求著称，是著名的“全球500强排行”的冠军。

早在20世纪80年代末，就有人质疑巨无霸的沃尔玛是否能够继续增长。但是，接下来的10年，沃尔玛每年都实现两位数的营业额增长，年均增长的绝对数在250亿美元以上。2004年，沃尔玛全球销售额达到2852亿美元。其中在中国的销售额达76.4亿元人民币，中国已成为沃尔玛全球的重要采购基地之一。到2005年，沃尔玛已经连续四次登上《财富》世界500强的冠军宝座，而全球采购正是沃尔玛成功的必要条件之一。

资料一：

在2002年2月1日之前，沃尔玛并没有自己从海外直接采购商品，所有海外商品都由代理商代为采购。沃尔玛要求刚刚加盟的全球副总裁兼全球采购办公室总裁崔仁辅利用半年时间做好准备，在2月1日这一天接过支撑2000亿美元营业额的全球采购业务。结果，他不但在紧张的时间里在全世界成立20多个负责采购的分公司，如期完成了全世界同步作业的任务，而且使全球采购业务在一年之后增长了20%，超过了整个沃尔玛营业额12%的增长率。

那么沃尔玛全球采购业务的秘密何在?

全球采购的组织在沃尔玛。全球采购是指某个国家的沃尔玛店铺通过全球采购网络从其他国家的供应商进口商品，而从该国供应商进货则由该国沃尔玛公司的采购部门负责采购。举个例子，沃尔玛在中国的店铺从中国供应商进货，是沃尔玛中国公司采购部门的工作，这是本地采购；沃尔玛在其他国家的店铺从中国供应商采购货品，就要通过崔仁辅领导的全球采购网络进行，这才是全球采购。

这样的全球采购要求在组织形式上做出与之相适应的安排。企业活动的全球布局，当今比较成熟的组织形式有两种：一是按地理布局，二是按业务类别布局。区域事业部制有助于公司充分利用该区域的经济、文化、法制、市场等外部环境的机会，不利之处在于各业务在同一区域要实现深耕细作需要付出很大的成本。而业务事业部的利弊则刚好相反。

崔仁辅的全球采购网络首先由大中华及北亚区、东南亚及印度次大陆区、美洲区、欧洲中东及非洲区四个区域所组成。其次在每个区域内按照不同国家设立国别分公司，其下再设立卫星分公司。国别分公司是具体采购操作的中坚单位，拥有工厂认证、质量检验、商品采集、运输以及人事、行政管理等关系采购业务的全面功能。卫星分公司则根据商品采集量的多少来决定拥有其中哪一项或几项功能。

全球采购的流程在沃尔玛的全球采购流程中，其全球采购网络就像是一个独立的公司，在沃尔玛的全球店铺买家和全球供应商之间架起买卖之间的桥梁。“我们的全球采购办公室并不买任何东西。”崔仁辅解释说，全球采购网络相当于一个“内部服务公司”，为沃尔玛在各个零售市场上的店铺买家服务——只要买家提出对商品的需求，全球采购网络就尽可能在全球范围搜索到最好的供应商和最适当的商品。全球采购网络为店铺买家服务还体现在主动向买家推荐新商品。

沃尔玛全球采购的流程分为重复采购和新产品采购两种。所谓新产品，就是买家没有进口过的产品。对于这类产品，沃尔玛没有现成的供应商，就需要全球采购网络的业务人员通过参加展会、介绍等途径找到新的供应商和产品。由于沃尔玛的知名度很高，许多厂商也会毛遂自荐，把他们的新产品提供给全球采购网络。然后，全球采购网络就会把这些信息提供给买家。供应商伙伴关系在全球采购中，全球采购网络不仅要服务好国外的买家，还要在供应商的选择和建立伙伴关系上投入。“不管是哪个国家的厂商，我们挑选供应商的标准都是一样的。”崔仁辅介绍说，第一个要求是物美价廉，产品价格要有竞争力，质量要好，要能够准时交货。第二个要求是供应商要遵纪守法。“沃尔玛非常重视社会责任，所以我们希望供应商能够像我们一样守法，我们要确定他们按照法律的要求向工人提供加班费、福利等应有的保障。”还有一点就是供应商要达到一定规模。“我们有一个原则，就是我们的采购不要超过任何一个供应商50%的生意。”崔仁辅解释说。虽然从同一个供应商采购的量越大，关于价格的谈判能力就越强，但是供应商对采购商过分信赖也不完全是好事。如果供应商能够持续管理和经营，那还可以；如果供应商在管理和经营上出现波动，那就不仅仅是采购商货源短缺的问题。一旦采购商终止向该供应商采购，该供应商就会面临倒闭的危险，由此也会产生较大的社会问题。“这是我们不愿意看到的。”

资料二：

1. 沃尔玛发展全球采购网络的组织

(1) 沃尔玛的全球采购在沃尔玛

全球采购是指某个国家的沃尔玛店铺通过全球采购网络从其他国家的供应商进口商品，而从该国供应商进货则由该国沃尔玛公司的采购部门负责采购。

①全球采购网络的地理布局

沃尔玛结合零售业务的特点以及世界制造业和全球采购的总体变化趋势，在全球采购网络的组织上采取以地理布局为主的形式。四大区域中，大中华及北亚区的采购量最大，占全部采购量的70%多，其中中国分公司又是采购量第一的国别分公司，因此，沃尔玛全球采购网络的总部就设在中国的深圳。

②全球采购总部

全球采购总部是沃尔玛全球采购网络的核心，也是沃尔玛全球采购最高机构。在这个全球采购总部里，除了四个直接领导采购业务的区域副总裁向总裁汇报以外，总裁还领导着支持性和参谋性的总部职能部门。沃尔玛在深圳设立全球采购总部使沃尔玛不仅能在这

里采购到质量、包装、价格等方面均具有竞争力的优质产品，更重要的是，深圳顺畅、便捷的物流系统及发达的海陆空立体运输网络，特别是华南地区连接世界市场的枢纽港地位，将为沃尔玛的全球采购赢得更多的时间，带来更多的便捷。

（2）沃尔玛全球采购网络的职责

沃尔玛的全球采购网络相当于一个“内部服务公司”，为沃尔玛在各个零售市场上的店铺买家服务。

①商品采集和物流全球采购网络

要尽可能地在全球搜索到最好的供应商和最适当的商品——沃尔玛的全球采购网络实际上担当了商品采集和物流的工作，对店铺买家来说，他们只有一个供应商。

②向买家推荐新商品

对于新产品，沃尔玛没有现成的供应商，它通过全球采购网络的业务人员参加展会、介绍等途径找到新的供应商和产品。店铺买家会到全球采购网络推荐的供应商那里和他们直接谈判以及购买。

③帮助其他国家的沃尔玛采集货品

沃尔玛的全球采购为全世界各个国家的沃尔玛店铺采集货物。而不同国家之间的贸易政策往往不一样，这些差别随时都需要加以跟踪，并在采购政策上做出相应的调整。

④调查、比较厂商和产品

沃尔玛的全球采购中心同时还对供应商的注册资金、生产能力等进行查证，对产品的价格和质量进行比较。对满意的厂商和产品，他们就会安排买家来直接和供应商进行谈判。

2. 沃尔玛的全球采购流程

采购是一个比较复杂的过程，为了提高采购活动的科学性、合理性和有效性，就必须建立和完善系统的采购流程，从而保证采购活动的顺畅进行。

下面从宏观和微观方面说明沃尔玛的采购流程：

（1）宏观方面

全球采购办公室是沃尔玛进行全球采购的负责组织。但是这个全球采购办公室并没有采购任何东西。在沃尔玛的全球采购流程中，其作用就是在沃尔玛的全球店铺买家和全球供应商之间架起买卖之间的桥梁。因此，沃尔玛的全球采购活动都必须以其采购的政策、网络为基础，并严格遵循其采购程序在全世界商品质量相对稳定的情况下，只有紧密有序的采购程序才能保证沃尔玛采购足够量的货物。

（2）微观方面

沃尔玛的商品采购是为保证销售需要，通过等价交换取得商品资源的一系列活动过程，包括：搜索信息、确定计划、选择供应商、谈判等。具体流程图略。

①筛选供应商

沃尔玛在采购中对供应商有严格的要求，不仅在提供商品的规格、质量等方面，还对供应商工厂内部的管理有严格要求。

②收集产品信息及报价单

通过电子确认系统（EDI），向全世界4000多家供应商发送采购订单及收集产品信息和报价单，并向全球2000多家商场供货。

③决定采购的货品

沃尔玛有一个专门的采办会负责采购。经过简单的分类后，该小组会用E－mail的方式和沃尔玛全球主要店面的买手们沟通，这个过程比较长。在世界各大区买手来到中国前（一般一年2～3次），采办会的员工会准备好样品，样品上标明价格和规格，但绝不会出现厂家的名字，由买手决定货品的购买。

④与供应商谈判

买手决定了购买的产品后，买手和采办人员对被看上的产品进行价格方面的内部讨论，定下大致的采购数量和价格，再由采办人员同厂家进行细节和价格的谈判。谈判采取地点统一化和内容标准化的措施。

⑤审核并给予答复

沃尔玛要求供应商集齐所有的产品文献，包括产品目录、价格清单等，选择好样品提交，并会在审核后的90天内给予答复。

⑥跟踪检查

在谈判结束后，沃尔玛会随时检查供应商的状况，如果供应商达不到沃尔玛的要求，则根据合同，沃尔玛有理由解除双方的合作。

3. 沃尔玛全球采购政策

沃尔玛的全球采购中心总部中有一个部门专门负责检测国际贸易领域和全球供应商的新变化对其全球采购的影响，并据以制定和调整公司的全球采购政策。沃尔玛的采购政策大致可以分为以下三方面：

（1）永远不要买得太多

沃尔玛提出，减少单品的采购数量，能够方便管理，更主要的是可以节省营运成本。沃尔玛的通信卫星、GPS以及高效的物流系统使得它可以以最快的速度更新其库存，真正做到零库存管理，也使“永远不要买得太多”的策略得到有力的保证。

（2）价廉物美

“沃尔玛采购的第一个要求是价廉物美”。在沃尔玛看来，供应商都应该弄清楚自己的产品跟其他同类产品有什么区别，以及自己的产品中究竟哪个是最好的。供应商最好尽可能生产出一种商品专门提供给沃尔玛。沃尔玛最希望以会员价给顾客提供尽可能多的在其他地方买不到的产品。

（3）突出商品采购的重点

沃尔玛一直积极地在全球寻找最畅销的、新颖有创意的、令人动心并能创造“价值”的商品。造成一种令人高兴、动心的购物效果，从而吸引更多的顾客。沃尔玛的商品采购的价格决策和品项政策密不可分，它以全面压价的方式从供应商那里争取利润以实现天天低价；沃尔玛还跟供应商建立起直接的伙伴关系以排斥中间商，直接向制造商订货，消除

中间商的佣金，在保证商品质量的同时实现利润最大化。

4. 沃尔玛全球供应商的选择

优秀的供应商是零售企业的重要资源，它对零售企业的成长具有重大影响。对沃尔玛来说，选择了合适的供应商，才有可能采购到合格的商品，因此，在全球采购战略中，沃尔玛挑选供应商的条件和标准都是一样的。

沃尔玛对全球供应商的选择条件是非常严格的，要成为它的供应商，必须满足以下九大条件：

①所提供的商品必须质量优良，符合国家以及各地方政府的各项标准和要求。

②所提供的商品价格必须是市场最低价。

③文化认同：尊重个人、服务客户、追求完美、城市增值。

④首次洽谈或新品必须带样品。

⑤有销售记录的增值税发票复印件。

⑥能够满足大批订单的需求。在接到沃尔玛订单后，如有供应短缺的问题，应立即通知。连续三次不能满足沃尔玛订单将取消与该供应商的合作关系。

⑦供应商应提供以下的折扣：A. 年度佣金：商品销售总额的1.5%；B. 仓库佣金：商品销售总额的15%～30%；C. 新店赞助费：新店开张时首单商品免费赞助；D. 新品进场费：新品进场首单免费。

⑧供应商不得向采购人员提供任何形式的馈赠，如有发现，将做严肃处理。

⑨沃尔玛鼓励供应商采取电子化手段与其联系。沃尔玛在确定资源需求方面看重的是供应商提供的商品的质量以及价格，必须符合高质量的要求，又要求最低价格，以此来实现其天天低价。

思考题

1. 沃尔玛的全球采购对其的意义和价值体现在什么地方？
2. 沃尔玛全球采购的体系是什么？
3. 沃尔玛全球采购流程有哪些特点？

14 西门子公司的全球采购策略

西门子公司是一家有着150多年历史、横跨数个产业的航空母舰式的公司，仅仅西门子信息与移动通信（以下简称“西门子移动公司”）一家，2001年的采购额就达到了20亿欧元。西门子移动公司的供应商浩如烟海，分布在全球的各个角落，如何与他们协同作战？如何做到“精益采购”？如何从采购环节中节省成本？

“我们产品的价格每年都有20%～25%的下降，这笔钱从哪里来？只有从供应体系中挤出来。”西门子移动公司全球采购中国部门的德籍副总裁柯逸华（Miehael Kalweit）告诉记者。全球集约化采购是西门子公司进行采购管理、节约采购成本的关键，西门子移动公司的采购系统是西门子公司整个全球采购网的一部分。

1. 全球统一采购

过去很长一段时间里，西门子公司通信、能源、交通、医疗、照明、自动化与控制等各个产业部门（Division）根据各自的需求独立采购。随着西门子公司的逐渐扩大和发展，采购部门发现不少的元部件需求是重叠的：通信产业需要订购液晶显示元件，而自动化和控制分部也需要购买相同的元件。由于购买数额有多有少，选择的供应商、产品质量、产品价格与服务差异非常之大。精明的西门子人很快就看到了沉淀在其中的“采购成本”。

于是，西门子公司设立了一个采购委员会（Procurement Council），来协调全球的采购需求，把六大产业部门所有公司的采购需求汇总起来，这样，西门子公司可以用一个声音同供应商进行沟通。大订单在手，就可以吸引全球供应商进行角逐，西门子公司在谈判桌上的声音就可以响很多。

对于供应商来说，这也是一个好事情。以前一个供应商，可能要与西门子公司的六个不同产业部门打交道，而现在只需要与一个“全球大老板”谈判，只要产品、价格和服务过硬，就可以拿到全球的订单，当然也省下不少时间和精力。

西门子公司的全球采购委员会直接管理全球材料经理，每位材料经理负责特定材料领域的全球性采购，寻找合适的供应商，达到节约成本的目标，确保材料的充足供应。“手机市场的增长很快，材料经理的一项重要职责就是找到合适的、能够与西门子公司一起快速成长的供应商。”西门子公司认为，供应商的成长潜力在其他成熟产业可能并不重要，但是在手机产业，100%的可得性是选择供应商的重要指标。

西门子移动公司的采购系统还有一个特色是，在采购部门和研发设计部门之间有一个“高级采购工程部门”（Advance Procurement Engineering，APE）。作为一座架在采购部和研发部之间的桥梁，高级采购工程部的作用是在研发设计的阶段就用采购部门的眼光来看

问题，充分考虑到未来采购的需求和生产成本上的限制。

2. 分合有度

有了这些充分集权的中央型采购战略决策机构，还需要反应灵活的地区性采购部门来进行实际操作。由于产业链分布在各个国家，西门子移动公司在各地区采购部门的角色很不一样：

日本西门子移动公司采购部门的角色类似于一个协调者。由于掌握着核心技术，日本的供应商如东芝公司和松下公司直接参与了西门子手机的早期开发。西门子移动公司需要知道哪些需求在技术上是可行的，哪些是不可行的，而东芝和松下等企业也要知道西门子公司想要得到什么产品，采购部门的主要工作就是与日本供应商的研发中心进行研发技术方面的协调、沟通和同步运作。

中国西门子移动公司采购部的角色重心就不同了。其主要任务是利用中国市场的廉价材料，降低生产成本，提高西门子手机的全球竞争力。2001 年西门子移动公司的全球采购额是 20 亿欧元，单是在中国的采购就达到了 5 亿欧元，占全球采购额的 25%。在中国生产的每部西门子手机都达到了 60% 的国产化率（Local Content）。中国低廉的材料价格已经成为西门子手机征战全球性市场的一大利器。

3. 供应商管理策略

在 21 世纪的采购管理中，供应商早已不是以前的小供货商，而是企业的战略联盟者（Strategicalliance）。对于这些不再俯首帖耳、有时甚至还会高高在上的“伙伴”们，如何才能让他们为西门子移动公司的发展作更大的贡献呢？

西门子公司的高级采购工程部门（APE）能够起到从设计源头上压缩采购成本的作用。如果设计原型中一个元部件的价格是 11 欧元，但目标价格只有 6 欧元，那么设计就要做相应的修改，采用更少的元部件或用更加集成的元部件。有的时候，高级采购工程部门的任务就是用目标价格倒推成本（Target Price-based Costing）。“我们对供应商的要求是每年都能比上一年节省更多的成本。”西门子公司的采购管理人士如是说。

除了给供应商持续的成本压缩压力以外，西门子公司还充分利用订单份额来做诱饵，让现有的 2～3 个供应商充分竞争。只有价格最低的供应商，才会得到西门子公司更多的订单。西门子公司有时也会故意放一两个新的供应商进场，打破原有的供应商竞争格局。新供应商更好的服务和更低的价格会迫使老供应商降低价格、提高服务，西门子移动公司就可以坐收“渔翁”之利了。

每年年底，西门子移动公司内部所有与供应商有过接触的部门还会对供应商的价格、物流服务和产品质量三方面的总拥有成本（TCO）进行评分，成本最高的供应商可能就会失去大笔订单。在竞争面前，供应商自然会对自己的产品质量、产品价格、物流服务等各方面严格审视，以期达到西门子公司的高标准、严要求。

为了使选择供应商的过程尽可能公平透明，西门子公司还使用了一套网上竞价（E-Biding）系统。西门子公司对现有的长期供应商相当有人情味，为了保持良好的供应商关系，现有的供应商在这套系统中有一定的优先权。而想要加入的新供应商则必须靠过硬的质量、价格和服务来与现有的供应商竞争。

这套体系的好处是所有的供应商都知道其他供应商能做什么，这样就能把价格和服务的底线推到循环竞争的极限。柯逸华说，在未来的规划中，西门子移动公司50%的采购量都会通过这套系统来进行。

通过保持这样一种“充分竞争”的环境，西门子移动公司能非常高效率地管理自己的供应商，节约采购成本。

思考题

1. 供应体系的全球采购为西门子带来了什么变化？
2. 西门子的全球采购策略是什么？
3. 西门子的全球采购，对中国企业的启示是什么？

15 惠普的电子化采购实施方案

1. 背景

惠普在全球500强中排名第9，每年的营业额接近800亿美元，每个季度有多于10亿美元的现金流，研发费用大概有40亿美元。惠普可以说是真正的国际化公司，有60%的营业额来自于海外（来自于美国之外），它的文化也是多样性的，员工来自各个不同的国家和团队。这样一个大公司有很大的采购量，半导体、微处理器、磁盘的采购量都位居首位。在中国惠普的采购量也很大，2001年的时候已经达到30亿美元，惠普在中国赚的钱还没有在中国买东西的钱多。那么，作为这样一个大型的跨国公司，有这么大采购容量的公司，惠普是如何处理自身的采购问题和采购战略的？

2000年和2001年早期，惠普有复杂的采购系统，从惠普来说有很多的层次，总部、亚太、中国，有很多的区域，比如说香港区、大陆区、台北区，而且生产有很多方面是通过外包、通过合同、通过制造商、通过OEM和ODM等来达成的。惠普有很多产品部门和业务部门，它们的采购和物流，甚至供应链都是各自为政。所以，不同的部门有不同的供应采购计划、采购策略。从供应商来看，全球的供应商也是一个非常大的集群，怎么整合供应链和大集群的供应商就成了惠普面临的一个问题。

当时的领导层认识到，维护世界级的这样一个成本结构，才是新惠普在将来取得成功的一个关键的因素。基于这个出发点，惠普领导层高层就决定创新采购流程、创新采购策略、创新采购系统，这就是惠普当时提出来的电子化采购。

2. 战略制定

为了形成惠普供应链的竞争优势和成本竞争优势，惠普当时制定了很多战略目的和手段。惠普作为一个大公司，又是一个有很多层次、很多地区、很多业务部门的公司，要推动这么一个计划很不容易。惠普采取的方法就是先制定出统一的远景，然后制定出原则，这个战略要达到的目的，制订出各个部门和战略投资的关系，最后还要保证有一个很清晰的我现在要做什么、将来要做什么的计划，这都是公司的战略部分。

惠普的远景包括如下两方面：

首先，作为全球的跨国公司，惠普在采购供应链方面，要有全球的可见性，可以从总部的物流部门看到每个地区采购链上、供应链上的情况，可以做一些合并、做一些建议，来达到规模经济，降低成本的效益。

其次，不能丧失惠普作为每个业务系统所具有的灵活性和要发展各个业务部门的声誉，维护各个部门能力的分散的权利。

综上所述，一方面是指导性，另一方面是在每个部门不能丧失其可知性、决策性。惠普的目标很简单，即降低库存成本、降低采购成本，然后提高效率。企业最容易见效的地方在物料采购成本、库存成本，这部分成本的降低能够直接反映到企业的利润率上，所以这个计划从一开始就要求在每年是正的投资回报。也就是当年投资就要当年见效。

3. 系统设计

在上述战略的指导下，惠普开始设计采购系统，系统由四个主要的方面组成：

第一，订单和预测协同，利用 Internet 的功能，来做网上的订单和预测处理。

第二，库存协同，尽量把供应商管理的库存做得最小，知道供应商有多少库存，在需要的时候能够满足你，无论在质量上、数量上还是价钱上，都和供应商有一个系统来做交互。

第三，拍卖，这是惠普自有的电子化交易市场。2000 年、2001 年的时候，很多人强调的是公共公有的这一块，惠普后来经过各种技术评估和投资回报甚至一些标准的评估，决定自己建立自己的自有的电子化买卖系统。

第四，物料资源的寻找、获取、选择、决定的系统，这里面主要是一些基于供应链的智能的分析，这个供应链是多层的，惠普供应链下面不仅要看到第一层的供应商，还要看到第二层、第三层的，原则上是要看到整个的供应链，然后找到最优化的资源配置，惠普把它归纳成 buy power，怎么样形成企业自己的竞争力。

订单处理和协同，跨越的不仅仅是惠普内部，而主要是内部和自己一级供应商、二级供应商的协同。同时，在 2000 年的时候，虽然惠普每个业务部门、每个地区可能都有自己订单处理系统和工具，但是这些工具不统一，没有标准，大家用的各种系统平台也不太一样，有的甚至还用传真、电话和纸的方式，这些方式效率很低，要把手工的流程搬到电子化的流程上去，这样，在有问题的情况下，可以和供应商实时磋商。

采购流程和系统是供应链中间的一环，也与物流系统有很大的关系，它是后台系统，也是 ERP 系统，有很多的流程。从业务计划里面出来一个采购计划和采购的一个订单（简称 PO），这个 PO 会送到协同中心，协同中心再把它发给惠普的贸易伙伴，贸易伙伴有几种方式来处理，一种方式是利用电子邮件就可以来交互，另外一种方式就是用反馈的方式，反馈也会送到协同中心，协同中心收到反馈，中间也有一些需要调整和修改的，最后送到业务部门，业务部门来确认最后的调整和修改是不是可以接受，可以接受之后再反馈回来，同时更新 ERP 系统，更新 ERP 系统的目的是为了调整生产计划，把最终的 PO 再送给贸易伙伴，也就是惠普的供应商。

第二个比较重要的部分是库存协同。库存协同主要是利用一套电子化的供应链的解决方案以及服务工具和服务流程来得到几个供应链的性能，减少库存的成本，包括采购成本、应用成本，完成和供应商的协同。比如说在系统实施之后，惠普在位于惠普中间的任何业务部门，任何时候都能够看到供应链上针对某些供应商或者某些需求的实际库存和目标库存，你的需求和你实际中间的匹配关系是不是中间有差异要去做处理，这就是协同。

举例来说，当在业务单位生成一个最高层最简单的物料需求时，该需求同样到协同中

心，协同中心把这个预测送到惠普的贸易伙伴，贸易伙伴包括物流协同商、零部件制造商等，然后再返回到协同中心，协同中心经过优化处理之后，再反馈到贸易伙伴、物流伙伴，同时贸易伙伴和物流伙伴把一些部件的更新或者是实时的情况反馈到协同中心，下面是保证确认、协同，然后达到在物料方面的掌控。这中间的很多交互，包括协作制造商、物流伙伴，包括什么时候发货、运货，都是通过库存协同中心来完成的。

第四个比较重要的构件是电子化物质获取及处置。在新产品的引用期主要是发现和选择供应商；在产品快速成长的期间，主要和供应商进行更深层次的交互，因为这个时候往往比成熟期竞争更白热化，成本优化也是一个大的策略，这时候跟供应商协同，让供应商和惠普一块成长，在其成本结构方面能够适应市场对惠普的成长成本的要求；到了产品成熟期，采用的是机会主义路线，能够节省的地方就节省；在产品的末期，有一些末期问题要处理，比如说某些产品可能需要降价等，怎么处理这些东西，惠普在这方面也有很多处理方法。

这个系统从立项实施到现在，已经初具规模。在2002年当年，就节省了采购和物料成本1亿多美元，这些节省主要是来自于以下几个方面：一是物料的获取方面，平均节省10%，最多能到40%；二是剩余库存的收回方面，剩余库存是协作很重要的一方面，没有这个系统大家随便处理，每个部门都有不同的处理办法，有这个系统大家可以统一的来处理。三是在运营效率方面大概增加了30%～40%，物料采购周期减少了一半，节省了5天。库存的周转，从原来每年平均的周转11次增加到24次。

从惠普的电子化采购系统，可以得出一条经验：那就是要有优先级。系统是一个过程，不是一蹴而就的项目，第一年做什么，第二年做什么，第三年做什么，一定要设计出来，什么时候设计做什么，一定要根据业务优先来做。

思考题

1. 电子采购的特点是什么？
2. 惠普如何建立电子采购系统？
3. 惠普的电子采购对你的启示是什么？

16 某合资公司的采购谈判

中外合资内地某公司总经理，获悉澳大利亚著名建筑设计师将在上海做短暂的停留，该大师是著名的当代建筑设计师。为了把正在建设中的××大厦建设成一幢豪华、气派，既方便商务办公，又适于家居生活的现代化综合商住楼，必须使之设计科学、合理，不落后于时代新潮。具有长远发展眼光的总经理委派高级工程师作为全权代表飞赴上海，与该大师洽谈。既向这位澳洲著名设计师咨询，又请他帮助公司为××大厦设计一套最新方案。

根据总经理的指示精神，全权代表一行介绍了××大厦的现状："××大厦建设方案是在七八年前设计的，其外形、外观、立面等方面有些不合时宜，与21世纪建筑的设计要求存在很大差距。我们慕名远道而来，恳请您的合作与支持。"全权代表一边介绍，一边将事先准备好的有关资料，如施工现场的相片、图纸，国内有关单位的原设计方案、修正资料等，提供给该大师一行。该大师在我国注册了一家甲级建筑设计公司。在上海注册后，该大师很快赢得了上海建筑设计市场。但是，内地市场还没有深入，该公司希望早日在大陆内地的建筑市场上占有一席之地。由于有这样一个良好的机会，该大师一行对这一项目很感兴趣，他们同意接受委托。可以说，双方都愿意合作。然而，设计方报价40万元。这一报价令人难以接受。设计方的理由是：公司是一家讲求质量、注重信誉、在世界上有名气的公司，报价稍高是理所当然的。而且，鉴于内地的工程造价以及中国内地的实际情况，这一价格已是最优惠的价了。根据谈判代表了解，设计方在上海的设计价格为每平方米6.5美元。若按此价格计算，××大厦250万平方米的设计费应为16.26万美元，根据当天的外汇牌价，应折合人民币136.95万元。的确，40万元人民币的报价算是优惠的了！"40万元，是充分考虑了内地情况，按每平方米设计人民币16元计算的。"该大师说道。但是，考虑到公司的利益，全权代表还价："20万元（人民币）。"对方感到吃惊。

顺势，全权代表解释道："在来上海之前，总经理授权我们10万左右的签约权限。我们出价20万元，已经超出我们的权力范围，如果再增加，必须请示正在内地的总经理。"双方僵持不下，谈判暂时结束。第二天晚上，双方又重新坐到谈判桌前，探讨对建筑方案的设想、构思，接着又谈到价格。这次设计方主动降价，由40万元降为35万元。并一再声称："这是最优惠的价了。"内地方面的代表坚持说："太高了，我们无法接受！经过请示，公司同意支付20万元，不能再高了！请贵公司再考虑考虑。"对方谈判代表嘀咕了几句，说："鉴于你们的实际情况和贵公司的条件，我们再降5万元，30万元好了。低于这个价格，我们就不做了。"内地方面的代表分析，对方舍不得丢掉这次合作的

机会，对方有可能还会降价，内地方面仍然坚持出价 20 万元。过了一会儿，设计方的代表收拾笔记本等用具，根本不说话，准备退场。眼看谈判陷入僵局。

这时，代表急忙说：“请您与我公司总经理通话，待我公司总经理决定并给我们指示后再谈，看这样好不好?”由于这样提议，紧张的气氛才缓和下来。

之后，设计方打了很多次电话，与总经理联系。在此之前，全权代表已与总经理通话，向总经理详细汇报了谈判的情况以及谈判的分析和看法。总经理要求全权代表一行：“不卑不亢！心理平衡！”所以当设计方与总经理通话时，总经理做出了具体指示。最后，在双方报价与还价的基础上，某公司出价 25 万元，设计方基本同意。但提出 8 月 10 日才能交图纸，比原计划延期两周左右。经过协商，当天晚上草签了协议。又过一天，签订正式协议。

分析：

当对方提出的要求超出己方的要求时，可以以超出权力范围为由加以拒绝。在这个案例中，内地代表就以超出自己的权力为谈判筹码，迫使对方在急于进入内地市场的情况下以低的价格达成这次的协议。

以下一些场景是经常用到角色权力策略的，谈判人员不妨认真体会。

（1）对方咄咄逼人的情况下。在业务谈判的过程中，如果已经做出的让步仍无法让对方满意，面对对方咄咄逼人的让步要求，不妨说：“我只有这么多的权限了，没办法再让了!”

（2）对方要求你做出让步。如果对方知道你手中有决定的权利，就不会轻易放弃说服你让步的愿望。然而，如果你以未经授权为由，就可以优雅地向对方说“不”，因为没有让步的权利，这往往会使对方大伤脑筋，迫使对方只能根据目前的权限范围考虑问题，放弃进一步的要求。

（3）对方急于求成。如果对方急于完成谈判，虽然知道会损失某些利益，也不得不妥协拍板，否则就得冒谈判失败的风险。

因此，谈判中最有实力的不一定是那些当时可以有权处理和决定一切事情的人。精心筛选出的权利限制，能成为谈判制胜的重要因素。

思考题

1. 在谈判过程中，除角色权力策略外，双方主要运用了哪些谈判策略？

2. 面对全权代表使用角色权力策略，如果你是另一方的代表，你将如何应对？

3. “有限的权力才是真正的权力”，你是怎样理解的？把你的认识写下来。

4. 培训游戏。

两组人模拟角色谈判权力策略。尝试着运用战略拖延策略、有限让步策略、沉默应对策略等谈判策略分别应对角色权力策略，看哪种策略更有效。如果几种策略联合起来用呢？效果又会是如何？

参考文献

［1］马克·戴．采购管理手册［M］．3 版．许春燕，等，译．北京：电子工业出版社，2004.

［2］马士华，林勇，陈志祥．供应链管理［M］．北京：机械工业出版社，2000.

［3］梁军，王金云．采购管理［M］．北京：电子工业出版社，2006.

［4］李恒兴，鲍钰．采购管理［M］．北京：北京理工大学出版社，2007.

［5］PETER BAILY，DAVID FARMER，等．采购原理与管理［M］．8 版．王增东，杨磊，译．北京：电子工业出版社，2004.

［6］孙强，胡占友．采购与供应链规范管理［M］．北京：机械工业出版社，2006.

［7］滕宝红．采购主管日常管理工作技能与范本［M］．北京：人民邮电出版社，2007.

［8］秦远建．企业战略管理［M］．2 版．武汉：武汉理工大学出版社，2007.

［9］张文彦．企业采购与管理［M］．北京：三民书局，1981.

［10］朱水兴．工业企业的采购及采购管理［M］．北京：中国经济出版社，2001.

［11］鞠颂东，徐杰．采购管理［M］．北京：机械工业出版社，2005.

［12］北京中交协物流人力资源培训中心．采购过程与合同管理［EB/OL］．http：//www. hudong. com/wiki/，互动百科．

［13］http：//www. chinawuliu. com. cn/. 中国物流联盟网．

［14］沈小静，谭广魁，唐长虹．采购管理［M］．北京：中国物资出版社，2003.

［15］白继洲．采购管理实务［M］．广州：广东经济出版社，2003.

［16］谢勤龙．企业采购业务运作精要［M］．北京：机械工业出版社，2002.

［17］王魁林．采购管理与库存控制［M］．北京：中国物资出版社，2002.

［18］康善春．采购技术［M］．广州：广东经济出版社，2001.

［19］齐小乎，沈建阳，张雷宝．政府采购知识读本［M］．北京：中国财政经济出版社，2001.

［20］曹富国，景成．政府采购管理——国际规范与实务［M］．北京：企业管理出版社，1998.

［21］甘华鸣，解新艳．采购管理速成［M］．北京：企业管理出版社，2002.

［22］王忠宗．采购管理实务［M］．广州：广东经济出版社，2001.

［23］王成，刘慧，赵媛媛．供应商管理业务精要［M］．北京：机械工业出版社，2002.